Benjamin Creme
Die Kunst zu leben

Die Kunst zu leben

Leben im Einklang mit den Lebensgesetzen

Benjamin Creme

Edition Tetraeder

Titel der englischen Originalausgabe:
The Art of Living
by Benjamin Creme
First Edition – June 2006
Share International Foundation
London • Amsterdam • Los Angeles

Das Bild auf der Umschlagseite ist die Reproduktion eines Gemäldes
von Benjamin Creme aus dem Jahr 1966 mit dem Titel *Beseelung.*

Bibliografische Informationen der Deutschen Bibliothek
Die Deutsche Bibliothek verzeichnet diese Publikation in der Deutschen
Nationalbibliografie; detaillierte bibliografische Daten sind im Internet unter
<http://dnb.ddb.de> abrufbar.

ISBN 978-3-932400-11-7
© by Benjamin Creme, London
© für deutschsprachige Ausgaben:
Edition Tetraeder e.V., München
1. Auflage: Juni 2009
Alle Rechte vorbehalten.
Druck: Offset Druckerei Pohland, Augsburg
Umschlag: Druck & Verlag Schickinger, Augsburg

Dieses Buch ist meinem verehrten Meister gewidmet,
der mich durch seine Präsenz – auf dem Wege der
Überschattung – dazu inspiriert hat.

Inhalt

Teil drei: Illusion 120

Vorwort

Dieses Buch ist wie die beiden zuvor erschienenen Bücher, *Die große Annäherung* und *Die Kunst der Zusammenarbeit*, in drei eigenständige, aber inhaltlich zusammenhängende Teile gegliedert. An den vorangestellten Vortrag schließt sich jeweils eine Reihe von Fragen und Antworten zum Thema an.

Im ersten Teil mit dem Titel „Die Kunst zu leben", einem Kommentar zu einem Artikel meines Meisters, der 2006 in der Januar/Februar-Ausgabe der Zeitschrift *Share International* veröffentlicht wurde, wird die Idee vorgestellt, dass das Leben genauso eine Kunst ist wie die Malerei und die Musik.

Wie in jeder anderen Kunst auch gibt es Gesetze und Regeln, die man kennen und beachten sollte, damit man sich darin weiterentwickeln kann. Nach dieser grundlegend neuen Lebensauffassung unterliegt unser Leben auf diesem Planeten zwei fundamentalen Gesetzen: dem Gesetz von Ursache und Wirkung, das man im Osten das Gesetz des Karmas nennt, und dem damit verbundenen Gesetz der Wiedergeburt. Die genaue Kenntnis dieser beiden Gesetze und ihre Beachtung sind notwendig, um eine gutwillige Grundhaltung und damit auch richtige zwischenmenschliche Beziehungen entwickeln zu können, die wiederum die Voraussetzung für ein glückliches, erfülltes Leben sind. Das wird möglich, wenn die dem Menschen innewohnende Seele in der Kraft der Intuition zum Ausdruck kommen kann. Wir stehen am Beginn einer neuen Epoche, in der gewaltige neue Energien allen Künsten, vor allem aber der Lebenskunst, entscheidende Impulse geben werden.

Teil zwei, „Die Gegensatzpaare", ist ein Kommentar zu einem Artikel meines Meisters, der 2003 in der Januar/Februar-Ausgabe von *Share International* veröffentlicht wurde.

Im Rückblick erscheint die Evolution der Menschheit fast so, als sei sie ein Kontinuum von Krieg, Aggression und Hass. Mit der Entdeckung der Atombombe haben wir unsere Fähigkeit, uns gegenseitig in großer Zahl und über große Entfernungen hinweg zu vernichten, nur noch weiter perfektioniert. Aber ist diese Destruktivität tatsächlich die wahre Natur des Menschen? Und wenn nicht, warum hat er sich immer wieder so verhalten, als wäre sie es?

Die Antwort liegt in der einzigartigen Stellung des Menschen in der Evolution der Naturreiche auf diesem Planeten – am Schnittpunkt von Geist und Materie. Der Mensch ist seinem Wesen nach eine unsterbliche, göttlich vollkommene Seele, die in die Materie „eingetaucht" ist. Während des Evolutionsprozesses verhindert die Trägheit der Materie zunächst jahrtausendelang, dass die inkarnierte Seele sich in ihrer Vollkommenheit manifestieren kann. Letztendlich aber treibt die dem Menschen innewohnende Aspiration, das Streben nach Höherem, ihn aufwärts und vorwärts, bis er die beiden Pole seiner Natur mit der Zeit völlig in Einklang bringen und damit auflösen kann.

Dann erkennt der nun vollkommene Mensch, dass die Dichotomie von Geist und Materie – ihre scheinbare Gegensätzlichkeit – nur eine Illusion ist. Er erkennt, dass beide bloß verschiedene Aspekte eines vollkommenen, göttlichen Ganzen sind.

Der langwierige Kampf, der dieser Erkenntnis vorausgeht, erzeugt die Reibung und damit das Feuer, das für seine Reise notwendig ist, und seine Aspiration zeigt ihm den Weg. Auf diese Weise erfüllt er die für ihn vorgesehene Aufgabe auf dem Planeten Erde: die Vergeistigung der Materie.

Anders als in den beiden ersten Teilen, die sich mit Artikeln meines Meisters in *Share International* befassen, beziehe ich mich in meinem Vortrag über „Illusionen" im dritten Teil des Buches auf einige von Alice Bailey veröffentlichte Texte des Meisters Djwhal Khul (D.K.) zu diesem Thema, die des Weiteren auch bei Aart Jurriaanse in seiner Zusammenstellung *Denke darüber nach* (Lucis Verlag 1989) aufgeführt werden.

Der Vortrag stellt die wahrscheinlich überraschende These auf, dass die Seele Illusionen erliegen kann, wenn sie durch falsch interpretierte Ideen, die ihr vom Mentalkörper des Menschen präsentiert werden, geblendet wird. Während illusionäre Vorstellungen auf der astralen, emotionalen Ebene als Verblendungen bezeichnet werden, sind Illusionen an sich eher bei intellektuell orientierten Menschen anzutreffen. Sie überschwemmen den Mentalkörper mit Ideen und unzähligen Gedankenkonstruktionen, die verhindern, dass die Seele die Wirklichkeit erfahren kann.

Teil drei befasst sich mit den Illusionen einiger Personen, Nationen, Regierungen und Gruppierungen. Wo und wann immer Menschen die Wirklichkeit aus Unwissenheit oder geistiger Kurzsichtigkeit missdeuten, versperren sie der Seele die Sicht und leben in Illusionen. Die Intuition, eine

Eigenschaft der Seele, ist das einzige Instrument, das den Mentalkörper von Illusionen befreien kann. Das erfordert eine Intensivierung der Seelenverbindung, die sich entwickelt, wenn man richtig meditiert, seine Gedanken beobachtet und prüft und die Lebensgesetze verstehen lernt und befolgt. Dieser Weg, für den sich viele Menschen zunehmend interessieren, wird schließlich durch den Stimulus der Meister zur Befreiung der Menschheit von den Nebeln der Illusionen führen.

Hintergrundinformation

Diese Vorträge und die Antworten auf damit verbundene Fragen richteten sich in erster Linie an Gruppen, die mit meinen Informationen und bisherigen Publikationen vertraut sind. Deshalb konnte ich ohne Umschweife über Maitreya und die Meister der Weisheit sprechen, weil ich hier nicht erst erklären musste, wer sie sind und was es mit ihrer Arbeit und ihrer Beziehung zur Menschheit auf sich hat. Für neue Leser sind allerdings einige Erklärungen notwendig, und daher folgt an dieser Stelle eine kurze Darstellung ihrer Arbeit und ihrer Pläne.

Die Meister der Weisheit sind eine Gruppe vollkommener Menschen, die uns in der Evolution vorangegangen sind und bereits eine Stufe erreicht haben, auf der sie keiner weiteren Inkarnation auf unserem Planeten bedürfen. Trotzdem bleiben sie auf der Erde, um unsere Evolution zu überwachen. Sie sind die Hüter des Evolutionsprozesses, die Ratgeber, die Mentoren, die Beschützer der Menschheit, und sie arbeiten daran, dass der Evolutionsplan unseres planetaren Logos von der Menschheit und den niederen Naturreichen ausgeführt wird. Seit Tausenden von Jahren haben sie (und ihre Vorgänger) vorwiegend in abgelegenen Gebirgs- und Wüstenregionen der Welt gelebt – im Himalaja, in den Anden, den Rocky Mountains, der Kaskadenkette, den Karpaten, dem Atlas, dem Ural sowie in der Gobi und anderen Wüsten. Aus der Abgeschiedenheit dieser Gebirgs- und Wüstenorte haben sie hinter den Kulissen die menschliche Evolution überwacht und stimuliert.

Seit über 500 Jahren haben sie sich als Gruppe auf eine Rückkehr in die Alltagswelt vorbereitet – die, wie ich behaupte, bereits begonnen hat. Im Juli 1977 stieg Maitreya, der das Christusprinzip – die Liebesenergie – verkörpert und das Amt des Weltlehrers bekleidet, von seinem Refugium im Himalaja herab und reiste nach London, seinem „Fokus" in der modernen Welt. Maitreya lebt als einfacher Mann in der asiatischen Gemeinschaft von London und wartet auf den geeigneten Zeitpunkt, um mit seinen Ideen an die Öffentlichkeit zu treten. Er wird von allen Religionen unter verschiedenen Namen erwartet: als Christus, Imam Mahdi, Messias, Krishna, Maitreya-Buddha. Er kommt nicht als religiöser Führer, sondern als Erzieher im weitesten Sinne. Maitreyas Gegenwart wird die Menschheit dazu motivieren, die notwendigen Änderungen in unserem politischen, ökonomischen und sozialen Leben vorzunehmen, um Frieden, Gerechtigkeit und Freiheit für alle Menschen zu garantieren. Seine größte Sorge gilt den Ungleichheiten im Lebensstandard der reichen und armen Länder, die, wie er sagt, die Zukunft der gesamten Menschheit bedrohen. Die terroristischen Aktivitäten der jüngsten Zeit sind ein Symptom für diese Kluft.

Maitreya versteht das Prinzip des Teilens als Schlüssel zur Lösung unserer zahllosen Probleme und als einzige Möglichkeit, um richtige mitmenschliche Beziehungen zu entwickeln. Maitreya sagt: „Nehmt die Not eures Bruders zum Maßstab eures Handelns und löst damit die Probleme der Welt. Es gibt keinen anderen Weg." Bald wird Maitreya in einem großen US-amerikanischen Fernsehsender auftreten (ohne Hinweis darauf, wer er wirklich ist), und mit seiner öffentlichen Mission beginnen.

Im Januar 1959 setzte sich einer der im Himalaja lebenden Meister mit mir in Verbindung – und bald darauf auch Maitreya selbst. Es wurde mir die Aufgabe angeboten, ihre Ankunft vorzubereiten und dafür ein Klima der Hoffnung und Erwartung zu schaffen, eine Aufgabe, mit der ich nun seit 32 Jahren befasst bin. Im Laufe der Schulung durch meinen Meister, mit der ich auf diese Arbeit vorbereitet wurde, haben wir eine ständige telepathische Verbindung aufgebaut. Das ermöglicht ihm, mit einem Minimum an Aufmerksamkeit und Energie mit mir zu kommunizieren. Er schuf ein Instrument, mit dessen Hilfe er arbeiten kann und das auch auf kleinste Impulse von ihm reagieren kann (natürlich unter meiner völligen Mitwirkung und ohne die geringste Verletzung meines freien Willens). Die in diesem Buch enthaltenen Artikel des Meisters wurden von ihm ursprünglich für die Zeitschrift *Share International* diktiert.

Weitere Informationen zu Maitreya und den Meistern finden Sie in meinen Büchern sowie in der Zeitschrift *Share International* und auf der entsprechenden Website. Nähere Angaben dazu finden Sie am Ende dieses Buches.

Ich möchte den vielen Menschen in London, in San Francisco und in Los Angeles, deren Zeit und Mühe zu diesem Buch beigetragen haben, meinen

Dank aussprechen. Die Hingabe und Effizienz, mit der sie die Aufgaben des Transkribierens, Übersetzens, Eingebens, Korrekturlesens und der Index-Zusammenstellung auf sich nahmen, haben diese Publikation erst ermöglicht.

Insbesondere gilt mein Dank, wieder einmal, Michiko Ishikawa für ihre unschätzbare Arbeit, das umfangreiche Material in eine lesbare Form zu bringen.

Benjamin Creme
London, März 2006

13

Teil eins

Die Kunst zu leben

*Der folgende Artikel ist die überarbeitete Version eines Vortrags von Benjamin Creme auf der Transmissionsmeditationstagung im August 2005 in San Francisco, USA. Er wurde erstmals in der Zeitschrift **Share International**, Januar/Februar 2006 veröffentlicht.*

Dieser Vortrag behandelt die Kunst zu leben. Das ist wahrscheinlich das wichtigste Thema, mit dem man sich befassen kann, obwohl die große Mehrheit der Menschen auf der Erde keine Ahnung davon hat, dass das Leben eine Kunst ist. Und da es eine Kunst ist, kann es auch kein zufälliger Prozess sein, sondern unterliegt wie jede Kunst Gesetzen und Regeln, die man verstehen und befolgen muss. Nur so können wir es erreichen, dass alle Bewohner dieser Erde in richtigen zwischenmenschlichen Beziehungen leben und ihre Göttlichkeit, ihr potenzielles Gottsein entfalten können. Wenn wir nicht wissen, dass es Gesetze und Regeln gibt, kann nur Unordnung entstehen, und damit bringen wir uns – so wie heute und wie immer bisher – in eine katastrophale Lage, die völlig im Widerspruch steht zu dem, was Kunst ist.

Jede Kunst, sei es Malerei, Musik oder eine andere Kunstform, muss bestimmten Gesetzen und Regeln gehorchen. Wenn Sie Maler oder Komponist sein wollen, müssen Sie die Gesetze kennen, auf denen die jeweilige Kunst aufbaut; auch die Methoden natürlich, aber noch gründlicher müssen Sie die Gesetze studieren, die die Qualitäten der Kunst, wie Proportionen oder Aussagekraft, bestimmen. Die Magie der Kunst liegt in der Befolgung dieser Gesetze. Zu diesen Gesetzen gibt es Regeln, die zum Teil über Tausende von Jahren ohne merkliche Veränderung befolgt wurden. In einigen Glaubensgemeinschaften werden solche Kunstwerke auch heute noch nach denselben uralten Kanons hergestellt – Kanons für das Schöne, Rechtschaffene und Wahre, für das Heilige und die richtige Beziehung von Mensch zu Gott und somit auch von Mensch zu Mensch.

Moderne Maler und Komponisten haben größtenteils die Grenzen dieser Kanons weiter gefasst und gelockert und, sofern sie sich überhaupt daran orientieren, eine Kunst geschaffen, die einen sehr unbekümmerten – eher willkürlichen und improvisatorischen, also instinktiven – Umgang mit den

Gesetzen und Regeln ihres Metiers erkennen lässt und nicht wirklich durchgestaltet ist. Wenn solche Kanons nicht berücksichtigt werden, ist das Ergebnis verhältnismäßig oberflächlich. Das heißt nicht, dass es schlechte Kunst wäre, aber sie bleibt relativ vordergründig und berührt nicht die Bedeutungstiefen, die für Kunst in ihrer höchsten Form charakteristisch sind.

Wir leben in einer Epoche, in der unsere Welt, politisch, wirtschaftlich und sozial gesehen, aus den Fugen gerät. Wir sind uns dessen alle bewusst. Zunehmend wird das auch einer breiten Bevölkerungsschicht klar. Die Menschen beginnen sich Sorgen zu machen, weil sie die negativen Auswirkungen dieser falschen Strukturen, falschen Gesetze, falschen Gewohnheiten – mit anderen Worten, Konditionierungen – zu spüren bekommen, und suchen nach Auswegen. Dadurch kommt es zu dem Umbruch, den wir heute in der Welt erleben.

Wenn Sie Maler sind, wissen Sie, dass es gewisse Proportionsgesetze gibt, die im Allgemeinen von den meisten Künstlern befolgt werden – manchmal auch nur instinktiv, aus Gewohnheit, weil sie Kunstwerke gesehen haben, die den Kompositionsregeln oder Proportionsregeln entsprachen. Auch ein sehr konventionelles Kunstwerk oder sehr unoriginelles Produkt kann, wenn es diese Gesetze einigermaßen, und sei es auch bloß instinktiv und ohne größeres Verständnis beachtet, für jemanden sinnvoll und anregend sein – vielleicht durch seine gefällige Melodie oder durch seine hübschen Farben und Proportionen, die dem Auge schmeicheln.

Ein Kunstwerk kommt immer nur dann zustande, wenn der Künstler in irgendeiner Weise eine Regel oder eine bestimmte Methode befolgt, selbst wenn er es noch unbewusst macht. Je besser ein Künstler ist, umso bewusster wendet er ein Verfahren an und umso besser gelingt es ihm, seine Ziele zu erreichen. Ein konventioneller Künstler gibt sich schnell zufrieden. Die konventionelle Kunst jeder Epoche, ob in der Malerei oder der Musik, ist immer populär und stellt an das Verständnis der Menschen keine Ansprüche.

Der Maler beginnt mit einer Leinwand oder einem anderen Untergrund. Er macht sich daran, die Fläche mit farbigen Formen oder Strichen zu gestalten, bis sie dem Gesetz der Schönheit – seinem Schönheitsgefühl – entspricht und ihm alles am richtigen Platz erscheint, auch wenn das Bild konventionell aussieht. Jeder Winkel und jeder Bogen dient dem allgemeinen Rhythmus des Bildes. Es hat ein gewisses Eigenleben, wie herkömmlich es auch sonst sein mag. Es geht eine Schwingung von ihm aus, die einen Betrachter veranlassen kann, es zu kaufen und an die Wand zu hängen. Wenn es nicht diese spezielle Note hätte, würde niemand das Bild kaufen, sei es noch so ansprechend und traditionell. Wenn Sie Komponist sind, müssen Sie wissen, was Musik beinhaltet. Sie müssen die Gesetze der Harmonie und, je nach der Komplexität des Werkes, auch andere musikalische Gesetze und Qualitäten kennen. Sie sollten imstande sein, sie in Partitur zu setzen. Sie sollten nach Vollendung streben und erkennen, wie weit Sie gehen können, wie lang oder kurz das Stück sein muss. Komponisten haben seit Jahrhunderten mit den Kompositionslängen experimentiert, aber den Kompositionsgesetzen mussten sie immer gehorchen – den Gesetzen der Kontrapunktik, Harmonie, Instrumentierung und Tonfarbe. Es gehört ein umfangreiches Wissen dazu, um ein anspruchsvolles Musikstück zu komponieren, selbst wenn es von seiner Aussagekraft her eher im herkömmlichen Rahmen bleibt.

Was jedoch das Leben betrifft, erhalten die Menschen keine rechte Ausbildung. Wenn Sie Maler werden wollen, gehen Sie entweder auf eine Kunstschule oder in das Atelier eines erfahrenen Künstlers, um von ihm zu lernen. Genauso lernen auch Musiker voneinander. Sie gehen auf eine Musikschule und lernen die Grundlagen, also die Gesetze, die die Komposition eines Musikstücks bestimmen.

In der Schule wird uns Lesen und Schreiben beigebracht, was natürlich sehr wichtig ist. Wir lernen dort im Allgemeinen ein wenig Geschichte, Geografie, Arithmetik, Mathematik, und das ist so ziemlich alles. Man bringt uns bis zu einem gewissen Grad auch bei, wie wir uns zumindest das konkrete Wissen des jeweiligen Wissenschaftszweiges oder die benötigten Fertigkeiten aneignen können, und das ist alles. Man bringt uns nicht bei, was es heißt, zu leben – die Kunst zu leben. Es gibt keine Schule, wo wir die Kunst zu leben lernen könnten.

Es ist ein geistiges Problem, weil die Kunst zu leben das Leben an sich betrifft. Sie hängt davon ab, was Leben für Sie bedeutet, wie wichtig es Ihnen erscheint, den tieferen Sinn des Lebens zu ergründen oder die Grundbedingungen des Lebens in jeder Epoche zu analysieren und zu verstehen.

Wir leben in einer außergewöhnlichen Zeit, in einer Übergangsperiode zwischen zwei Zeitaltern. Das, was zuvor verlässlich erschien, ist längst keine Konstante mehr. Das Wissen, das wir für sicher hielten, gibt es nicht mehr. Wir sehen bloß noch, was vergangen ist, und hier und da auch Andeutungen des Zukünftigen. Wir sind zerrissen und stehen in der Mitte.

Ich möchte diesen Gedanken weiterverfolgen, indem ich Ihnen einen Artikel vorlese, den mein Meister für *Share International* geschrieben hat.

Auf dem Weg zur Göttlichkeit
von Meister –, durch Benjamin Creme

Überall auf der Welt wird den Menschen allmählich klar, dass ihre lang gehegten Überzeugungen und Gewissheiten doch nicht so sicher sind, wie sie immer meinten. Der Zusammenbruch ihrer sozialen und politischen Institutionen stellt den Wert ihrer herkömmlichen Denkgewohnheiten infrage und konfrontiert die Menschen mit einem Dilemma: Die derzeitigen Denk- und Handlungsweisen scheinen nicht mehr zu funktionieren; wie man aber in Zukunft denken und handeln soll, ist unklar. Daher sind die Menschen unschlüssig, erwarten Führung und verlieren sich in dem vergeblichen Versuch, die Vergangenheit zu bewahren oder die Zukunft vorherzusagen. In solchen Situationen sind Menschen reif für den Wandel.

Nur wenige kennen die Richtung oder das Ausmaß der erforderlichen Veränderungen, noch wissen sie, wie diese vor sich gehen könnten; aber langsam wird vielen der Bankrott der heutigen Lebensweise klar, weil der Sinn verloren gegangen und das Glück des Menschen so nicht zu verwirklichen ist. Sehr viele steigen daher aus dem ewigen Kampf aus und suchen Trost und Halt in den zunehmenden Religionen, Philosophien und in alten und neuen Kulten. Die erforderlichen Veränderungen scheinen zu immens, zu radikal zu sein, als dass Menschenhand und Menschendenken sie in Bewegung bringen könnten – und sie wenden sich nach innen, zu dem Gott, der, wie sie glauben, ihre Geschicke lenkt.

Wenn sie nur wüssten, dass sie selbst dieses Göttliche sind, das auf die Gelegenheit wartet, sich zu manifestieren. Sie selbst lenken ihr Leben – zum Guten oder zum Schlechten. Sie selbst drehen mit dem, was sie tun, das Rad der Ereignisse weiter, bewirken Konflikte oder Frieden und säen Zwietracht oder guten Willen.

Die Menschen müssen ihre Rolle im Leben und ihre angeborene Macht und Fähigkeit verstehen lernen und damit auch Verantwortung für die Qualität und Richtung ihres Lebens übernehmen. Nur wenn sie das tun, werden sie jemals ihrer Kindheit entwachsen.

Maitreya betritt nun die Weltbühne, um die Menschen zu lehren, dass sie potenziell Gott in sich tragen und tatsächlich mächtig sind und dass allein ihre Konditionierung sie zu Sklaven von Aberglauben und Angst, Wettbewerb und Gier macht. Er wird ihnen zeigen, wie sie ihre Vergangenheit abstreifen und unter seiner weisen Anleitung eine Zivilisation aufbauen können, die der Menschen würdig ist, die auf dem Weg zu ihrer Göttlichkeit sind. Der Tag ist nicht fern, wo die Menschen seinen Ruf hören und darauf reagieren werden. Der Tag ist nicht fern, wo die Menschen wissen werden, dass die lange, dunkle Nacht vorüber und die Zeit gekommen ist, das neue Licht, das in die Welt kam, zu begrüßen.

Dann werden sie mit der Aufgabe des Umbaus beginnen, eine Arbeit, die von allen Stärke und Willen fordert. Alle müssen diese Zeit als eine Gelegenheit zu Dienst und Wachstum sehen, um das Schicksal zu erfüllen, das sie zu dieser Zeit in die Welt gebracht hat.

Wenn die Menschen in der Zukunft auf diese kritischen Tage zurückblicken, werden sie sich erstaunt und ungläubig fragen, wie leicht wir die Ungerechtigkeiten von heute hatten hinnehmen können: die Grausamkeit und das sinnlose Leiden, die unser Leben entwürdigen. Maitreya kommt, um diesem uralten Unrecht den Kampf anzusagen und die Menschen in die Ära des Lichts zu führen. Reicht ihm eure Hand zum Willkommensgruß und erlaubt ihm, euch zu euch selbst zu führen. (*Share International*, Juli/ August 2000)

Der nächste Artikel trägt den Titel *Die Kunst zu leben*. Ich werde anschließend darauf eingehen.

Die Kunst zu leben
von Meister –, durch Benjamin Creme

Schon bald wird sich in unserer Einstellung zum Leben ein großer Wandel vollziehen. Aus dem Chaos der heutigen Zeit wird sich ein neues Verständnis für den tieferen Sinn unserer Existenz entwickeln und bewirken, dass alle sich bemühen, diese Erkenntnis im täglichen Leben umzusetzen. Dadurch wird sich die Gesellschaft vollkommen verändern: Eine neue Lebendigkeit wird unsere Beziehungen und Institutionen auszeichnen – eine neue Freiheit und Unbeschwertheit anstelle der heute verbreiteten Angst. Vor allem wird die Menschheit allmählich erkennen, dass leben eine Kunst ist, die bestimmten Gesetzen folgt und der Intuition bedarf, um sie richtig zum Ausdruck zu bringen.

Arglosigkeit ist der Schlüssel zu neuen mitmenschlichen Beziehungen, deren Schönheit sich allen offenbaren wird. Ein neues Verantwortungsbewusstsein für die eigenen Taten und Gedanken wird jeden in jeder Situation leiten und das Verständnis für das Gesetz von Ursache und Wirkung den Umgang miteinander verändern. Eine neue und harmonischere Interaktion zwischen Menschen und Nationen wird jedes Konkurrenzverhalten und Misstrauen verdrängen. Allmählich wird die Menschheit die Kunst zu leben lernen und jedem Augenblick neu begegnen. Die Menschen werden nicht länger in Furcht vor der Zukunft und vor einander leben. Und Millionen Menschen werden nicht mehr verhungern oder die Arbeitslast für ihre Brüder tragen.

Jeder ist an diesem komplexen Muster beteiligt, das die Menschheit webt. Jeder Beitrag hat seinen einzigartigen Wert und ist notwendig für das Ganze. Es gibt niemanden, in dem das Feuer der Kreativität, auch wenn es vorerst nur ein kleiner Funke ist, nicht entzündet werden könnte. Die Kunst zu leben ist die Kunst, dieses schöpferische Feuer zu entfachen und damit das Wesen der Menschen als potenzielle Götter zu offenbaren.

Es ist lebensnotwendig, dass alle Menschen an dieser Erfahrung teilhaben können und die Kunst zu leben lernen. Bis jetzt war ein wahres schöpferisches Leben das Privileg von wenigen. In dieser kommenden Zeit wird die zum Leben erweckte Kreativität von Millionen Menschen die bisherigen Errungenschaften bei Weitem übertreffen. Der Mensch wird aus der Dunkelheit der Ausbeutung und der Furcht herauswachsen und richtige mitmenschliche Beziehungen entwickeln, sodass jeder den Sinn und die Freude des Lebens in sich selbst entdecken kann.

Die Gegenwart des Christus und der Meister beschleunigt diesen Prozess und inspiriert die Menschen, wie sie sich in vernünftiger und sicherer Weise weiterentwickeln können. Mit dem Beistand dieser „Gotteskenner" wird sich die kommende Zivilisation durch eine neue Einfachheit auszeichnen.

Schon jetzt wächst allmählich die Erkenntnis, dass es mit dem Menschenreich nicht zum Besten steht. Mehr und mehr wird den Menschen bewusst, wie eingeschränkt ihr Leben ist, und daher suchen sie nach etwas Besserem. Sie hinterfragen ihre Vorgehensweisen und Strukturen, die sie daran hindern, an der Fülle des Lebens teilzuhaben, und sehnen sich danach, einen Sinn in allem, was sie tun, zu finden.

In Kürze werden neue Energien in unser Leben einströmen und die Menschen zu schöpferischem Tun inspirieren. Die Künste und die Kunst zu leben werden einen neuen, harmonischen Impuls erhalten. Eine noch nie zuvor erlebte Schönheit wird die Lebensweise der Menschen verändern und für alle Zeiten das Wesen Gottes beweisen.

Der Mensch ist nun zur Offenbarung bereit. Herz und Verstand der Zukunft zugewandt, erwartet er die Herrlichkeit, die er aufgrund seiner Bereitschaft angerufen hat. (*Share International*, Oktober 1983)

„Schon bald wird sich in unserer Einstellung zum Leben ein großer Wandel vollziehen." Das geschieht bereits. Es gibt bereits eine Unterströmung,

die zeigt, dass unsere Ansprüche an das Leben einfacher werden und die Abneigung gegen den Materialismus und alles, was weltweit damit verbunden ist, wächst. Diese Entwicklung steckt aber erst in den Anfängen. Keine Nation zeichnet sich bisher dadurch aus, dass sie bei der Umsetzung dieses Wandels den anderen voraus wäre.

In diesem großen und sehr komplexen Land, den Vereinigten Staaten, befassen sich einige Denker und Experimentierfreudige sehr bewusst damit, wie zukünftige Lebensweisen aussehen könnten. Von unserem Thema aus betrachtet, erscheinen diese Lebensentwürfe eher künstlich, da sie, um ein oft verwendetes esoterisches Wort zu benutzen, noch auf Verblendung, auf Illusion beruhen. Aber man macht immerhin Experimente und lernt sehr viel dabei. Auf diese Weise suchen die Vorläufer der Zukunft – auf politischem, wirtschaftlichem, religiösem und sozialem Gebiet – nach den Strukturen, die unsere Zukunft kennzeichnen und das gegenwärtige Chaos ins Reich der Vergangenheit verweisen werden.

Wir alle kennen das Chaos, in dem wir leben. Nirgendwo auf dieser Welt mit ihren 6,5 Milliarden Bewohnern gibt es auch nur ansatzweise Harmonie oder wirkliche mitmenschliche Beziehungen. Harmonie bedeutet richtige Beziehungen.

Jeder Maler und Komponist sucht nach Harmonie. Selbst wenn sie anderen disharmonisch erscheint, sucht der Künstler doch nach Harmonie. Er geht dabei ganz bewusst vor, um die verschiedenen Teile, die sein Kunstwerk – ein Musikstück oder Bild – ausmachen, zu einem Ganzen zu ordnen. Er arbeitet so lange daran, bis er das Gefühl hat, es sei vollendet.

Wie weiß er, dass es vollendet ist? Er weiß nicht mehr über sein Bild oder Musikstück als wir. Es ist sein oder ihr Kunstwerk, aber bis es ein fertiges Objekt ist, bleibt es immer offen für Veränderung. Er muss sich entscheiden, wann er aufhören soll. Irgendetwas treibt ihn, dass er den Augenblick der Entscheidung erkennt. Der kommt, wenn alle künstlerischen Facetten den Gesetzen gehorchen, nach denen seine Kunst lebt und Aussagekraft entwickelt, bis das Kunstwerk vor Leben sprüht.

Es kann keine große Freude machen, „tote Kunst" zu schaffen, obwohl sehr viel tote Kunst und Musik produziert werden. Ein Kunstwerk, das konventionell und leblos, rhythmisch, melodisch und strukturell schwerfällig ist, kann der Welt nichts Neues geben. Es wiederholt nur mehr oder weniger effektvoll, was schon früher und vielleicht schon tausende Male gemacht wurde. Eine Kopie, die nicht von einer gewissen Güte ist, ist bereits tot, bevor sie begonnen wurde. Es gibt allerdings großartige Kopien, die von Künstlern angefertigt wurden. Ich weiß nicht, ob man Musik kopieren kann, aber man kann den Stil anderer Menschen kopieren. Strawinsky war ein Meister in der Neuerfindung alter Musik und benutzte viele Partituren von Komponisten aus früherer Zeit, um etwas völlig Neues zu schaffen – und damit einen „echten Strawinsky". Es ist eine außergewöhnliche Fähigkeit, Kunst von früher aufzugreifen und daraus etwas ganz Eigenes zu machen.

Seinem Freund Picasso gelang etwas Ähnliches in der Malerei. Er sah sich Kunstwerke der Vergangenheit an und bediente sich bei Velazquez, Manet und anderen Malern, die er bewunderte oder beneidete. Er nahm sich Kunstwerke vor, die seinen Schöpfergeist anregten, sie neu zu erfinden, indem er Formen, Ideen, das Thema oder die Atmosphäre des Originals benutzte, um etwas gänzlich Neues zu schaffen.

Das ist das Wesen der Kreativität: etwas Bekanntes aufzugreifen, um es neu zu erfinden. Wenn Sie sich ein altes Gemälde ansehen oder Musik von früher anhören, die völlig anders sind als die heutige Malerei und Musik, können Sie erkennen, dass Maler und Musiker Vergangenes stets neu erfinden. Sie greifen die Werke ihrer unmittelbaren Vorgänger auf, lernen von ihnen und bringen ihre individuelle Note darin ein.

Intuition

Wie machen Sie das? Mit welchen Mitteln können Sie Ihre spezielle Note, Ihre Individualität in ein Bild oder Musikstück einbringen? So etwas können Sie nicht im Laden kaufen und einfach hinzufügen. Das muss aus Ihnen kommen. Wie bestimmen Sie, ob es funktioniert? Eine Idee kann jeder haben, aber diese Idee so umzusetzen, dass das Werk gelingt und aus einem Fragment alter Kunst ein Kunstwerk der Gegenwart wird, das neu, frisch, interessant ist und das man noch nie zuvor gesehen oder gehört hat – dazu bedarf es etwas mehr.

Diese Fähigkeit beruht auf der Funktion und der Anwendung der Intuition. Ohne sie wäre es nicht möglich, ohne eine gut funktionierende Intuition kam noch nie ein schöpferisches Kunstwerk zustande. Da die Intuition eine Seelenqualität ist, mit der die Seele in ihrem Spiegelbild – dem Menschen, der komponiert oder malt – tätig wird, ist die Intuition das schöpferische Feuer, der eigentliche Motor eines Kunstwerks. Sie kommt von der Seele. Jede qualitativ hochstehende alte Malerei oder Musik, die einen bewegt, die Bestand hat und eine Jahrhunderte und manchmal auch Jahrtausende überdauernde Bedeutung ausstrahlt, ist eine Demonstration der Seelenqualität.

Kunst kommt von der Seele und beweist mit der Kraft der Intuition, dass die Menschen Seelen sind. Je mehr sie sich als Seelen verhalten, umso höher ist die Qualität der von ihnen geschaffenen Kunst. Sie ist immer von dem Maß abhängig, in dem die Seele ihre Schöpferkraft durch die Person bekunden kann, die das Kunstwerk schafft. Kunst und Kultur kommen von der Seele.

Ohne das Wissen von der Seele schaffen wir Strukturen, die es nur relativ wenigen Menschen ermöglichen, in ihrer Kultur tatsächlich ihre Seelenqualität zu entfalten. Wir alle sind Seelen, aber wir müssen sie auch zum Ausdruck bringen können. Wenn man im ärmsten Afrika oder in Teilen der Welt lebt, wo Leben lediglich in seiner niedrigsten, elementarsten Form möglich ist, und wo man achtzehn Stunden täglich arbeiten muss, nur um sich und seine Familie zu ernähren, kann Kunst natürlich kaum oder gar nicht entstehen. Die Vehikel der Seele brauchen Muße, damit die Seele sich äußern kann. Der Mensch ist das Vehikel der Seele. Wenn Menschen wenig oder gar keine Muße haben, können sie die Schöpferkraft der Seele kaum entfalten.

Das heißt nicht, dass wir die Malerei oder Musik brauchen, um zu wissen, dass die Seele existiert, sondern weil die Seele existiert, hat der Mensch Mittel und Wege erfunden, durch die sie sich äußern kann. Der Mensch zeichnet und malt und macht gerne Musik, um sein instinktives oder intuitives Verständnis dessen, was Leben wirklich bedeutet, zu konkretisieren. Er drückt damit aus, wie er auf das Leben und die Stimuli, die er im Leben erhält, reagiert. Je besser ihm das gelingt, desto mehr ist seine Seele an diesem Prozess beteiligt. Und je mehr sie daran beteiligt ist, desto tiefgründiger und langlebiger wird seine Malerei oder Musik sein.

Im historischen Rückblick können wir sehen, dass das kulturelle Niveau in einigen Epochen sehr hoch, in anderen dagegen relativ niedrig war. Daran können wir erkennen, dass die Seele sich zyklisch in der Menschheit bemerkbar macht. Es braucht eine lange Zeit, bis sich die Menschheit so weit entwickelt, dass die Seele sich offenbaren kann. Es ist die Seele im Menschen, die das Verständnis für den tieferen Sinn des Lebens vermittelt. Über und jenseits der Alltagserfahrungen und auch der höchsten uns vorstellbaren Gedankenebene gibt es eine andere Seinsstufe, die geistige Ebene. Diese Seinsstufe verhilft der betroffenen Person zur Erkenntnis der tieferen Bedeutung des Lebens. Die Welt der Seele ist die Welt der Bedeutung.

Die Seele kennt die Bedeutung des Lebens. Sie kennt den zugrunde liegenden Sinn und Zweck unserer Existenz. Sie weiß, warum wir hier sind. Wir wissen es nicht. Wir wissen nicht, wer wir sind, noch wozu wir hier sind. Das kommt daher, dass wir es zugelassen haben, uns vom Ursprung unseres Seins – von der Seele – zu entfernen. Wir kennen nicht einmal die dreifache Beschaffenheit des Menschen. Wir wissen nicht, dass jeder Mensch im Grunde ein potenzieller Gott ist. Wir sind Funken, Fragmente des Göttlichen, und jedem Funken wohnt das vollkommene Göttliche inne. Die Beschaffenheit der Welt und des Kosmos, die Tatsache, dass ein Teil unsichtbar ist, aber sich in dem entfaltet, was wir Leben, das Werden, die Evolution des Lebens nennen, bringt es mit sich, dass wir Menschen in der äußeren, physischen Welt aktiv werden, da in dieser unsere Vehikel leben. Das erzeugt die Konditionen, die, wenn auch unvollkommen, so doch ursprünglich von der Seelenebene kommen.

Ohne die Seele ist der Mensch nichts – falls ein Mensch ohne Seele überhaupt vorstellbar ist. Der Funke Gottes, der göttliche Funke spiegelt sich in der Seele wider, und die Seele im Menschen auf der physischen Ebene. Die physische Ebene ist aufgrund der Seele an die geistigen Ebenen gebunden. Die Seele wirkt als göttlicher Vermittler zwischen der geistigen Ebene, also dem, was nicht Materie ist, und der Materie, der physischen Ebene. Sie befinden sich in einer Polarität. Die Seele durchdringt auch das Leben, sie offenbart den unsichtbaren Aspekt, den göttlichen Aspekt des Menschen und bringt ihn in ihren Schöpfungen zum Ausdruck, sei es auf dem Gebiet der Wissenschaft, der Musik, der Malerei, der Architektur, um nur einige Beispiele zu nennen. Das zeigt sich immer dann, wenn richtige Beziehungen hergestellt sind. Sind die Beziehungen nicht korrekt, tritt das Gegenteil ein.

Wenn wir uns heute in unserer Welt umschauen, sehen wir fast nur falsche Beziehungen. Falsche Beziehungen führen zu Konditionierungen – und Konditionierung führt zu Krieg. Alle Kriege, alles Leid der Menschen, ihre Unfähigkeit, sich als Seelen in Inkarnation zu offenbaren, sind die Folge von Konditionierungen. Das müsste nicht sein. Jeder Mensch ist konditioniert – durch seine Vergangenheit, durch die Eltern, durch die Beschaffenheit seiner Vehikel, die seine Seele sich unter dem Gesetz des Karmas geschaffen hat. Dieses große Gesetz bestimmt die physische Konstitution, die emotionale Färbung und den mentalen Aspekt eines Menschen. Das Karma ermöglicht ihm, in dem kurzen Zeitraum einer Inkarnation richtige Beziehungen herzustellen. Früher ging man gewöhnlich von siebzig Jahren aus, aber heute dauert ein Leben etwas länger. Wie kurz oder lang ein Leben auch ist, es gibt der Person die Gelegenheit, die Probleme anzugehen, altes Unrecht wiedergutzumachen und aufzulösen und daher bessere mitmenschliche Beziehungen herzustellen.

Wiedergeburt und Karma

Wir inkarnieren uns immer wieder, damit wir altes Unrecht wiedergutmachen können – unser Unrecht, nicht das Unrecht anderer Menschen. Im Westen glauben nur wenige Menschen an die Wiedergeburt, obwohl viele sie inzwischen als eine Idee akzeptieren, die zutreffen könnte. Sie wissen zwar nicht genau, was das bedeutet, sagen aber: „Vielleicht war ich in meinem letzten Leben eine Katze, weil ich Katzen so gern habe." Darauf beschränkt sich zumeist das Verständnis der Menschen im Westen in Bezug auf die Wiedergeburt. Im Osten haben Millionen von Menschen die Reinkarnation als zu ihrem Leben gehörig akzeptiert, aber auch sie haben noch nicht verstanden, wie dieses große Gesetz wirkt.

Das Leben vollzieht sich nach inneren Gesetzmäßigkeiten. Das scheint eine naheliegende und einfache Erkenntnis zu sein, aber sie wurde bisher zumeist wenig beachtet. Wie viele Leute, wie viele Philosophen, die sich mit dem Sinn des Lebens befassen, erwähnen in ihren Schriften die Wiedergeburt als eines der Gesetze – als das große Gesetz des Lebens? Nur die esoterischen Lehren kennen das Gesetz des Karmas, das Gesetz von Ursache und Wirkung und seine Bedeutung.

Jesus hat das sehr einfach formuliert: „Was ihr sät, das werdet ihr ernten." Einfacher und verständlicher kann man es eigentlich nicht beschreiben. Was man sät, ob in einem Kornfeld oder anderswo: man wird ernten, was man gesät hat. In guter Erde und mit guter Saat gibt es (wenn man mit dem Wetter Glück hat) eine gute Ernte. Wenn man schlechtes Korn sät und den Boden nicht richtig vorbereitet, wird die Ernte eher dürftig ausfallen. Es ist sehr einfach. Er hat es so formuliert, weil seine Zuhörer Bauern waren und verstanden, was er meinte. Aber er spricht eindeutig über das Gesetz des Karmas. Dieser Satz ist so kurz und treffend, dass ihn niemand ernst nimmt und lediglich als eine jener Binsenweisheiten betrachtet, die in der Praxis nicht gelebt werden.

Das Gesetz des Karmas, das Gesetz von Ursache und Wirkung, ist *das* große Gesetz, das unsere ganze Existenz bestimmt. Jeder Gedanke und jede unserer Handlungen setzen eine Ursache in Gang. Die Wirkungen, die aus diesen Ursachen hervorgehen, bestimmen im Guten oder Schlechten unser Leben. Wir tun es selbst. Weil dieses Gesetz dem Dasein des Menschen auf dem Planeten Erde zugrunde liegt, sind wir daran gebunden. Wir können nichts daran ändern, außer dass wir uns „harmlos" verhalten, das heißt, dass wir nicht verletzen.

Wenn Sie in diesem Sinne harmlos sind, gehorchen Sie dem Gesetz. Auf richtiges Handeln folgt eine entsprechende Reaktion. Aber in neun von zehn Fällen hat sich die Menschheit falsch verhalten. Wir haben immer Kriege geführt, immer gestohlen. Wir waren immer gierig, egoistisch und selbstgefällig. Ein solches Verhalten, das zum Repertoire der Menschheit gehört, ist destruktiv. Daher haben wir jetzt auch eine Welt, die destruktiv ist.

Es gibt Erdbeben, Überschwemmungen, Tsunamis und andere Katastrophen. Wir erleben Flugzeugabstürze, Zugunfälle, Autounfälle und alle Schrecken der physischen Ebene. Es gibt Krankheiten. Wir sterben daran. Sie behindern uns. Wie altern deshalb schnell. Krankheit ist eine Folge unserer falschen Gedanken und unseres falschen Verhaltens und der falschen Gedanken und des falschen Verhaltens unserer Vorfahren, weil wir durch unsere genetischen Anlagen die Tendenz zu einer Krankheit erben.

Was also können wir tun? Es ist offensichtlich, dass wir in jeder Situation, in allen Beziehungen für Harmlosigkeit sorgen müssen. Wenn uns das in allen Beziehungen gelingt, könnte unser Leben auf der Welt viel leichter, freundlicher und harmonischer verlaufen.

Es scheint so einfach zu sein, aber es fällt uns unglaublich schwer. Es ist so schwierig, sich im Leben geschickt anzustellen. Ich meine „geschickt" nicht im Sinn eines raffinierten Artful Dodger [einer der Diebe in *Oliver Twist* von Charles Dickens], sondern eine Lebensweise, die Charme und eine gewisse Eleganz hat und sinnvoll ist, die den Gesetzen, das heißt der Tatsache, dass wir potenzielle Götter sind, gerecht wird, also eine kreative Lebensweise. Wir haben Glück, wenn wir die Muße haben, schöpferisch zu werden, aber es bedarf dazu der Muße.

Die meisten Menschen haben diese Muße heute nicht. Sie haben vielleicht Zeit, aber Zeit und Muße sind nicht ganz das Gleiche. Sie brauchen mehr Bildung und mehr Anleitung zur Muße. Sie brauchen den Stimulus und die Bedingungen eines harmonischen, verträglichen Umfelds. Sie brauchen einmal, am besten zweimal täglich etwas zu essen und müssen wissen, wo sie ihre Nahrung herbekommen.

Leider gibt es Millionen von Menschen auf der Welt, die dieses Glück nicht haben; die nicht genug zu essen haben und sich nicht einmal an ihre letzte Mahlzeit erinnern können. Millionen von Menschen sterben in einer Welt, die so viel Nahrung hat, dass wir schon nicht mehr wissen, was wir damit tun sollen. Während in einigen Teilen der Welt täglich Nahrungsmittel weggeworfen werden, sterben zur selben Zeit Millionen aus Nahrungsmangel. Es ist eine entsetzliche, eine qualvolle Situation – zumindest sollte sie als solche empfunden werden. Sie ist qualvoll für die Menschen, die von uns vergessen werden. Und sie sollte für uns alle qualvoll sein.

Es sollte eine Qual, eine Katastrophe für uns sein, zu wissen, dass dies täglich, stündlich, in jedem Augenblick so weitergeht. Menschen wandern tagelang durch die Wüste auf der Suche nach den Hilfsorganisationen, die sie, wie sie hörten, mit Nahrungsmitteln versorgen würden. Irgendjemand hat ihnen erzählt, dass sie dort etwas zu essen bekommen können, sie haben aber noch einen achttägigen Marsch durch die Wüste vor sich, wenn sie es überhaupt schaffen. Sie nehmen ihre Kinder mit und wandern durch die Wüste. Das ist die Realität für Millionen von Menschen. Es sollte uns dermaßen erschüttern und derart quälend für uns sein, dass wir diesen Zustand keinen Tag länger ertragen.

Wie der Meister sagte, wird die Zeit kommen, wo wir ungläubig auf diese Zeit zurückblicken und nicht verstehen können, wie wir das zulassen konnten. *„Wenn die Menschen in der Zukunft auf diese kritischen Tage zurückblicken, werden sie sich erstaunt und ungläubig fragen, wie leicht wir die Ungerechtigkeiten von heute hatten hinnehmen können: die Grausamkeit und das sinnlose Leiden, die unser Leben entwürdigen."*

Wir nehmen es hin, selbst diejenigen, die sich Sorgen machen und darüber schreiben und darüber reden; die sich Bürgerinitiativen anschließen und die Arbeit der Nichtregierungsorganisationen loben, die unaufhörlich Nahrung verteilen. Es ist schwer vorstellbar, dass wir uns als Menschheit mit diesem Stand der Dinge abfinden können. „Wie lange", fragt Maitreya, „könnt ihr diese Entwürdigung noch ertragen?" Es ist eine Entwürdigung unseres Lebens. Es ist eine Entwürdigung unserer Wirklichkeit als potenzielle Götter. Wir sind spirituelle Wesen, die ihre Spiritualität nicht zum Ausdruck bringen. Wir wissen es, aber wir tun es nicht. Wir haben nicht den Willen dazu.

Die Menschheit ist in ihrem gegenwärtigen Zustand imstande, das Übel, die Not, die Schrecken der heutigen Welt zu sehen und gleichzeitig nur den Kopf darüber zu schütteln und den Hilfsorganisationen eine Spende zukommen zu lassen. Wir können das sehr schnell ändern, indem wir uns dieser Situation stellen, sodass der Wille die Oberhand gewinnt, weil wir diese Erniedrigung nicht länger ertragen können. Um die Welt von diesen Übeln zu befreien, muss der Wille der Menschheit aufgerüttelt werden, nicht nur ihre Betroffenheit.

Es gibt auf der Welt noch viele andere entsetzliche Ungerechtigkeiten, entsetzliche Schmerzen und unerträgliches Leid, Krankheiten und Drogenmissbrauch. Die Art und Weise, wie wir andere benutzen, die unglaubliche Intoleranz, die wir anderen Nationalitäten, andersfarbigen Menschen entgegenbringen. Wir halten uns für gebildet und hoch entwickelt, doch offensichtlich sind wir das nicht.

Ich denke, dass es Maitreyas Anwesenheit bedarf, um der Menschheit zu zeigen, wie ungerecht, wie entsetzlich erdrückend das ist. Wir alle wissen, dass es schrecklich ist, aber ist es erdrückend und schmerzhaft? Können wir noch mit Gleichmut daran denken? Wenn es uns so wenig berührt und so wenig beunruhigt, dann sind wir ganz sicher nicht sehr zivilisiert und nicht sehr hoch entwickelt.

Den Meistern zufolge ist die Menschheit jetzt an einem Punkt angelangt, wo sie bereit ist, etwas Neues zu lernen. Deshalb sind die Meister hier. Mit unserer Bereitschaft – die noch nie zuvor so groß war –, die Lehren der Meister zu befolgen und Harmonie und Gerechtigkeit zu schaffen, haben wir sie herbeigerufen.

Gleichgewicht

Nach Harmonie sucht auch der Maler oder Komponist. Auch wenn ein Kunstwerk nicht bei jedem Maler oder Komponisten harmonisch aussieht oder klingt, sucht dieser doch immer nach dem Augenblick, in dem er weiß, dass er etwas geschaffen hat, was für ihn Harmonie bedeutet und eine Lebendigkeit in seinem Bild oder Musikstück zum Ausdruck bringt, die den ihm entsprechenden Gesetzen gehorcht, wenn es vollendet ist, und wo er ebenso weiß, dass jeder weitere Pinselstrich oder jede weitere Note es verderben und das Gleichgewicht zerstören würden. Er sucht immer das Gleichgewicht. Vielleicht nicht immer bewusst, aber als guter Maler oder Komponist auf jeden Fall unbewusst. Es ist ein intuitives Gefühl, das ihn bei der Verwendung der Farben und Formen leitet, und nichts sonst. Es ist ganz allein seine Intuition, die ihn führt. Wenn er ihr folgt, dann strebt er nach Vollendung, und diese Vollendung meint Einheit. Auch wenn es auf den ersten Blick zunächst noch unausgewogen erscheint, er hat bei der Arbeit immer das Gleichgewicht im Sinn. Einheit entsteht nicht, indem Sie alles in einen statischen Zustand bringen. Einheit entsteht, indem Sie einen nicht statischen Zustand schaffen und ihn dann ins Gleichgewicht bringen. Dieses Gleichgewicht ist das Lebendige an einem Bild oder einer Komposition – oder in der Gemeinschaft, in der Sie arbeiten.

Wenn die Menschheit in allen Lebensaspekten ein Gleichgewicht herstellen kann, dann werden wir erleben, dass wir richtige zwischenmenschliche Beziehungen schaffen. Richtige Beziehungen sind „harmlos" und im Gleichgewicht. Gleichgewicht bedeutet Ausbalancieren. Es gibt im Leben viele Faktoren, die Sie einbeziehen müssen, genauso wie die vielen Faktoren in einem Gemälde oder einer Skulptur. Dabei müssen Sie erreichen, dass Sie am Ende ein Gleichgewicht, nicht eine tote Ausgewogenheit geschaffen haben. So entsteht eine lebendige Struktur. Wenn Sie eine farbliche Harmonie anstreben, könnten Sie sich auf eine Farbe beschränken. Wenn Sie aber viele Farben, Facetten, Schattierungen einbringen wollen, müssen Sie härter daran arbeiten und Ihre Intuition benutzen, um sie alle ins Gleichgewicht zu bringen. Gleichgewicht ist nichts Statisches.

Leben bedeutet, im Gleichgewicht zu sein. Wenn es nicht im Gleichgewicht ist, ist es entweder destruktiv oder statisch, also im Begriff zu sterben. Statisches Leben ist aber nur für den Bruchteil einer Sekunde statisch. Der *Status quo* ist der letzte Augenblick, den Sie jedoch schnell wieder hinter sich lassen. Den Status quo gibt es also nicht. Es gibt nur Bewegung, und Bewegung strebt nach Stabilität. Sie strebt nach Einheit – ein anderes Wort für Gleichgewicht.

Genauso suchen alle Menschen nach Einheit. Der Suche nach dem Sinn des Lebens liegt bei jedem Menschen die Suche nach der Einheit zugrunde. Die Menschen wollen Teil der Gruppe, der menschlichen Gemeinschaft sein, weil sie Seelen sind. Sie sind bereits göttlich, und das Wesen des Göttlichen ist Einheit. Es gibt Abermillionen von Manifestationen des Göttlichen im Universum, aber das absolute Göttliche, aus dem alles entsprang, ist seinem Wesen nach vereinigt, unbewegt, endlos, ewig, unwandelbar. Das ist unser Urgrund. Maitreya nennt es das Sein der Menschheit. Das Werden ist das, was geschieht, wenn es die Form des Lebens annimmt. Wir alle gehen durch den Evolutionsprozess – das Werden. Dem Wesen nach sind wir das Selbst, das ist das Göttliche. Das Göttliche bietet uns, wenn wir es erfassen, verstehen und erkennen, die Erfahrung dessen, was wir Leben nennen. Das sind die eigentliche Bedeutung und der tiefere Sinn dessen, wer und was wir sind.

Im Folgenden möchte ich einen weiteren Artikel meines Meisters vorlesen.

Lebensgesetze und Lebensregeln
von Meister –, durch Benjamin Creme

Seit undenklichen Zeiten wissen und erwarten die Menschen, dass ein großer Lehrer kommt, der sie an Weisheit und offenkundiger Wahrheit weit überragt. Im Zyklus der Zeitalter haben sich solche großen Gestalten immer wieder zu Erkennen gegeben. Auch die heutige Zeit bildet keine Ausnahme in diesem kosmischen Gesetz. Mit dem Anbruch der neuen Epoche sind die Menschen jetzt mehr als je zuvor von der Erwartung erfüllt, dem großen Lehrer zu begegnen, der bereits, auch wenn sie es noch nicht wissen, mitten unter ihnen lebt.

Auf dem ganzen Erdball machen sich Alt und Jung, Arm und Reich bereit für diese Ankündigung, die Deklaration seiner Mission und seiner Ziele, und sein Zusammentreffen mit der Menschheit. Während das alte Jahrhundert und Zeitalter sich dem Ende zuneigen, reagieren die Menschen immer stärker auf die neuen Energien, die der neuen Zivilisation ihre Form geben und mit ihren Eigenschaften das menschliche Bewusstsein prägen werden. Mit diesen Qualitäten – Synthese und Verschmelzung, Toleranz und gutem Willen, Gewaltlosigkeit und brüderlicher Liebe – wird die Menschheit mit der Zeit die ihr bestimmte Würde wiederfinden. So wird es sein. So werden die Menschen ihren uralten Bund mit dem Göttlichen erneuern.

Auch wenn es ihnen kaum bewusst sein mag, stehen die Menschen doch kurz davor, wieder den tieferen Sinn ihres Daseins zu entdecken.

Ihre Älteren Brüder, die Meister der Weisheit, kehren unter anderem auch deshalb jetzt in die Welt zurück, weil sie die Menschen in dieser Zeit der Erprobung und Prüfung begleiten und beschützen wollen. Mit ihrem erfahrenen Oberhaupt – dem Weltlehrer Maitreya – werden sie zum Aufbau neuer, geeigneterer Strukturen inspirieren, in denen alle Menschen friedlich zusammen leben und arbeiten können. Dieser Frieden wird so viel kreative Energien und Potenziale freisetzen, wie man es bisher noch nicht erlebt hat.

Die Menschen werden die subtilen Gesetze, die ihr Leben regieren, kennenlernen und begreifen: das Urgesetz des Lebens, das Gesetz des Karmas – das Gesetz von Ursache und Wirkung –, dem das Schicksal aller unterliegt; das damit verwandte Gesetz der Wiedergeburt, das die Reise der Seele in die Materie ermöglicht; das Gesetz des Nichtverletzens, das die mitmenschlichen Beziehungen regiert, und das große Gesetz des Verzichts, auf dem die ganze Evolution beruht.

Wenn sie diese Gesetze begreifen, werden die Menschen ihren Mentoren, ihren Älteren Brüdern allmählich ähnlich werden und das Göttliche, das allen gemeinsam ist, ebenso demonstrieren. Sie werden den Lehren der Weisen lauschen und Schritt für Schritt ihrem Geburtsrecht entsprechend ihr Erbe antreten. Der Mensch ist dazu geboren ein Gott zu werden, und nichts kann diese Bestimmung vereiteln; doch wann die Menschen dies schaffen, liegt in ihrer Hand. Bald wird die Welt wissen, dass der, auf den sie wartet, jetzt unter uns ist. Schon sehr bald wird er den Menschen sein Gesicht zeigen und sie an seine Seite rufen. Indem er Gerechtigkeit für alle fordert, wird der Große Herr sein Anrecht geltend machen, die Lebensgesetze und Lebensregeln zu lehren, den geheiligten Pfad, auf dem die Menschen Götter werden.

(*Share International*, November 1999)

Ich habe über das Gesetz des Karmas, das Gesetz der Wiedergeburt und das Gesetz des Nichtverletzens gesprochen, aber das Gesetz des Verzichts ist vielleicht schwieriger zu verstehen. Das große Gesetz des Verzichts oder Opfers ist die Grundlage der Evolution. Indem wir – immer in uns selbst – das Niedrigere dem Höheren opfern, können wir uns weiterentwickeln.

Die Seele manifestiert sich physisch, astral/emotional und mental, also in drei Trägern. Maitreya nennt sie die „Tempel" des Selbst, durch die das Selbst die Evolution der Seele in Inkarnation, unser „Werden", unsere Entwicklung als Götter sehen und beobachten kann. Das geschieht durch eine sukzessive Verfeinerung der Materie der physischen, emotional/astralen und mentalen Ausrüstung, wobei sie in jedem Leben etwas mehr verfeinert und zunehmend von Licht durchdrungen wird, das heißt von subatomaren Partikeln der Materie. Während sich die Vehikel allmählich verändern, verändern sich nach und nach auch die spezifischen Bedürfnisse des physischen, des astral/emotionalen und schließlich auch des mentalen Körpers. Jede Veränderung zeigt dem Selbst, das diesen Prozess beobachtet, eine Verlagerung der Position, des Zustands eines Menschen an, der durch die Gesetze des Karmas und der Wiedergeburt in die Inkarnation kommt, in seinem Handeln dem Gesetz des Nichtverletzens unterliegt und sich dem Prozess des Gesetzes des Verzichts unterzieht. Jede Verlagerung in der Energiequalität des physischen, astralen oder mentalen Körpers zeigt einen Grad der Veränderung an, die immer Verzicht ist, weil das Niedrigere stets für das Höhere aufgegeben wird. Ein evolutionärer Fortschritt kann nur durch Verzicht auf einen niedrigeren Aspekt erreicht werden. Es ist unmöglich, sich weiterzuentwickeln und gleichzeitig der- oder dieselbe zu bleiben.

Wenn wir weiterkommen wollen, müssen wir uns verändern, sonst kommen wir nicht voran. Jeder Fortschritt, den wir machen, bedeutet, etwas Niedrigeres aufzugeben: die Wünsche und Ansprüche des physischen Körpers, die Abhängigkeiten und Wünsche des Gefühlskörpers, die Konditionierungen des Mentalkörpers. Das Gefühl, ein isoliertes Ich zu sein, muss sich auflösen. Wenn die höchste der Anforderungen – das Ichgefühl uneingeschränkt aufzugeben – erfüllt wird, sind wir „erlöst". Das ist die eigentliche Erlösung, wenn man sie aus dem religiösen Zusammenhang herauslöst. Jeder von uns muss das alleine tun. Das ist das endgültige Ziel der Evolution der Menschheit auf diesem Planeten.

Dann sind wir ein Meister. Wir sind für immer von diesem Planeten und für immer von der Anziehungskraft der Materie befreit. Dieses sukzessive Zuführen von Licht in das Vehikel ist wie ein Sterben, ein sich Lossagen von der Vergangenheit und ein Wiedergeborenwerden für die Zukunft, wobei die Zukunft das ist, was Sie auf dem Evolutionszyklus zur Erlösung oder zur Vervollkommnung führt. Das ist Vervollkommnung, und sie wird immer durch Verzicht erreicht. Das große Gesetz des Verzichts ist die Grundlage des Evolutionsprozesses. Das ist für viele Menschen schwer zu begreifen, weil sie glauben, dass Verzicht etwas Schmerzhaftes sei. Aber diese Art von Verzicht „geschieht" einfach. Sie zählen nicht die Menge des Lichts, der subatomaren Teilchen, die hereinkommen, und stellen dann fest: „Jetzt kommt allmählich der Punkt, wo es schmerzhaft wird."

Aber Sie erkennen, dass in ihrem Leben nichts mehr dasselbe ist. Sie „sterben" dem gegenüber, was zuvor Ihre Aufmerksamkeit in Anspruch nahm. Sie „sterben" dem gegenüber, was zuvor ein Bedürfnis war. Sie „sterben" gegenüber den Ansprüchen des physischen Körpers. Sie sagen sich von den Forderungen und Illusionen des Astralkörpers los und von der Beschränktheit und Enge des Mentalkörpers, weil Sie immer höher über diese Vehikel hinausreichen.

Die Seele durchdringt Sie mit immer mehr subatomaren Teilchen, also mit Licht, und dadurch werden Sie durchlässiger. Sie reinigt und verfeinert die Träger Ihres Körpers. Die Ansprüche der niederen Träger werden leiser, die Forderungen der Seele dagegen nachdrücklicher. Sie tun eigentlich nichts anderes, als Erdenlicht durch Seelenlicht zu ersetzen. Die Materie ist relativ träge und beschwerlich, aber ohne sie könnten Sie natürlich nicht funktionieren. Sie müssen die Evolution durchlaufen. Materie ist etwas, das Sie brauchen, aber ständig verfeinern. Indem Sie sich weiterentwickeln, werden die Träger durch immer mehr subatomares Licht verfeinert, und das ist der Verzicht. Es ist nicht wirklich ein Verzicht, aber okkult gesehen ist es Verzicht, ein Opfer. Sie geben die niedrigere Materie für das höhere Licht auf und werden schließlich ein Meister. Eine Aussicht, auf die wir uns freuen können. Jeder in diesem Raum wird schließlich einmal ein Meister werden.

Wir müssen die Kunst zu leben lernen. Sie ist eine Kunstform und kann nur erlernt werden, indem wir uns weiterentwickeln. Man kann sie nicht lehren, aber man kann die Grundlagen, die Gesetze vermitteln. Wenn Sie die Gesetze und dementsprechenden Regeln vermitteln können – das Gesetz von Ursache und Wirkung, das Gesetz der Wiedergeburt, das Gesetz des Nichtverletzens und das Gesetz des Verzichts –, haben Sie die Grundlagen des Lebens vermittelt. Das Leben verläuft nach diesen Gesetzen, und je früher wir sie instinktiv in unser Leben integrieren, desto eher kann unser Leben einigermaßen koordiniert und harmonisch verlaufen – im Kleinen wie im Großen. Heute wird die Welt noch von Sorgen und Ängsten dominiert. Aber Leben sollte genau das Gegenteil davon sein. Eines Tages wird es mit der Hilfe Maitreyas und der Meister auch so sein.

Jetzt kommt bald der große 4. Strahl der Harmonie, Harmonie durch Konflikt in die Welt. Mit Konflikten kennen wir uns gut aus und wir leiden darunter. Der 4. Strahl der Harmonie regiert das Menschenreich. Er ist der für die Menschheit bestimmende Strahl. Er schafft naturgemäß die für eine schnelle menschliche Evolution notwendigen Bedingungen, das heißt Konflikt, und ebenso Harmonie als Folge dieses Konflikts.

Dieser große Strahl ist immer aktiv, soweit die Menschheit betroffen ist, und wenn er in einigen Jahren in einen neuen großen Zyklus tritt, wird er alles Leben auf dem Planeten außerordentlich stark stimulieren. Mit der neuen Seinsordnung im Wassermann-Zeitalter dringt auch der große 7. Strahl herein. Diese Kombination des 4. und 7. Strahls ist einzigartig, sie ist wunderbar. Was Harmonie und Struktur angeht, bietet sie uns alles, was wir brauchen.

Der Meister D.K. schrieb (durch Alice Bailey): „Künstler gibt es mit jeder Strahlenkombination, aber die Kombination von Strahl 4 und Strahl 7 schafft die Voraussetzungen für einen Künstler von höchstem Format." Wenn Sie sich die Strahlenstrukturen einiger alter, großer Maler anschauen, dann wird das sehr deutlich. Leonardo da Vincis Ausrüstung besteht nur aus Strahl 4 und Strahl 7, bis auf einen „zufälligen" 3. Strahl, der da irgendwie hineingeraten war. Sie können daraus schließen, was für ein großer Künstler er auf allen Gebieten war.

Diese Strahlenkombination wird einen enormen Einfluss auf die Menschheit haben. Der 7. Strahl erdet die geistigen Ideale. Er verankert die Energie der Synthese, die vom Wassermann über Maitreya einströmt, auf der physischen Ebene, und Maitreya lenkt sie in die Welt. Das wird gewaltige Auswirkungen haben und hat es bereits, indem es die Menschen und Nationen zusammenführt. Diese mächtigen kosmischen Kräfte verrichten bereits ihr Werk und werden es fortsetzen. Sie werden die Menschheit zur Synthese führen, zu einer alles verschmelzenden Einheit. Die Menschen werden die Einheit erfahren, nach der sie suchen, weil das Wesen der Synthese Einheit ist. So kann ein wirkliches Gleichgewicht entstehen. Die Kombination der Strahlen 4 und 7 (vorausgesetzt sie ist etwa fünfzig zu fünfzig) schafft diese Art von Gleichgewicht, wie ich sie am Beispiel der Kunst angesprochen habe.

Wir alle suchen den Ausgleich. Wir suchen die Einheit, das Gleichgewicht, wie auch immer wir es bezeichnen wollen. Es ist das, wodurch wir schöpferisch und glücklich sein können. Dadurch kann sich das Rad wieder und wieder drehen und aus sich heraus alles erschaffen, was erschaffen ist. Auf diese Weise wird die Zivilisation der Zukunft Qualitäten aufweisen, über die wir heute noch nicht einmal ansatzweise sprechen können. Wir haben noch nicht die Worte für das, was wir erleben und erkennen werden. Für die Qualität dieser Zivilisation fehlen uns jetzt noch die Worte. Genauso auch für das Gefühl, das Wissen, wie mitmenschliche Beziehungen aussehen können, wenn sich alle Menschen als Brüder und Schwestern *einer* Heimat, *eines* Planeten erfahren. Das wird die Menschen wieder ihrer Kindheitserfahrung näherbringen. Daheim war daheim. Die Geschwister waren das Team, das einen auf der richtigen Bahn hielt. So wird es dann sein.

Wir werden alle aufeinander angewiesen sein. Eine in sich verflochtene Welt wird unsere Realität sein. Das ist sie zwar auch heute schon, nur erkennen wir es nicht. In der kommenden Zeit werden Konstruktionen, Erfindungen und außerordentliche Entdeckungen Wirklichkeit werden, die gegenwärtig zwar schon latent vorhanden sind, aber noch außerhalb unserer Reichweite liegen. Wir werden sie uns durch richtige mitmenschliche Beziehungen erschließen, durch Muße, Bildung und die erstmalige Erkenntnis, dass wir Seelen in Inkarnation auf einer gemeinsamen Entdeckungsreise sind, auf der wir die Instrumente dieser Zivilisation entwickeln und so beweisen, dass wir Götter sind.

Das bedeutet nichts anderes, als dass wir uns gemeinsam als Menschen – als eine Gruppe mit dem Namen „Menschheit" – unserer inneren Wirklichkeit gemäß als Götter erweisen werden. Die Seele kann sich frei entfalten. Das Selbst wird in unserer Lebensweise zum Ausdruck kommen und alle Menschen prägen. Wir werden jeden Menschen als Seele sehen. Wir werden erkennen, dass es nur ein Selbst gibt, und dass wir alle mit diesem Selbst identisch sind. Maitreya ist hier, um uns zu helfen, das zu erkennen und uns zu vermitteln, wie wir das werden, was wir sind.

Zum Abschluss möchte ich noch auf einige Aussagen von Maitreya eingehen. Man könnte endlos daraus zitieren, weil sie ein unglaublich reicher Fundus an Wahrheit, Wissen und Weisheit sind.

Maitreyas Lehren über Bewusstsein

Die folgenden Zitate stammen aus Maitreyas Lehren über die Lebensgesetze [siehe auch *Maitreya's Teachings: The Laws of Life*, Share International Foundation, Amsterdam/London/Los Angeles, 2005]. Darin spricht Maitreya von einem neuen Bewusstsein.

„Das Licht, die Bibel, das Gebet ist für jeden von jetzt an das Bewusstsein, dass Maitreya in euch ist und ihr in ihm seid. Die Dynamik seiner Lehren rüttelt die Welt auf, und die Politiker sind still."
Maitreya ist die Verkörperung des Christusprinzips – der Energie der Liebe. Wenn das Christusprinzip dort, wo es noch nicht erwacht ist, geweckt wird und dort, wo es erwacht ist, stimuliert wird, dann wird es die Welt verwandeln. In diesem Sinn kann Maitreya sagen: *„Ich bin bei euch und in euch. Ich möchte das, was ich bin, durch euch offenbaren. Darum komme ich."* Er sagt, das sei von jetzt an für alle die neue Bibel, das neue Licht, das neue Gebet. Erkennen Sie, dass Maitreya in Ihnen ist und Sie in ihm sind.

Er sieht und hört alles und reagiert auf alles. Jede Liebesschwingung, die wir aussenden, findet im Herzen Maitreyas ihren Widerhall. Er ist die Verkörperung des Bewusstseinsaspekts der Menschheit. Nur durch Bewusstsein und durch die Entfaltung eines bewussten Gewahrseins können wir uns weiterentwickeln. Er stimuliert also unser Gewahrsein, unser Bewusstsein. Je mehr wir uns seiner in uns und unser in ihm bewusst werden, desto sicherer bleiben wir auf unserem Weg und desto mehr können wir unseren Mitmenschen geben.

Er sagt: *„Eure Bestimmung ist die Freiheit. Niemand wird ‚in Sünde geboren'. Aber das Selbst ist während des Evolutionsprozesses Konditionierungen unterworfen. Der Evolutionsprozess ist das Werden."*
Mit dem Prozess der Evolution, des Werdens – das zu werden, was wir potenziell als das Selbst bereits sind – setzt die Konditionierung ein.

„Wenn ihr den drei Prinzipien der Ehrlichkeit im Denken, der Aufrichtigkeit im Geist und der inneren Gelassenheit folgt, geht die Evolution auf natürlichem Wege vor sich. Eure ‚zweite Natur' ist konditionierte Natur,

aber das Befolgen der drei Prinzipien wird euch von der Konditionierung befreien. Niemand ist zur Konditionierung ,verurteilt'. Verleugnet euch nicht. Habt Achtung vor euch selbst. Was ist Frieden? ,In der Schöpfung bedeutet Frieden Nicht-Konditionierung. Was ist Krieg? Krieg bedeutet Konditionierung.'"

Maitreya sagt, dass viele geistige Lehrer, Gurus und Heilige zwar eine gewisse Bewusstseinsstufe erreichen, aber dann dort stecken bleiben, weil sie zu sehr personifizieren. Sie denken, sie selbst seien diese Weisheit, dieses Wissen, diese Erfahrung. Aber das sind sie nicht. Es ist eine Erfahrung, aber sie sind diese Erfahrung nicht. Indem sie sie personifizieren, verlieren sie die Fähigkeit, sich weiterzuentwickeln und das zu werden, was sie sind.

„Dieses Mal", sagt Maitreya, *„bin ich selbst gekommen. Man kann mich nicht in Ismen einsperren."*

Wenn Sie das vermitteln, was Sie entdeckt haben, erzeugen Sie Ismen – Buddhismus, Christentum, Islam, Judaismus, Hinduismus. Das sind alles Ismen. Sie alle sind von gelehrten Leuten konstruiert worden, die gewisse Erfahrungen gemacht haben und dann stehen blieben. Das heißt, sie gingen nicht über ihre Erfahrung der Erkenntnis dessen hinaus, was sie als das Göttliche bezeichneten, das ein Konstrukt für ihr Gewahrsein des Göttlichen ist.

„Ich bin selbst gekommen. Man kann mich nicht in Ismen einsperren." Die Zeit wird kommen, in der die Menschen das von selbst verstehen, ohne viel Aufhebens davon zu machen, weil sie sich im Innern frei fühlen. Deshalb sagt Maitreya: *„Ich bin nicht gekommen, um Anhänger um mich zu scharen."*

Wenn Sie Maitreya in dem Sinn folgen, wie Sie Mohammed, Jesus oder Buddha folgen würden, legen Sie sich Zwang auf. Dann sind Sie nicht mehr Sie selbst, sondern Anhänger. Anhänger zu sein, ist uninteressant. Das heißt nicht, dass Christentum, Buddhismus und Hinduismus falsch oder nicht richtig wären, sondern nur, dass nicht Sie das sind. Wenn Sie dem anhängen, verlieren Sie sich. Sie müssen der sein, der Sie sind. Hinduismus, Buddhismus und Christentum können Ihnen vielleicht helfen, zu erkennen, wer Sie sind, aber allein das ist das Wichtige und nicht, Anhänger von Buddha, Krishna oder Jesus zu sein.

Maitreya sagt: *„Die Religion ist wie eine Leiter. Sie kann euch helfen, das Dach zu besteigen. Aber sobald ihr auf dem Dach seid, braucht ihr sie nicht mehr."* Sie können die Leiter dann jemand anderem geben oder sie wegwerfen. Es ist nicht richtig, jemandem blindlings zu folgen – nicht einmal Maitreya. Er sagt: *„Ich bin nicht gekommen, um Anhänger*

36

um mich zu scharen." Er will nicht, dass man ihm nachläuft. Er will, dass Sie herausfinden, wer Sie sind, und dass Sie der sind, der Sie sind. Das kann nicht getrennt von ihm geschehen, weil er bereits weiß, wer Sie sind. Er ist bereits in Ihnen, weil er die Verkörperung des Bewusstseinsaspekts der Menschheit ist. Aus diesem Grunde ist er auch der Christus. Das ist das, was der Christus ist. Aber ihm nachzulaufen, bedeutet, sich selbst zu verleugnen, indem Sie eine Religion um ihn errichten. Er verlangt von Ihnen nicht, dass Sie seiner Religion anhängen. Er verkauft keine Religion.

„Ich bin nicht gekommen, um Anhänger um mich zu scharen. Was zählt, ist euer Selbst, frei von Zwängen, sodass ihr imstande seid, eure Pflicht zu tun, ohne sie als Last zu empfinden und unberührt von Lob oder Kritik.

In dem Augenblick, wo ihr das Göttliche in euch spürt, erkennt ihr, dass alles in euch ist. Den Generalschlüssel habt ihr in euch. Wenn ihr den Herrn, das heißt den Allmächtigen, das Göttliche unmittelbar in euch erfahrt, ist es dann noch wichtig, ob ihr ein Millionär, König oder Bettler seid?

Diese Erfahrung allein genügt, um ein Gleichgewicht in Denken, Geist und Körper zu schaffen. Diese Erfahrung kann sich nie verändern. Sie ist ewig. Wenn ihr den Allmächtigen erfahrt, erzeugt ihr keine Spaltung."

„Sei, was du bist. Laufe niemandem nach."

Ich habe Leute manchmal gefragt: „Glauben Sie an die Geschichte, die ich Ihnen erzähle?" Einige sagten: „Ich weiß nicht. Ich würde gern noch meine Freunde fragen, was sie davon halten." Als könnten sie von ihren Freunden mehr über das, was ich sage, erfahren als hier und jetzt von mir. Ich sage dann: „Wie könnten sie Ihnen etwas erzählen, was sie gar nicht wissen? Was nutzt Ihnen das?" Das hatten sie sich noch nicht überlegt, haben aber trotzdem das Gefühl, sie müssten ihre Freunde fragen und sehen, wie sie darauf reagieren. Sollte deren Reaktion positiv sein, dann würden Sie ebenso denken. Warum? Weil sie bloß ihre Freunde nachahmen. Nachahmung ist für manche Menschen die übliche Verhaltensweise. Sie denken: „Wie machen es meine Freunde? Welche Bilder mögen sie? Dann mag ich die auch. Welche Musik mögen meine Freunde? Ich auch. Sie sind ja meine Freunde, weil wir alle gleiche Musik mögen. Wir mögen alle dieselben Bilder, dieselben Speisen."

Wir müssen nicht wie unsere Freunde sein. Maitreya sagt, dass kein Mensch dem anderen gleicht. Sie können von keinem Menschen auf der Welt ein Duplikat herstellen. Jeder von uns ist völlig einzigartig. Wir haben mehr oder weniger dieselben Bedürfnisse, aber wir sind verschieden. Wir alle haben der Welt etwas ganz Eigenes und Einzigartiges zu geben.

37

Man kann niemals eine genaue Kopie von jemand anderem sein, warum es also versuchen? Das, was Sie für Ihre Freunde interessant macht, ist, dass Sie anders sind; Sie sind einzigartig – auch für Gott, also für das, von dem wir alle kommen. Denn er gab sich unendliche Mühe, um alle diese Funken unterschiedlich zu machen. Er schickt sie durch alle Ebenen hinunter, bis sie auf der physischen Ebene ankommen – und dann werden sie nach Amerika verschifft!

Warum sollten wir also versuchen, einander nachzuahmen? Wir dürfen nicht versuchen, gleich zu sein. Jeder von uns wird von – keinem Geringeren als Gott – gebraucht, um genau der zu sein, der wir sind. Deshalb erschuf er uns alle mit diesen verschiedenen Strahlenstrukturen. Und warum haben wir alle so unterschiedliche Strahlenstrukturen? Weil sie notwendig sind. Gott braucht diese Seelen- und Monadenstrahlen für seine Pläne. Er hat Pläne, aber er führt sie nicht aus. *Wir* müssen sie ausführen, weil wir Gott sind. Wir sind unserem Wesen nach Gott und müssen die Pläne des „alten Mannes" ausführen.

Wenn wir andere Menschen nachahmen, sind wir nicht wir selbst. Er machte uns einzigartig. Wir sind vielleicht nur ein „einfacher, braver Kerl", aber wir haben einen Job zu tun – das heißt, ein Gott zu werden.

„Sei, was du bist. Laufe niemandem nach. Jeder wird sich mit der Zeit entwickeln. Kein Mensch gleicht dem anderen. Niemand kann das Duplikat eines anderen sein. Sobald ihr die Persönlichkeit eines anderen annehmt, schafft ihr eine Distanz zwischen mir und euch. Sobald ihr seid, wer ihr seid, erfahrt ihr Glückseligkeit, Gelassenheit und Frieden. Dann gibt es keine Distanz zwischen uns.

Ich bin der Nektar. Ich bin das Gift. Der Augenblick, in dem ihr erkennt, dass ihr nicht Denken, Geist und Körper und nicht einmal die Lebenskraft seid – das ist die Unsterblichkeit. Auf dieser Stufe könnt ihr euer Schicksal selbst in die Hand nehmen. Ihr seid ein Funke des Allmächtigen.

Ich bin bei euch und bei jedem. Ich gebe nie jemanden auf. Die Wahrheit hat viele Gesichter, aber der Grundton klingt vor allem in jedem selbst an. Sobald ihr bei dem, was ihr sagt, ein Einssein empfindet, erklingt in euch der Grundakkord der Wahrheit. Erfahrt mich. Sei, was du bist. Sobald ihr versucht, das zu sein, was ihr seid, erfahrt ihr, wer ihr seid und warum ihr da seid.

Die Menschen sind ansprechbar. Aber wenn ihr versucht, die Wahrheit zu verdrehen oder sie zu Geld zu machen, wird sie derart entstellt, dass die Menschen das Interesse an ihr verlieren."

Die Kunst zu leben

Fragen und Antworten

Der folgende Artikel ist die überarbeitete Version der Fragen und Antworten im Anschluss an den Vortrag von Benjamin Creme auf den Transmissionstagungen 2005 in San Francisco (USA) und Kerkrade (Niederlande).

Das Gesetz des Karmas, das Gesetz des Nichtverletzens

Könnten Sie bitte an einigen Beispielen erläutern, wie man dem Gesetz des Karmas am besten gerecht werden kann?

Das Beste ist, in jeder Situation arglos oder gutwillig zu sein. Die meisten Menschen verhalten sich je nach Situation mal gutwillig, mal verletzend. Es gibt nur sehr wenige Menschen (wenn überhaupt, dann müssen sie Heilige sein) – abgesehen von den Meistern, die Heilige sind –, die tatsächlich immer gutwillig sind. Aufgrund unserer Verblendungen, unserer Konditionierungen ist es unvermeidlich, dass wir situationsbedingt mal mehr, mal weniger verletzend sind, mitunter auch gar nicht, aber insgesamt doch so viel Schaden anrichten, dass wir neues Karma schaffen. Die Antwort auf Ihre Frage ist sehr einfach, wenn auch schwer umzusetzen. Es geht wie immer um Disziplin.

Nie, in keiner Situation, jemandem Kummer oder Schaden zuzufügen – denken Sie nur, wie viel Selbstbeherrschung dazu gehört. Es wird leichter durch Meditation und durch den positiven Einsatz des Willens – wenn man den festen Willen hat, sich möglichst immer, soweit es einem bewusst wird, gutwillig zu verhalten. Wir richten immer wieder Schaden an, ohne es überhaupt zu merken. Ich bin sicher, dass das ständig passiert. Erst im Nachhinein merken wir, wie verletzend und schädlich wir uns wieder verhalten haben.

Ich bin mir zum Beispiel auch sicher, dass George Bush ein aufrichtiger Christ ist. Doch sehen Sie sich den Schaden an, den er in Afghanistan angerichtet hat, und das Leid, das er dem Irak zugefügt hat, oder die Verletzung der Freiheitsrechte der amerikanischen Bevölkerung, die er und sein Stab vornehmen und noch vorhaben.

Wir leben alle in der Illusion, dass wir niemandem schaden. Wir kennen die Grenzen, die wir nicht überschreiten würden, aber bis dorthin wird notfalls alles akzeptiert. Wir verhalten uns oft schädlich und wissen das auch, aber wir nehmen das Ausmaß des Schadens, den wir anrichten, nicht wahr und finden aufgrund unserer Verblendungen immer Gründe, um unser Verhalten zu rechtfertigen.

Es ist mir immer wieder ein großes Rätsel, wie einige Leute, die so versiert in den Alice-Bailey-Lehren sind, dass sie sogar Vorträge darüber halten, zu mir sagen konnten: „Ich kann Ihnen bei allem, was Sie über die Rückkehr der Hierarchie und Maitreyas sagen, sehr gut folgen, aber was ich nicht verstehen kann, ist Ihre Vorstellung vom Teilen der Weltressourcen." Das verblüfft mich. Ich weiß nicht, ob oder wie sie gelesen haben, was Meister D.K. über das Teilen der Ressourcen sagt. Das ist eines der Hauptthemen in *Probleme der Menschheit* (von Alice A. Bailey).

Ihr Einwand ist tatsächlich ernst gemeint: „Wir haben nicht viel, aber was wir haben, gehört uns auch. Wir haben dafür unser Leben lang hart gearbeitet." (Man lebt in einer der besseren Gegenden Kaliforniens am Strand.) „Ich sehe nicht ein, warum wir das, was wir haben, mit Leuten teilen sollten, die wir nicht einmal kennen – vielleicht noch mit irgendwelchen Langhaarigen oder Rastatypen!" Oder: „Warum reißen sie (die hungernden Millionen in Afrika) sich nicht am Riemen, so wie wir es auch getan haben?" Auf diese Weise geben wir uns der Selbsttäuschung hin und breiten den Schleier der Verblendung über die Realität, die wir nicht sehen wollen. Wir können sie sehr gut ausklammern und für unser Verhalten immer eine Rechtfertigung finden.

Wenn man will, kann man alles rationalisieren. Sie sollten Tony Blair hören, wie er zu rechtfertigen versucht, warum Großbritannien gegen den Irak in den Krieg gezogen ist, und warum er sich dafür nicht entschuldigen müsste (was er auch nie getan hat), obgleich 70 Prozent der britischen Bevölkerung gegen den Krieg waren. Alle klugen Köpfe in Großbritannien rieten davon ab, von den Franzosen, den Deutschen und den andern Europäern ganz zu schweigen.

Rationalisieren ist immer leicht. Einige Strahlen, und damit auch Denkweisen, machen es leichter, Dinge zu rationalisieren und wegzudiskutieren, die unbequem sind – die unangenehm sind, wenn man sie anschaut. Aber man kann sie sich wegdenken, sie hinter sich lassen und „vorwärts, neue Wege gehen", wie Bush und Blair es tun. Sie wollen, dass wir ihre Fehler vergessen und nur das sehen, was sie uns als künftige Möglichkeiten präsentieren. Alle Regierungen machen das. Sie haben es seit Urzeiten getan und werden es weiterhin tun, wenn sie dazu Gelegenheit haben. Es ist unsere Aufgabe, ihnen diese Gelegenheit nicht zu geben.

Bisher dachte ich, „Harmlosigkeit" bestünde darin, andere nicht zu verletzen, aber es scheint noch viel mehr zu bedeuten. Würden Sie bitte einige Beispiele geben, wie Harmlosigkeit wirklich praktiziert werden kann?
Es bedeutet, keinen Krieg zu führen, selbst wenn man es wollte. Es bedeutet, keine Staatsführer zu stürzen, vor allem nicht, wenn sie demokratisch vom Volk gewählt sind, wie Allende in Chile, der von der CIA gestürzt wurde. Das darf man nicht tun. Das ist das Gegenteil von harmlos, es ist schädlich. Das tun jedoch Regierungen, die sich überschätzen, die ihre Macht missbrauchen und sich deshalb das Recht herausnehmen, zu tun, was ihnen gefällt. Sie wollen sich Einflussbereiche sichern und sie von Kommunismus oder vermeintlich ähnlich Schädlichem freihalten und so ihr Umfeld kontrollieren. Alle dominierenden Großmächte gehen so vor. Sie wollen alles um sich herum absichern und kontrollieren daher die Wirtschaften der anliegenden Staaten. Die USA sehen Kanada, Mexiko, Brasilien und alle anderen südamerikanischen Nationen nur unter diesem Aspekt. Wenn ein Staatsführer sozialistische Tendenzen erkennen lässt, schaltet die amerikanische Regierung sofort die CIA ein, um die Drecksarbeit zu erledigen, zu der sie sich öffentlich nicht bekennen würde. Genau das spielt sich auf der Regierungsebene in der ganzen Welt ab. Im Grunde genommen sind es Faschisten.

Praktizierte Harmlosigkeit bedeutet das Gegenteil, es bedeutet, Verbindungen zu knüpfen, die Ressourcen zu teilen und mit anderen Ländern zusammenzuarbeiten. Zusammenarbeit ist gutwillig, ist „harmlos". Fehlende Zusammenarbeit bedeutet Konkurrenzkampf und ist naturgemäß schädlich. Aber jeder junge Amerikaner wird zu dem Glauben erzogen, dass Wettbewerb der Lebensquell schlechthin sei. Er ist es nicht. Er ist schädlich und erniedrigend für den menschlichen Geist. Er korrumpiert und entzweit Menschen und ist daher das Gegenteil von Harmlosigkeit und zieht dadurch das Gesetz des Karmas auf sich.

Denken Sie an das Karma einiger dieser Staatsführer – Bush und Blair und alle Tyrannen von jeher, Saddam Hussein eingeschlossen. Sie sind alle auf die eine oder andere Weise Tyrannen. Sie streben nach Macht und missbrauchen sie.

Jesus sagte: „Was ihr sät, das werdet ihr ernten", und meinte damit das Gesetz des Karmas. Woran kann man erkennen und anderen begreiflich

41

machen, wie sich dieses Gesetz in unserem Leben auswirkt? Zum Beispiel,
warum wurde George Bush von seinem Karma noch nicht eingeholt?
Sie sind ungeduldig. Es kommt schon, glauben Sie mir! Lassen Sie mich
folgende Beispiele nennen: Amerika zieht in den Krieg, und daraufhin
gibt es Überschwemmungen, Hurrikane, Tornados und unvorstellbare Wet-
terverhältnisse – sechzig Grad im Schatten wie hier in Amerika, wochen-
lang, ununterbrochen, dann große Dürren. Die Menschen sterben zu Hun-
derten an der Hitze. Das ist das Gesetz des Karmas.

Lesen Sie Maitreyas Lehren über die Lebensgesetze [siehe auch *Maitreya's Teachings: The Laws of Life*, Share International Foundation, Ams-
terdam/London/Los Angeles, 2005], wo er anhand von vielen Beispielen
beschreibt, dass bestimmte Vorgehensweisen von Staaten Auswirkungen
haben, die wir als solche noch nicht einmal wahrnehmen – Erdbeben, Tornados, Überschwemmungen, Vulkanausbrüche, Flugzeugabstürze, Zugun-
glücke –, die aber alle durch das Ungleichgewicht, das wir geschaffen
haben, karmisch ausgelöst werden.

Wann immer Sie das Gesetz des Karmas verletzen, stören Sie bis zu
einem gewissen Grad das Gleichgewicht der Welt. Je nach dem Ausmaß
der Handlung kann die Auswirkung geringfügig oder gewaltig sein. Bei
Aktionen wie einem Angriff auf den Irak sind die Auswirkungen gewaltig.
Wenn Millionen Menschen von demselben schädlichen Gedanken erfasst
werden und er in die Tat umgesetzt wird, ist die karmische Auswirkung
ebenfalls gewaltig.

Wenn sie jemanden beschimpfen, ihn beispielsweise als Lügner oder
Betrüger bezeichnen, sind das kleine Verletzungen des karmischen Gesetzes.

Was ist das Wichtigste, um schlechtes Karma zu vermeiden?
Wenn wir die Gesetze beachten und im Einklang mit ihnen leben und
arbeiten, wenn wir das Gesetz des Nichtverletzens beachten, entspricht
unser Verhalten automatisch dem heilsamen Gesetz des Karmas. Wir schaffen kein schlechtes Karma, weil wir gutmütig sind.

Die Meister schaffen kein persönliches Karma, weil sie von Grund auf
gutwillig sind. Sie müssen nach dem Gesetz des Karmas handeln, soweit
es die Welt, unser Karma, betrifft, aber Sie können selbst kein schlechtes
Karma verursachen. Das ist das Ziel, das auch wir anstreben sollten, und
der Weg, wie wir unser Karma selbst bestimmen können. Es ist ein Gesetz,
das Sie achten oder missachten können. Demnach ist Ihr Verhalten entweder
legal oder illegal. Wenn Sie sich gesetzwidrig verhalten, dann leiden Sie

und schaffen schlechtes Karma. Sie sind dann Gefangene Ihres Denkens und Fühlens.

Konfliktlösung

Wie kann man Konflikte auf harmlose Weise lösen?
Es gibt keinen Weg, um Konflikte auf harmlose Weise zu lösen. Es gibt aber einen Weg, der, wenn man ihn weiterverfolgt, schließlich dazu führt, dass Konflikte auf harmloseste Weise weitgehendst aufgelöst werden können, und der darin besteht, einzusehen, dass man geben muss, um zu erhalten. Angenommen, zwei Menschen geraten miteinander in Konflikt, sagen wir, einen Konflikt über Land oder Wasser oder Öl beispielsweise, wie geht man dann vor? Sie treffen sich mit der anderen Seite und suchen einen Kompromiss – etwas, das Sie beide zufrieden stellt. Sie bekommen nicht alles, was Sie sich, von ihrer Position aus, erhofften, aber wenn Sie einen gewissen Anteil sozusagen hergeben und nicht die vollen hundert Prozent ihrer Rechte verlangen, und Ihre Gegenspieler sich ebenfalls auf gütliche Weise dem Problem annähern und ebenfalls einige ihrer Rechte opfern, können Sie zu einem Kompromiss gelangen.

Mit Besonnenheit und klugen Kompromissen können Sie eine annehmbare Vereinbarung erreichen und den Frieden erhalten beziehungsweise einen Konflikt ohne weiteren Schaden beenden.

Spielt bei einer gütlichen Konfliktlösung auch der Zeitfaktor eine Rolle?
Das lässt sich an der Situation der Israelis und Palästinenser beschreiben; man trifft sich jahrelang unzählige Male, die Palästinenser machen ein Kompromissangebot und die Israelis sagen: „Nein, das ist nicht akzeptabel." Dann bieten die Israelis einen winzigen Kompromiss an, der aber praktisch bedeutungslos ist, und natürlich weisen die Palästinenser ihn auf der Stelle zurück. Die Israelis sagen dann: „Sehen Sie, sie akzeptieren nicht, was wir ihnen anbieten." So geht der Kampf weiter. Sie müssen es wirklich ernst meinen. Sie müssen ehrlich sein in dem, was Sie tun. Sie müssen das angestrebte Ergebnis wirklich wollen.

Was die Situation Palästinas und Israels betrifft, streben die Israelis ganz offensichtlich keinen Frieden an. Sie wollen Frieden, aber nicht um den Preis der Aufgabe des Westjordanlandes. Maitreya hatte im April 1991 in London auf einer von ihm einberufenen Konferenz von Führungskräften aus allen Bereichen den König von Jordanien gebeten, ob er die Souveränität über das Westjordanland aufgeben könnte, das sich seit dem Sechstagekrieg von 1967 in den Händen der Israelis befindet. König Hussein stimmte unter der Bedingung zu, dass es zur Heimat der Palästinenser werden sollte. Die Israelis hatten niemals die Absicht, das ganze Westjordanland aufzugeben. Einige Israelis, nicht alle, aber eine große Minderheit, haben sogar geschworen, das Westjordanland, das Land Kanaan, niemals aufzugeben, da es ihnen vor Tausenden von Jahren von Gott zugesprochen worden sei. Bei den Palästinensern wiederum gibt es eine Minderheit, die geschworen hat, der Anwesenheit der Israelis in dem Land, das seit Jahrhunderten das ihre gewesen sei, Widerstand entgegenzusetzen. Es gibt also Fanatiker auf beiden Seiten, die niemals nachgeben werden, und angesichts dessen muss ein Kompromiss angestrebt werden, der einen gerechten Frieden möglich macht. Ich persönlich meine, dass nur Maitreya den israelisch-palästinensischen Konflikt mit einem zustimmungsfähigen Kompromiss beenden kann, wobei die Palästinenser die Existenz Israels anerkennen und die Israelis das Recht der Palästinenser auf das Westjordanland und einen gerechten, lebensfähigen und unabhängigen Staat anerkennen müssen.

Welche Rolle spielt der Zeitfaktor? An der palästinensisch-israelischen Situation können Sie sehen, dass die Zeit etwas sehr Wichtiges ist. Sie zieht sich in die Länge, ohne dass eine Lösung gefunden wird. Der Fokus ändert sich. Menschen wie Präsident Arafat sterben; auch der König von Jordanien starb, das ändert die Situation. Die Israelis und die Amerikaner denken, sie können ihre Vorteile aus der Situation ziehen, weil sie Arafat kaltgestellt haben. Da die Palästinenser keinen Führer mehr haben, glaubt man, sie würden jetzt etwas gefügiger und die Ungerechtigkeiten akzeptieren, die ihnen bisher geboten wurden. Solange kein akzeptabler und gerechter Kompromiss gefunden wird, kann es dort kein Ende des kriegerischen Konflikts geben.

Der Zeitfaktor ist also – im Allgemeinen – bedeutsam. Alles, was auf der Erde geschieht, hat auf den höheren Ebenen bereits stattgefunden. Es geschah aus unserer Sicht außerhalb der Zeit, vielleicht schon vor vielen Jahren. Vom Standpunkt der Zeitlosigkeit aus, in der die Meister leben, gibt es kein Ereignis „vor vielen Jahren" oder „in vielen Jahren", sondern nur „jetzt". In diesem Jetzt gibt es ihrer Erfahrung nach keine Zukunft und keine Vergangenheit. Das Leben vollzieht sich jetzt, in diesem Augenblick. Aber bis es sich auf den physischen Ebenen niederschlägt, das braucht „Zeit" – in dem relativen Zeitverständnis, wie wir es auf der physischen Ebene haben. Wenn wir ein Flugzeug erreichen wollen, begeben wir uns zwei Stunden vorher zum Flughafen. Wenn wir das nicht täten und erst einträfen, wenn „wir glauben, dass es an der Zeit sei", wäre das Flugzeug weg, und wir könnten ihm nur noch hilflos nachwinken.

Auf der physischen Ebene brauchen wir diese Zeitregelungen, weil sich am Ende alles als Ereignis niederschlägt. Wenn wir Beziehungen eingehen, die von diesen Ereignissen in der Zeit abhängen, dann spielt der Zeitfaktor natürlich eine Rolle und muss berücksichtigt werden. Wie Shakespeare sagt: „Es gibt Gezeiten für der Menschen Treiben, nimmt man die Flut wahr, führt sie uns zum Glück." Man erlebt das, was sich außerhalb der Zeit angesammelt hat und zum Ereignis werden muss. In dem Ereignis schlagen sich die Folgen der Gedanken, die auf den höheren Ebenen bereits präsent sind, auf der physischen Ebene nieder. Das betrifft bis zu einem gewissen Grad die Pläne, Gedanken und Gedankenkonstruktionen der Menschheit und weniger die der Meister und des Willens unseres Planetenlogos', die sich auf einer viel höheren Ebene befinden. Sie sind also das Ergebnis von Karma, die Ergebnisse von Ereignissen, die wir mit unseren früheren Taten oder Gedanken, seien sie gut oder schlecht, in Bewegung gesetzt haben.

Die Meister sagen, dass wir mehr gutes als schlechtes Karma verursachen. Ich weiß, dass es nicht so aussieht, aber sie sagen es. Wenn die Gedanken und Pläne sich in unserem Leben niederschlagen, bezeichnen wir das als Ereignis, als Tsunami oder Orkan, der unsere Küsten heimsucht und Verwüstung und Tod verursacht. Das alles wird auf den höheren Ebenen durch die Aktivität der devischen Elementarwesen in Bewegung gesetzt, die für die Naturkräfte verantwortlich sind und daher auch das Klima regulieren. Sie reagieren auf die von den Menschen erzeugten Unruhen und Spannungen.

Was kann man als Einzelner tun, um den Konflikt zwischen vermehrter Kontrolle von oben und dem Bedürfnis nach Muße zu lösen?
Ich vermute, dass Sie mit „oben" die Vorstellungen Ihres Chefs meinen, die Ihrem Bedürfnis nach Freizeit zuwiderlaufen? Es liegt an Ihnen, das zu lösen. Sie müssen die Regierung verändern und mit dem kleinen Kreis von Möchtegerndiktatoren beginnen, die Ihre jeweiligen Länder regieren. Die Menschen müssen weltweit ihren Anspruch auf Freizeit und Muße geltend machen.

Wie kann ich harmlos sein, wenn ich mich selbst in einem inneren Konflikt befinde?
Es ist schwieriger, wenn man sich als konfliktbeladen erlebt. Natürlich

sind wir alle in Konflikte verwickelt. Und in einem Konfliktzustand kann man nicht harmlos sein. Denn genau in diesem Zustand tun wir Dinge, die schädlich sind.

Wenn wir keine Konflikte haben, sind wir harmonisch. Wenn wir harmonisch sind, richten wir keinen Schaden an, weil Harmonie jenen entspannten und konfliktfreien Zustand schafft, in dem man nichts Unrechtes tut. Sobald wir uns jedoch in einem Konflikt befinden, wird das Schädlichkeitspotenzial unweigerlich größer.

Also: „Kann ich harmlos sein, wenn ich mich selbst in einem inneren Konflikt befinde?" Nein, das können Sie nicht, es sei denn, Sie lösen den Konflikt auf. Sie können sich nicht mit dem Schaden auseinandersetzen, solange Sie sich nicht mit dem Konflikt auseinandersetzen. Wenn Sie sich mit Ihrem inneren Konflikt befassen und statt Konflikt Harmonie schaffen, werden Sie erleben, dass Schaden vermeidbar ist. Sie hören auf, verletzend zu sein.

Harmlosigkeit und Schädlichkeit

Können Sie mehr über Harmlosigkeit und Schädlichkeit sagen? Zum Beispiel, wie übt man sich in Harmlosigkeit? Hat das auch etwas mit Absicht zu tun?

Der beste Weg, Harmlosigkeit zu praktizieren, besteht darin, sich in Gelassenheit zu üben. Je gelassener Sie sind, desto harmloser werden Sie.

Die Meister sagen, dass das Gesetz des Karmas ein wohltätiges Gesetz ist und dass wir im Allgemeinen mehr gutes als schlechtes Karma haben. Einige Menschen haben Mühe, das zu glauben, aber das mag bloß Selbstmitleid sein. Also üben Sie.

„Hat das auch etwas mit Absicht zu tun?" Natürlich, die Absicht gehört dazu.

Wie kann man einen negativen Gedanken, bei dem man sich ertappt, am besten verändern? Manche löschen ihn, andere hüllen ihn in Licht, um ihn umzuwandeln. Wie kann man ihn ändern, damit er harmlos wird?

Sprechen Sie ihn nicht aus. Wenn Sie sich bei einem negativen Gedanken ertappen, nehmen Sie ihn zurück. Sagen Sie: „Oh nein. Da hab ich nicht aufgepasst!" Fassen Sie sich und lenken Sie Ihre Aufmerksamkeit nach oben, ins Ajnazentrum, dann kommen Ihnen keine schädlichen Gedanken mehr. Alle Ihre schädlichen Gedanken kommen aus dem Solarplexus. Wer hat nicht schon schädliche Gedanken gehabt? Sie gehen uns ständig durch den Kopf. Wir nehmen sie einfach zurück. Sagen Sie sich: „Also, ich hab's schon wieder getan. Ich muss Acht geben." Es gibt keinen einfachen Weg. Wenn es ihn gäbe, wären wir alle friedfertig. Die Lösung ist, gelassen zu sein.

Kann Vergebung, wenn sie ernst gemeint ist, einen angerichteten Schaden wieder aufheben?
Echtes Vergeben kann Wunder bewirken, aber wer ist derjenige, der vergibt? Wenn Sie jemanden verletzen oder schädigen, der das natürlich spürt und weiß, wer ihm das angetan hat – und der Ihnen vergibt –, dann schwächt er damit die Wirkung des Karmas in dem Maße ab, wie er Ihnen vergeben kann. Wenn seine Vergebung vorbehaltlos ist, wenn er so gelassen ist, dass er Ihnen vollkommen aufrichtig alles, was sie ihm zugefügt haben, verzeihen kann – was jedem Menschen unterhalb einer gewissen Entwicklungsstufe sehr schwerfällt –, dann kann er das mit Ihrer verletzenden Tat einhergehende Karma wieder aufheben. Und natürlich können Sie sich in einer ähnlichen Situation genauso verhalten. In dem Maße, in dem Sie gelassen sein und das Ihnen angetane Leid vergeben können, kann auch das damit verbundene Karma gemildert werden.

Wenn jemand wie Jesus, der damals ein Eingeweihter vierten Grades war, alles vergeben kann – wenn er am Kreuz sagen konnte: „Vater, vergib ihnen, denn sie wissen nicht, was sie tun" –, zeugt das von wirklicher Gelassenheit. Das ist vollkommene Vergebung.

Aber wenn jemand sagt: „Ist schon gut, vergessen Sie es. Ich vergebe Ihnen, Sie Miststück", wird das Karma nur teilweise aufgehoben. Vollkommenes Verzeihen fällt den Menschen schwer, weil es ihnen schwerfällt, vollkommen gelassen zu sein.

Um vergeben zu können, muss man innerlich gelassen sein. Wenn wir einigermaßen gelassen sind, können wir eine Verletzung verzeihen und von ihr nicht tangiert werden, und dadurch kann das Karma der Person, die Sie verletzt hat, gemildert werden.

Das Gesetz des Verzichts oder Opfers

Können Sie bitte den Zusammenhang zwischen dem Gesetz des Nichtverletzens und dem Gesetz des Verzichts erläutern?
Wir leben in einem energetischen Universum und befinden uns daher immer in Schwingung. Der Lebensprozess besteht darin, dass unsere physischen,

astralen und mentalen Träger allmählich ihre Beschaffenheit ändern. Das ist ein sehr zweckmäßiger Prozess.

Wenn Sie in einer höheren Sphäre leben möchten – das heißt, in einer Region, in der Ihr Denkvermögen sich auf ein höheres Verständnis für den Sinn und Zweck unserer Existenz auf Erden einstimmen kann –, dann brauchen Sie Träger, die das zulassen. Es ist nicht möglich, einem Mentalkörper etwas beizubringen, auf das sein Begriffsvermögen noch nicht eingestellt ist. Dazu muss er erst eine höhere, feinere Schwingung erreichen, und deshalb werden die Träger verfeinert. Um den physischen Körper zu verfeinern oder zu verbessern, nehmen Leute vieles auf sich, was sie als Selbstaufopferung bezeichnen: Diät, Fasten, Körpertraining. Sie gehen, laufen oder radeln, selbst wenn das Fahrrad sich nicht von der Stelle bewegt. Sie kommen nirgendwo hin, aber sie radeln weiter. Es wird ihnen warm, sie schwitzen und erreichen ein physisches Hochgefühl, eine physische Verbesserung. Das praktizieren sie über Jahre oder ihr halbes Leben lang, wodurch ihr physischer Körper allmählich verfeinert wird.

Als Nächstes verfeinern sie ihren Astral- oder Emotionalkörper und schließlich auch ihren Mentalkörper. Jeder dieser Körper durchläuft also einen Verfeinerungsprozess, der bewirkt, dass sie immer mehr Licht, mehr subatomare Materie anziehen können. Das transformiert den Menschen. Und das bedeutet auch, Opfer zu bringen. Sie müssen die Materie hinter sich lassen und weitergehen.

Gibt es einen Zusammenhang zwischen persönlicher Opferbereitschaft und dem grundlegenden Gesetz des Opfers?
Ich spreche von okkulten Opfern und nicht davon, sich als Selbstmordattentäter in die Luft zu sprengen – was kein okkultes Opfer ist. Es geht hier um die Bedeutung des Gesetzes des Opfers in okkultem Sinne, um den Verzicht auf das Niedere zugunsten des Höheren. In diesem Sinne besteht hier natürlich ein direkter Zusammenhang.

Die persönliche, individuelle Veränderung, mit der das Gesetz des Opfers aktiv wird, und der damit einhergehende Wandel haben mit dem Gesetz des Opfers zu tun. Das verändert Sie.

Das Gesetz des Opfers ist vom okkulten Standpunkt aus etwas Aktives. Sie verändern sich selbst. Sie gehen nicht in einen früheren Zustand zurück. Er ist Vergangenheit, Sie tauschen die Vergangenheit für die Zukunft ein. Sie verwandeln sich von dem, was Sie waren, in das, was sie potenziell sind. Somit verwandelt jede Opfertat, die nach dem Gesetz des Opfers geschieht, Ihr potenzielles Ich in ein reales Ich. Sie sind Sie, zumindest potenziell. Wenn Sie selbst aktiv werden, wird das Gesetz des Opfers aktiviert.

Das Gesetz des Opfers garantiert, dass Sie die Vergangenheit aufgeben und dadurch die Resultate dieses Verzichts erreichen können, der dem Bedürfnis nach Weiterentwicklung entspringt. Es ist das Gesetz der Evolution, das Sie vorantreibt. Ihre Aspiration folgt dem Gesetz der Evolution, das Ihnen das notwendige Opfer abverlangt, um einen höheren Zustand zu erreichen.

Diese Aspiration ist das Gesetz der Evolution, wie wir es erleben – dieses unermüdliche innere Weiterstreben. So erzeugen wir, entwickeln wir mit der Zeit die Qualitäten, die wir durch unsere Aspiration anziehen und die unsere Aspiration bewirken.

Können Sie das Gesetz des Verzichts oder Opfers ausführlicher behandeln? Wie wirkt es?

Wenn ein Mensch sich weiterentwickelt, wird er durch seine Aspiration immer höhergezogen, und wenn das Höhere erreichbar wird, stellt man fest, dass es nur durch Verzicht zu erreichen war.

Sie müssen auf das verzichten, was Sie nicht mehr brauchen, selbst wenn Sie es bis zu diesem Zeitpunkt Ihr ganzes Leben lang gebraucht haben. In dem höheren Schwingungszustand, in dem Sie sich jetzt befinden, hat es für Sie keinen Nutzen mehr. Wenn Sie das Niedrigere aufgeben, geben Sie den niedrigeren Schwingungszustand für den höheren auf. Jedes Mal, wenn sich Ihr Schwingungszustand erhöht und Sie die Schwingung sozusagen eine Stufe höher schalten, ziehen Sie, das heißt Ihre physischen, astralen und mentalen Träger, subatomare Energie, also Licht, an, sodass sie nach und nach umgewandelt werden. Sie können die niedriger schwingende Materie, da sie jetzt in Licht verwandelt wird, nicht behalten. Die niedrigere Schwingung kann mit der höheren nicht koexistieren.

Es ist tatsächlich so einfach. Es gehorcht einem Naturgesetz und ist nichts Mystisches. Wenn Sie etwas tun, das Sie auf eine höhere Stufe bringt, verändern Sie die Schwingungszahl, und deshalb können Sie das, was noch immer in einer niedrigeren Frequenz schwingt, nicht behalten. Sie müssen es aufgeben, es opfern.

Wenn Sie den Schwingungszustand Ihrer Träger verändern, müssen Sie die niedrigere Frequenz, die sie bisher hatten, aufgeben, sonst geht es nicht. Also muss diese niedrigere Materie wieder in die Materie des Universums, das Leben des Planeten, auf dem wir leben, zurückkehren. Sie können sie nicht mit sich nehmen.

Könnten Sie bitte etwas zur Verbindung zwischen dem Willen und dem Gesetz des Opfers und zur Bedeutung eines aktiven Willens im Hinblick auf die „Kunst zu leben" sagen?

Man kann das Gesetz des Opfers nicht ohne Willen anwenden. Es muss ein willentlicher Verzicht auf das Niedere zugunsten des Höheren vorhanden sein. Das bedeutet noch nicht Selbstaufopferung. Bei einigen Strahlen, insbesondere beim 6. Strahl, ist Selbstaufopferung ein wesentlicher Qualitätsaspekt auf der Seelenebene. Das ist die eigentliche Ursache für das enorme Opfer, das Jesus brachte. Aber Opferbereitschaft als Prinzip der Lebenskunst besteht in der Anerkennung des Opfers als Merkmal des Evolutionspfads. Sie können sich auf dem Evolutionspfad nicht weiterentwickeln, wenn Sie keine Opfer bringen können, wenn Sie nicht den Willen haben, das Niedere für das Höhere aufzugeben.

Das bedeutet nicht immer eine bewusste Willensanstrengung, aber es ist immer ein Willensprozess. Doch solange man sich noch nicht der dritten Einweihung unterzogen hat, kommt der Wille nicht sehr stark zum Einsatz. Erst dann spielt er bei der Weiterentwicklung des Jüngers eine sehr wichtige Rolle. Aber bis dahin besteht die Fähigkeit, Opfer zu bringen, darin, das Niedere – das, was weniger wertvoll ist und der Umwandlung bedarf – für etwas aufzugeben, was erst noch verwirklicht werden muss. Das sollte ein selbstverständlicher Aspekt der Kunst zu leben sein.

Manche haben auch ein tiefes Bedürfnis, Opfer zu bringen, was häufig die Unterstützung, den Segen der Meister und sogar der Gottheit zur Folge hat. Diese instinktive Opferbereitschaft ist der unbewusste Wunsch, das, was abstirbt, sterben zu lassen, es aufzugeben.

Sehr oft halten wir an etwas fest, was uns nichts mehr nützt und was eigentlich nicht zu unserem Lebensinstrumentarium gehört. Wir haben uns damit befasst, es durchlebt und hinter uns gebracht und sollten niemals versuchen, daran festzuhalten und das Erlebte zu personifizieren. Wenn wir daran festhalten, personifizieren wir es, wir nehmen es gleichsam in Besitz. Wenn wir denken, „das habe ich geschafft!", machen wir keine weiteren Fortschritte mehr. Wenn Sie das mit Maitreya machen, schwächen Sie Maitreyas Präsenz in sich. Man darf ihn nicht, und er lässt sich nicht, personifizieren. Das ist der Grund, warum er keine Anhänger haben möchte. Wenn Sie ihn personifizieren, machen Sie ihn zum Oberhaupt einer Religion. Das ist er nicht, und er hat auch nicht die Absicht, es je zu werden. Er hat eine bestimmte Aufgabe: Er ist ein Initiator, ein Lehrer, aber er will nicht personifiziert werden. Wenn Sie meinen, gewisse Fortschritte gemacht zu haben, müssen Sie bereit sein, das, was Sie gewonnen haben, aufzugeben, da es bereits ein Teil von Ihnen geworden ist. Viele personifizieren ihre Erfahrungen: „Das habe ich erreicht, ich habe es geschafft. Jetzt gehe ich auf die nächste Einweihung zu." Das ist eine Verblendung. Was Sie sich damit antun, ist Konditionierung durch Personifizierung. Man darf Erfahrungen nicht messen und nicht personifizieren. Es handelt sich bloß um Tätigkeitsfelder, in die Sie hineingelangen, in die Sie sich einbringen, von denen Sie lernen, und die Sie wieder aufgeben, um höher und weiter zu gelangen.

Der Evolutionsprozess besteht darin, von dem anfänglich rein physisch orientierten Bewusstsein zu einem Seelenbewusstsein zu gelangen. Das ist eine Reise. Wenn Ihr Bewusstsein sich bereits auf der Astralebene abspielt, sinkt das Bewusstsein der physischen Ebene unter die Gedankenschwelle. Es wird etwas Unterbewusstes und Instinktives. Es beschäftigt uns nicht mehr, es läuft automatisch ab. Wir bezeichnen es als automatisch, aber es ist unterbewusst. Die astrale Aktivität sollte sich ebenso unter der Gedankenschwelle abspielen, aber sie motiviert und stimuliert uns in unserer Handlungsweise. Damit hat sie aber nichts zu tun, das ist nicht die Aufgabe der Astralebene.

Die Astralebene sollte eigentlich wie ein Spiegel sein, wie ein stiller, klarer See. In diesem See sollte sich das buddhische Bewusstsein – Seelenbewusstsein – als Intuition spiegeln. Doch wie viele Menschen gibt es, deren Astralkörper die Spiegelung von Buddhi ist?

Wir könnten alles mit unserer Intuition in Erfahrung bringen, aber nur, wenn wir Verbindung zu ihr haben. Sobald wir etwas, das wir erreicht haben, benennen, sobald wir uns mit dem Erreichten identifizieren und daran festhalten, personifizieren wir es. Das ist mit „personifizieren" gemeint. Wir müssen es hinter uns lassen und eine höhere Ebene erreichen – vom physischen Bewusstsein zum astralen Bewusstsein, dann zum mentalen Bewusstsein und zum spirituellen Bewusstsein. Das ist eine Steigerung, die wir selbst vornehmen müssen. Es ist der einzige Weg, auf dem wir uns weiterentwickeln können.

Hierbei spielt das Opfer eine wichtige Rolle. Das bedeutet nicht, das Ich für den Planeten zu opfern. Es ist für die Seele ein Opfer, das sie für den Planeten auf sich nimmt und das darin besteht, dass sie sich inkarniert und diese Körper annimmt. Doch auf der Rückreise müssen die Träger, einer nach dem anderen, wieder aufgegeben, geopfert werden. Das physische Bewusstsein muss geopfert werden. Es verschwindet nicht. Es darf nur nicht mehr der Gipfel Ihrer Errungenschaften sein. Das trifft genauso auf das astrale, das mentale und das spirituelle Bewusstsein mit seinen drei Ebenen zu. Die tieferen Ebenen müssen immer durch höhere ersetzt werden, denn wenn Sie an jeder Stufe des Weges festhalten, kommen Sie nicht weiter.

Maitreya sagte, dass viele Gurus und Heilige zwar ein gewisses Bewusstseinsniveau erreicht haben, es aber personifizieren und dort stehen bleiben. Sie identifizieren sich mit ihren Erfahrungen und Errungenschaften und personifizieren sie, indem sie meinen, nun erleuchtet zu sein.

Eine uralte Konditionierung besteht in der Vorstellung, dass leiden Opfer sei. Aufgrund unserer religiösen Traditionen sind wir mit dem Gedanken aufgewachsen, je größer das Leid, desto größer das Opfer, und umgekehrt. Obwohl die „Kunst zu leben" zeitweise schmerzhaft sein kann, entsteht durch die Aufgabe des Niedrigeren für das Höhere auch Freude, die von der Seele kommt.

Das ist wahr. Es gibt eine lange bestehende religiöse Tradition, vor allem in den Opferreligionen wie dem Christentum und dem Islam, die das Opfer mit dem Ende des Leidens gleichsetzt, wobei das Opfer gleichzeitig auch mit Leiden verbunden ist. Leiden als höchster Verzicht – je mehr wir leiden, desto größer ist das Opfer, das wir erbringen.

Der Hingabebereitschaft des Christentums und des Islams liegt die Idee des Opfers zugrunde; sie verkennen zwar die Rolle des Opfers – das Gesetz des Opfers –, aber sie haben zumindest eine Ahnung davon, wenn sie es als die Methode schlechthin verstehen, um das Ego zu überwinden. Sie haben erkannt, dass das Ego überwunden werden muss, dass man das Ego hinter sich lassen und völlige Gelassenheit entwickeln muss. Der Weg, um dies zu erreichen, besteht für sie darin, sich selbst leiden zu lassen, was in der christlichen Tradition zwei Funktionen hat. Die eine ist, Jesus nahezukommen, weil er unter den Geißelhieben, die ihm vor der Kreuzigung zugefügt wurden, sehr zu leiden hatte. Fügt man sich selbst das Gleiche zu, so die Vorstellung, kann man die Qualen, die Jesus erlitten hat, verstehen und würdigen und ihm nahekommen, vorausgesetzt Kopf und Herz sind darauf eingestellt. Für einige fromme Menschen kann das zweifellos ein Weg, eine Vorgehensweise sein.

Sie haben erkannt, dass die Qualität des 6. Strahls auf der Seelenebene – und sowohl das Christentum wie der Islam sind Strahl-6-Religionen – Aufopferung ist. Es scheint, als hätten sie die esoterische Bedeutung des 6. Strahls instinktiv, intuitiv durch das Kreuzesopfer von Jesus erkannt. Er nahm das höchste Opfer auf sich, um diese Erfahrung zu veranschaulichen, und viele haben einen ähnlichen Weg eingeschlagen und durch denselben

Geist der Selbstaufopferung das Meisterstadium erreicht. Es geht immer darum, den niedrigeren Menschen für den höheren Menschen aufzugeben. Die Qualitäten der Strahl-6-Seele konzentrieren sich auf den Pfad des Opfers als die Methode schlechthin. Das bedeutet nicht, dass der Gläubige alles auf sich nehmen muss, was auf der physischen Ebene schwierig, widerlich, übel riechend, unangenehm und mühsam ist. Aber es gibt auf diesem Pfad auch einige, die genau dem ausgesetzt sind und die schlimmstmöglichen Bedingungen auf sich nehmen, um das Ego zu überwinden. Im Grunde geht es immer darum, das Ego zu überwinden und sich der Seele anzunähern. Darin besteht das Opfer.

Ich formuliere es als Esoteriker etwas anders: das Geringere zugunsten des Höheren zu überwinden; das Geringere – der Pfad des Menschen, die Gegebenheiten seines physischen und seines astral/emotionalen Körpers und Mentalkörpers. Die Seele hat diese nicht, und daher gehören sie zum Menschen. Wir haben sie, damit die Seele sie benutzen kann, um die Realität der physischen Ebene, das heißt den Prozess der Konditionierung zu sehen.

Jünger [englisch: *disciples*], also diejenigen, die sich disziplinieren, müssen die Rückreise antreten und ihre auf den physischen, astral/emotionalen und mentalen Ebenen gemachten Erfahrungen opfern, um die geistige Synthese der Seele zu erreichen. Deshalb ist Aufopferung ein Weg.

Das kann teilweise auch individuelle Verblendung und Illusion sein, aber trotzdem liegt die Idee des Opfers – in ihrer höchsten Bedeutung – sowohl dem Christentum als auch dem Islam zugrunde. Zweifellos wird sie im heutigen Islam häufig verzerrt dargestellt, wenn Imame und andere, die wollen, dass Jungendliche „Märtyrer" werden, die jungen Leute unterweisen, sich zu opfern, um „ihrem Schöpfer zu begegnen" und gleichzeitig ihren armen Familien ein zusätzliches Einkommen zu verschaffen. Sie sind dann tatsächlich imstande, sich in die Luft zu sprengen – als höchstes Opfer. Aber das macht sie nicht zu etwas anderem als das, was sie zuvor schon waren.

Wenn sie konditioniert und voller Illusion waren – was sicher vorwiegend der Fall ist –, dann sind sie das auch weiterhin und inkarnieren sich im nächsten Leben mit demselben Entwicklungsgrad, den sie auch zuvor schon hatten. Sie haben also das „höchste Opfer" ganz umsonst erbracht, und das nur, um die Pläne irgendeiner fanatischen Gruppe auszuführen.

Es gibt also Leiden, das sinnlos ist. Eine der Aufgaben Maitreyas besteht gerade darin, die Menschheit von sinnlosem Leiden zu befreien. Wir alle erlauben uns, unnötig zu leiden, weil wir die Astralebene als real erachten und demnach unser Gefühlsleben für das wirkliche Leben halten. Wir halten unsere Konditionierung für den normalen Zustand. Aber das ist keineswegs der Fall. Es ist unnötiges Leiden, das wir uns aufbürden, und es ist das Gegenteil von Freiheit. Religiöse Gruppen haben der Menschheit zugleich auch eine enorme Last unnötiger Schuldgefühle aufgeladen. Doch in der christlichen und islamischen Tradition gibt es den gemeinsamen Kerngedanken, dass Leiden zu Recht ein Pfad sein kann, weil man sich im Leiden anderen Menschen gegenüber einfühlsamer verhält.

Das Manko der meisten politischen Führer im heutigen Westen besteht darin, dass sie nie kennengelernt haben, wie es ist, Mangel zu leiden. Sie stammen zumeist aus der Mittelschicht, haben gute Schulen und Universitäten besucht und wurden Rechtsanwälte oder Geschäftsleute. Sie leben in relativem Luxus und wissen kaum etwas von dem Leben der Armen dieser Welt oder selbst der Armen ihres eigenen Landes, noch haben sie es je persönlich erfahren. Und daher machen sie Gesetze, die den Bedürfnissen der Menschen wenig entsprechen.

Wenn Sie leiden, wird Ihnen auch klarer, was Leiden eigentlich heißt. Wenn Sie gelitten haben, öffnet sich Ihr Herz und es kommt Ihnen zu Bewusstsein, was die meisten Menschen auf der Welt erleben und erleiden. Selbst gelitten zu haben, verschafft Ihnen die Erfahrung, die notwendig ist, um sich jedem Menschen gegenüber richtig zu verhalten.

Eine Qualität des Christus besteht darin, dass er jeden erdenklichen menschlichen Zustand selbst erfahren hat und daher zu jedem Menschen eine Beziehung finden kann. Sie können keinen Zugang zu etwas finden, das Sie nie erfahren haben. Deshalb ist es auch wichtig, viel zu reisen und andere Menschen mit anderen Hautfarben zu erleben, andere Traditionen, Sprachen und Denkweisen kennenzulernen – also das, was anders ist als Ihre bisherigen Erfahrungen. In diesem Sinn lässt Leiden Sie menschlicher werden, als Sie es sonst hätten sein können.

Konditionierung

Wie geht man im Hinblick auf die „Kunst zu leben" mit den alltäglichen Konditionierungen um?
Indem man die Konflikte löst, die einen daran hindern, Gelassenheit zu entwickeln. Entweder sind wir abhängig oder wir sind frei – das eine oder das andere. Konditionierung ist Sklaverei, ist Mangel an Freiheit. Freiheit ist der gegebene Zustand. Konditionierungen verwandeln diesen Zustand

in Sklaverei. In einem Konfliktzustand sind wir abhängig. Überwinden wir den Konflikt, sind wir plötzlich in einem Zustand der Harmonie. Dann entdecken wir einen weiteren Konflikt und gehen tiefer. Das geschieht aber nicht an einem Tag.

Ich kann Ihnen keinen irgendwie nützlichen Tipp geben, was Sie auf die Schnelle tun könnten, um danach frei zu sein. Was im Menschen von Dauer ist, kommt niemals auf diese Weise zustande.

Unsere tiefgehenden Konditionierungen sind ein langer Prozess, und daher muss man an sich arbeiten, um sich zu „entkonditionieren". Das Leben an sich bringt Konditionierungen mit sich. Wir sind menschliche Wesen und deshalb sind wir auf dem Planeten Erde. Wären wir zum Beispiel auf der Venus oder dem Merkur und Eingeweihte achten Grades, dann wären Konditionierungen überhaupt kein Thema.

Wir konditionieren uns gegenseitig, unsere Kinder und andere. Das ist alles Teil des Lebens, wie wir es leben. Die Entkonditionierung befreit uns von der Konditionierung, und somit von den Abhängigkeiten. Das ist ein Prozess; Sie können nicht beschließen: „Von nun an werde ich gelassen sein." So geht das nicht. Je mehr Sie an sich arbeiten, umso mehr wächst die Gelassenheit.

Sie verzichten auf ihr Bedürfnis nach Abhängigkeit. Wir brauchen unsere Abhängigkeiten, weil wir unsere Konditionierungen brauchen. Sie befriedigen uns aus einer astral/emotionalen Perspektive. Deshalb müssen wir die Abhängigkeiten der astralen Ebene überwinden – zuerst der physischen, dann der astralen, dann der mentalen Ebene, bis wir auf allen drei Ebenen entkonditioniert sind. Das bedeutet, immer weniger abhängig zu sein. Das sind alles Abhängigkeiten, die sich aus Erfahrungen herausgebildet haben.

Ich denke nicht, dass auf der Welt noch jemand auf der physischen Ebene polarisiert ist. Der Großteil der Menschheit ist auf der Astralebene polarisiert. Das bedeutet, dass dort ihr Bewusstsein verankert ist. Die Abhängigkeiten, die durch unseren Fokus auf die Astralebene entstehen, durch die Identifikation mit unseren Gefühlen (die wir für wirklich halten, die aber genauso unwirklich sind wie Träume), konditionieren uns. Die Erfahrungen der Astralebene sind irreal. Sie sind nichts weiter als Gedankenformen.

Wenn wir ein Gefühl mit der Gedankenform verbinden, sind wir davon abhängig. Es wird jedes Mal ausgelöst, wenn uns etwas an diese Erfahrung erinnert. Dadurch, dass es die gleiche Reaktion auslöst, erzeugt es eine Abhängigkeit. Konditionierung ist ein anderes Wort für Abhängigkeit.

Das Gleiche machen wir auf der Mentalebene. Dort können wir es allerdings schwerer erkennen, weil die Abhängigkeiten bei den meisten emotional sind. Man nennt das Verblendung oder Illusion, aber erst, wenn wir die Illusion sehen, uns ihrer bewusst geworden sind, können wir uns entkonditionieren.

Abhängig zu sein und konditioniert zu sein, ist also dasselbe. Sie sind Teil der Unwirklichkeit, die wir Leben nennen. Aber wir müssen durch die Unwirklichkeit gehen, weil dadurch unsere Erkenntnisfähigkeit wächst. Wenn unsere Erkenntnisfähigkeit jedoch auf die Astralebene beschränkt ist, dann leben wir in dieser Verblendung, in dieser Illusion, was unseren Lebensinhalt betrifft. Das wirkliche Leben ist etwas ganz anderes als das, was die meisten Menschen empfinden, weil sie alles auf der Astralebene erleben. Jede Erfahrung wird in astrale Materie eingehüllt – in die Gedankenformen, die uns an die Astralebene binden. Wir erzeugen die Astralebene mit unseren Gedankenformen.

Wie kann man diese Konditionierungen umwandeln?
Durch Selbstdisziplin, um sich zu entkonditionieren und auf diesem Wege immer gelassener zu werden. Das ist schwer, weil es Disziplin erfordert, aber im Grunde doch sehr einfach. Sie sollten sich deshalb an die drei Regeln halten, die Maitreya aufgestellt hat: ehrlich im Denken, aufrichtig im Herzen und gelassen zu sein.

Ehrlichkeit im Denken bedeutet, geradlinig denken. Er sagt, dass die meisten Menschen etwas anderes sagen, als sie denken, und wiederum auch anders handeln. Was wir denken, sagen und tun, ist nicht identisch, und daher besteht im Denken keine Ehrlichkeit.

Aufrichtigkeit im Herzen: Wir ahmen einander nach und konditionieren uns dadurch. Nachahmung bedeutet Konditionierung, weil man dann nicht mehr man selbst ist. Wenn Sie nicht Sie selbst sind, sind Sie also etwas anderes. Denn irgendwer muss man ja sein. Und wenn ich nicht ich selbst bin, dann ist das zumindest zum Teil ein Nicht-Ich. Somit sind wir oft ein Nicht-Ich.

Hin und wieder können wir, unter gewissen Umständen, auch aufrichtig im Herzen und im Denken sein und danach handeln, indem wir jemandem von „Herz zu Herz", von Mensch zu Mensch begegnen. Aber die meisten Menschen wollen bei anderen hauptsächlich einen guten Eindruck hinterlassen.

Wir spielen ihnen eine Rolle vor, von der wir glauben, dass sie auf sie Eindruck macht: „Das wird ihnen gefallen ... Sie werden mich für sehr intelligent und selbstsicher halten. Ich weiß natürlich, dass ich überhaupt nicht selbstsicher bin, aber sie werden mich dafür halten, wenn meine

Stimme kraftvoll klingt und ich klar und überzeugend und nicht so schüchtern wirke. Und wenn ich mich mit großen Gesten recht kontaktfreudig zeige, sehen sie, wie weltgewandt ich bin, und dass ich alles im Griff habe. Nichts habe ich im Griff, ich weiß. Ich habe Angst vor der Welt, aber wenn ich den Eindruck vermittle, dass mir alles leicht von der Hand geht, schauen sie zu mir auf und mögen mich. Dann bin ich für sie ein Freund und fühle mich sicher. Und wenn ich das mit allen so mache, kann ich viele Freunde haben. Und wenn ich viele Freunde habe, bin ich glücklich." Das ist diese Unaufrichtigkeit, mit der viele Menschen leben. Habe ich nicht Recht? Denken Sie an sich selbst – ist es nicht so? Wie viele Menschen sind wirklich ganz und gar sie selbst? Ein Kind seinen Eltern gegenüber, ja, weil das Kind noch nicht konditioniert ist. Ein kleines Kind ist seinen Eltern gegenüber absolut ehrlich – so lange, bis es korrumpiert wird. Dann natürlich macht es Theater und denkt sich: „Ich weiß, wenn ich damit weitermache, bekomme ich, was ich will – wetten?" Und dann wird bitterlich geweint. Die Korrumpierung beginnt schon sehr früh, doch anfangs ist das Kind noch vollkommen ehrlich. Es weint, wenn es sich wehgetan hat oder hungrig oder müde ist, und ist, abgesehen davon, immer fröhlich.

Gelassenheit: Wie viele Menschen sind tatsächlich gelassen? Fragen Sie sich einmal selbst, wie es um Ihre Gelassenheit oder Unabhängigkeit steht. Sind Sie ganz frei von dem Gefühl, andere Menschen zu brauchen? Oder von dem Bedürfnis nach ständigem Lob und unentwegter Dankbarkeit? Dass man sich bitte für alles, auch für kleine Gesten, immer bei Ihnen bedanken sollte? Dass Sie diesen Dank brauchen und auch nur ein kleines bisschen Lob? Weil es Ihnen Auftrieb gibt und Ihr Ego aufbaut? Meinen Sie tatsächlich, Sie seien gelassen, wenn sich das unterschwellig ständig abspielt?

Machen Sie die Probe, wie weit Sie noch abhängig sind: Wenn jemand Sie lobt, berührt Sie das? Meistens, denke ich, ist das so. Wenn Sie gelassen sind, sollte es Ihnen egal sein, ob die Leute für oder gegen Sie sind, Sie loben oder scharf kritisieren. Wenn Sie wirklich gelassen sind, sollte Sie das nicht tangieren. Und wenn Sie wirklich gelassen sind, sind Sie nicht konditioniert.

Wir alle leiden unter den Konditionierungen, die bereits im Kindesalter beginnen. Babys sind nicht konditioniert, aber innerhalb von wenigen Jahren beginnt die Konditionierung. Denken Sie daran, wenn Sie Kinder haben, weil wir unseren Kindern das Leben schwer machen, indem wir sie mit dem Argument, sie beschützen zu wollen, konditionieren. Meistens hat das aber mit Beschützen wenig zu tun, sondern damit, dass sie tun sollen, was wir möchten – und das heißt in der Regel, uns nicht auf die Nerven zu gehen. Ehrlichkeit im Denken, Aufrichtigkeit im Herzen und innere Gelassenheit sind der Schlüssel zur Überwindung von Konditionierungen.

Wie kann man Kindern die Kunst zu leben und die Gesetze des Lebens beibringen, ohne sie zu konditionieren?
Versuchen Sie es erst gar nicht. Lassen Sie Ihr Kind in Ruhe. Hören Sie auf, es zu schlagen, wenn es etwas macht, was Sie ärgert. Was wir ihm antun, kommt vor allem daher, dass wir die Welt eines Kindes nicht verstehen. Sie bringen ihm die Gesetze des Lebens nicht bei, wenn Sie sagen: „Hast du heute schon über Benjamin Cremes Gesetze des Lebens nachgedacht? Ja? Und was hast du herausgefunden?" „Ich weiß jetzt, dass es nicht seine Gesetze sind. Er hat sie von einem Meister bekommen!" „Braver Junge. Jetzt darfst du noch einen Keks essen."

Ein Kind sollte nicht einmal wissen oder erkennen, dass Sie ihm die Gesetze des Lebens beibringen. Es liegt an Ihnen, dass Sie erkennen, wann Sie ein Kind konditionieren, und dass Sie nicht versuchen, ihm beizubringen, dass Maitreya in der Welt ist und dass es, wenn es zwölf ist, „wie Mami und Papi" Transmissionsmeditation machen darf.

Vermitteln Sie dem Kind ohne Druck, möglichst nichts und niemanden zu verletzen, und das gelingt Ihnen, wenn Sie sich dem Kind gegenüber ebenso verhalten. Das Kind tut, was Sie tun. Wenn Sie sich harmlos verhalten, macht das Kind es ebenso. Wenn Sie verletzend sind und obendrein noch glauben sollten, Sie seien völlig harmlos, wird sich das Kind genauso verhalten. Wir geben das ständig weiter.

Worin unterscheidet sich „Konditionierung" von einer Erziehungsweise, die der „Kunst zu leben" gerecht werden will?
Konditionierung ist auch Erziehung, aber eine falsche, deformierte Erziehungsweise. Konditionierung bedeutet, sich in seinem Verhalten, Denken und Erleben immer am Altvertrauten zu orientieren, also an dem, was nicht neu ist, was man bereits kennt. Und wenn Sie in allem, was Sie erleben, nur das Ihnen schon Bekannte erkennen, das heißt, wenn Ihre Erlebnisfähigkeit nur eine Funktion Ihrer Erinnerungsfähigkeit ist, hat das mit dem, was ich unter Lebenskunst verstehe, nichts zu tun. Leben als Kunst ist das ständig Neue. Die Kunst zu leben besteht darin, dass jeder Augenblick neu ist. Es ist ein kreatives Erleben – eine Seelenqualität. Wir sind alle Seelen in Evolution. Daher befindet sich alles, was

diese Realität in unserem Leben widerspiegelt – die Realität und Kreativität der Seele – im Einklang mit der Kunst zu leben. Das, was bekannt ist, das, was schon tot und nur noch Erinnerung ist, das, was aus der Vergangenheit mitgeschleppt wird und nutzlos ist, aber gemocht wird, und woran Millionen Menschen sentimental festhalten, ist den Strukturen, die für die Kunst zu leben richtig sind, abträglich. Die Kunst zu leben kann der größtmöglichen Anzahl von Menschen die größtmögliche Freiheit, die größtmöglichen Chancen und ein Höchstmaß an Gerechtigkeit verschaffen. Das ist die Kunst zu leben. Wenn wir bei allem, was wir tun, sei es in unserem Privatleben oder als Verantwortliche großer Unternehmen, Verhältnisse schaffen, in denen es möglichst allen Menschen gut geht, wird das Allgemeinwohl gesteigert, gepflegt und gestärkt. Das ist Lebenskunst.

Muße, Einfachheit und die Kunst zu leben

Könnten Sie uns bitte Beispiele zum Vergleich von Muße und Zeit geben?
Muße bedeutet nicht Nichtstun. Muße bedeutet, dass Sie etwas tun, das Sie gern tun, und wobei Körper, Verstand und Herz sich ausruhen können, oder dass Sie Zeit haben, über das hinaus, was Sie für die Gemeinschaft tun, etwas für sich selbst zu tun. Heutzutage ist es üblich, dass man sich – seine Zeit – fünf Tage in der Woche dem Land oder der Gesellschaft, in der man lebt, zur Verfügung stellt. Am Samstag und Sonntag können dann die meisten Menschen in den Industrienationen über ihre Zeit frei verfügen. Ich persönlich halte das für nicht genug. Meiner Ansicht nach kann man von niemandem erwarten, mehr als drei oder dreieinhalb Tage in der Woche mit voller Konzentration zu arbeiten. Das heißt, dass man dreieinhalb bis vier Tage Zeit für das, was ich Muße nenne, haben sollte.

Die Zeit der Muße kann auch der anstrengendste Teil der Woche sein. Wenn jemand Bergsteiger ist, dann ist das bestimmt die härteste Betätigung in dieser Woche. Wenn jemand Langstreckenläufer ist, bedeutet das ebenfalls dreieinhalb Tage lange Anstrengung. Wenn wir ein Auto in Einzelteile zerlegen und wieder zusammenbauen wollen, kann das auch ein sehr harter und hohe Konzentration erfordernder Job sein – aber eine reine Freude für jemanden, der gern bastelt und aufgrund seines visuellen Gedächtnisses weiß, wie die Teile wieder zusammengehören! Muße hat viele Erscheinungsformen. Zeit und Muße sind keine Gegensätze. Das eine ermöglicht das andere.

Die Güter der Welt werden zum Großteil von den Ärmsten der Welt hergestellt, die keine andere Wahl haben, als Tee zu ernten oder Anzüge, Werkzeuge, Radios und Schuhe anzufertigen. Das Ergebnis dieser Arbeit bedeutet Muße für diejenigen, die Geld dafür erhalten, wenn diese Güter verkauft werden. Sie führen ein relativ luxuriöses Leben mit viel Freizeit. Sie können jederzeit tun, was sie wollen – sich mit Freunden treffen, zum Reiten gehen, mit dem Auto spazieren fahren oder ins Kino gehen. Oder in ein Flugzeug steigen und für ein paar Tage nach Europa oder Japan fliegen. Muße erlaubt Ihnen, all das zu tun, die Sie gerne täten, wenn Sie im Urlaub wären.

Es ist, als hätte man jede Woche Ferien. Ich bin der Ansicht, dass wir alle Freiräume brauchen, in denen wir wir selbst sein können, zu uns kommen und uns selbst kennen lernen und erfahren können. Im Gegensatz dazu sind viele Jobs menschenunwürdig und zeitraubend.

Sie können Muße und Zeit nur insoweit vergleichen, als dass Sie sagen, wer Zeit hat, hat auch Muße. Wenn Sie genug Zeit haben, haben Sie genug Muße. Wenn Sie keine Zeit haben, haben Sie auch keine Muße, weil Sie ja etwas anderes tun. Und Sie können nicht glücklich sein, weil Sie zu viel tun, was mit Ihnen nichts zu tun hat. Das ist heute die häufigste Krankheit in der Welt.

Viele Menschen sind ständig krank, weil sie zu viel Zeit damit zubringen, etwas zu tun, was ihrer Natur und ihren Interessen zuwiderläuft. Sie werden mechanisiert, automatisiert und verlieren die Verbindung mit ihrem Inneren.

Wie kann man in der täglichen Hektik eine Haltung der Muße entwickeln?
Muße ist keine Haltung. Muße bedeutet, Zeit für das zu haben, was man tun will, was einen so sehr beschäftigt, dass man es unbedingt tun will. Jeder will in Urlaub gehen. Das scheint alle am meisten zu bewegen. Für mich bedeutet Muße nicht, in Urlaub zu gehen, ins Ausland zu reisen und Flugzeuge zu besteigen, sondern nach oben in mein Atelier zu gehen, die Tür zu schließen, mich hinzusetzen und mir anzusehen, was ich gemacht habe. Das ist Muße – die Zeit zu haben, der zu sein, der man ist.

Wenn die Menschen heute einer Arbeit nachgehen, sind sie dabei meistens nicht der, der sie sind. Es ist eine Parallelexistenz. Es ist ihr zweites Leben oder ihre zweite Persönlichkeit, die sie aufgebaut haben, um ihren Lebensunterhalt zu verdienen und in dieser Gesellschaft – korrupt, wie sie ist – zu leben. Wir müssen in ihr leben. Wir müssen hier sein. Auszusteigen, wird uns nicht weiterbringen. Wir sind zu dieser Zeit inkarniert, weil es das Zeitgeschehen erfordert. Wir haben die Aufgabe, eine neue und bessere Welt zu schaffen.

Muße bedeutet, das zu tun, was Sie von Natur aus tun wollen, also kreativ zu sein; sie gibt Ihnen Gelegenheit, schöpferisch zu sein. Die Leute vergessen meist, dass sich Kreativität nicht auf eine künstlerische Tätigkeit beschränkt. Eine häufige Frage lautet: „Wie kann man Kreativität entwickeln, wenn man kein Künstler ist?" Aber dazu muss man kein Künstler, Maler, Musiker, Tänzer oder Schauspieler sein. Das ist nur ein Tätigkeitsbereich.

Sie können in jedem Lebensbereich schöpferisch sein. Die großen Wissenschaftler machen erstaunliche Entdeckungen – über die Beschaffenheit des Atoms beispielsweise, über die energetische Substanz unseres Universums und wie sie ihnen durch die Finger zu rinnen scheint, bis es dann plötzlich überhaupt keine Materie mehr gibt. Was ist mit der Materie geschehen? Diese Wissenschaftler haben eine große Entdeckung gemacht. Das ist kreativ und es ist die gleiche Kreativität wie bei Malern oder Musikern, die ein Bild oder ein Lied komponieren.

Kreativität besitzt jeder Gottessohn. Sie ist eine gottgegebene Qualität. Schöpferische Aktivität ist das Merkmal eines Lebens, das sich an den Lebensgesetzen orientiert. Die Kunst zu leben bedeutet, schöpferisch zu leben, und betrifft alle Lebensbereiche – ob Sie Mechaniker sind oder Krankenschwester oder was auch immer ...

Kann uns das Teilen der Weltressourcen in den Industrie- und den Entwicklungsländern zu mehr Freizeit verhelfen?

Den Menschen in den Entwicklungsländern wird zu mehr Zeit verhelfen, weil sie enorm viel Zeit dafür aufbringen müssen, das Wenige, das sie haben, aus fast nichts herzustellen. Wir in den Industrieländern haben alle Zeit der Welt, das Viele, das wir haben, aus diesem Vielen herzustellen. Um die Weltressourcen entsprechend den Bedürfnissen der verschiedenen Nationen richtig zu verteilen, wäre nur eine Umverteilung der Ressourcen erforderlich. Verteilung und Umverteilung – das ist der Kern der wirtschaftlichen Probleme heute.

Die Pläne für eine radikale Umverteilung existieren bereits. Sie könnten der Menschheit sofort vorgelegt werden, wenn wir das Prinzip des Teilens akzeptieren. Damit hätten die Menschen automatisch viel mehr Freizeit, als sie jetzt haben.

Die Menschen vergeuden heute enorm viel Zeit mit rein mechanischen Abläufen in eigens dafür angelegten Bürogebäuden – Papiere ausfüllen, abheften, heraussuchen, lesen, Berichte darüber schreiben, jemandem aushändigen, der sie jemand anderem gibt, jemand unterzeichnet etwas, das anschließend die Stockwerke rauf und runter wandert, Papiere kursieren, die Auskunft geben über die Mengen der verschiedenen Artikel, die entweder schon produziert wurden oder noch produziert werden sollen, und über die damit einhergehenden Kosten und Profite. Diese Prozeduren spielen sich in Millionen von Bürokomplexen in der gesamten modernen Welt ab. Es ist eine unglaubliche Verschwendung von Talenten, von Energie und Fantasie. Dadurch wird die Muße, die die Menschen haben könnten, in fataler Weise eingeschränkt.

Dies sind keine echten Arbeitsplätze. Diese Jobs sind völlig konstruiert, sie wurden mit der Globalisierung erfunden, um sicherzustellen, dass T-Shirts, die in Japan, China, Hongkong oder Costa Rica hergestellt und auf dem amerikanischen Markt verkauft werden, ein bestimmtes Design und eine erwünschte Qualität aufweisen. Auch das hat mit Verteilung der Ressourcen zu tun. Der größte Teil unseres Handels spielt sich auf diese Weise ab.

Die meisten Relikte, die wir aus der ägyptischen Zivilisation noch besitzen, sind Handelsberichte. Diese Berichte in Keilschrift, diese wuchtigen Tafeln, handeln von nichts anderem als: „Habe heute drei Fische, einen Papierkorb und zwei Melonen an Soundso verkauft, erhielt acht Peseten", oder was immer die Währung war. Sie sind aus festem, gebranntem Ton und haben enorm viel Platz eingenommen. Was nützt es uns, all dies zu wissen? Es gibt uns einen kleinen Eindruck davon, wie der ägyptische Staat vor Tausenden von Jahren funktionierte.

Sollte irgendein Verrückter einmal herausfinden wollen, wie die Menschen im 20. und 21. Jahrhundert gelebt haben, muss er sich die Akten in einem dieser riesigen Wolkenkratzer ansehen, sie jahrelang durchforsten, seine Zeit und Energie den Berichten über diese Akten widmen und dann die E-Mails lesen, die mit diesen Akten zu tun haben. Dann erhält er ein sehr klares Bild vom Leben der armseligen Geschöpfe, die das geschrieben haben.

Wozu das alles? Wie viel Zeit und Energie von Menschen wird heute aufgrund dieser Techniker vergeudet, die den globalen Mechanismus steuern – die Produktion und den Verkauf der vielgestaltigen, nutzlosen, immer wieder kopierten und ähnlichen Gegenstände, die kein Ende nehmen. Und all das nur, um uns eine reiche Auswahl zu verschaffen. Wie viele verschiedene Eiscremesorten brauchen wir? Sind fünfzig genug? Manche Geschäfte verkaufen sogar mehr als die erwähnten fünfzig Sorten. Dasselbe gilt für alle anderen Waren, die wir heute in den Industrieländern produzieren.

Fast nichts, was in Amerika, Großbritannien, Frankreich, Japan oder anderswo hergestellt wird, wird von irgendeinem anderen Land der Welt gebraucht. Diese Artikel werden nur produziert, damit wir eine „Auswahl" oder die neuesten „Gadgets" haben, die zu den anderen technischen Spielereien passen, welche wir bereits besitzen und herstellen.

Es ist eine sinnlose Verschwendung menschlichen Potenzials. Wenn wir die Weltressourcen teilen, werden wir vieles davon abstoßen. Dann werden nur noch die Waren registriert werden, die mithilfe einer ausgefeilten Form des Tauschhandels getauscht wurden, den das Teilen mit sich bringen wird. Es wird alles komplett vereinfacht; unser Leben wird so viel einfacher werden, dass wir es nicht wiedererkennen werden. Nicht einmal fünfzig verschiedene Eiscremesorten wird es geben – ich weiß, das ist hart!

Könnten Sie bitte erläutern, inwiefern der Aspekt der Einfachheit bei der „Kunst zu leben" eine Rolle spielt?
Einfachheit ist ein wichtiger Aspekt. Der Lauf der Evolution zeigt, dass alle Kreaturen zunächst einmal nichts anderes wollen als essen. Mit zunehmender Komplexität der Organismen werden auch ihre Bedürfnisse immer komplexer. Dann kommen die Menschen, ganze 6.5 Milliarden Exemplare auf der Erde, die ein äußerst kompliziertes Leben führen, eine unübersehbare Zahl von Gütern jeder Art, brauchbare und unbrauchbare, nützliche und nutzlose produzieren und damit Läden und Lager in der ganzen Welt füllen – die Millionen Tonnen nutzloser Rüstungsgüter, die die Welt verschandeln und bedrohen, nicht mitgerechnet.

Gehen Sie nur eine der Hauptstraßen Tokios entlang zu den Warenhäusern mit den technologischen Gebrauchsartikeln, den Mobiltelefonen, Kameras, Fernsehern oder Computern. Sie können Millionen davon kaufen. Jedes Gebäude ist vom Erdgeschoss bis zum 20. Stockwerk gefüllt mit nichts als Kommunikationsspielereien.

Wird das Leben einfacher werden? Gehört Einfachheit zur Lebenskunst?
Ich würde sagen, dass sie sogar sehr viel damit zu tun hat. Da die Menschheit wächst und die Alltagsobjekte und Technologien immer weiter zunehmen, wird aus meiner Sicht unser Leben immer weniger einfach und entfernt sich immer weiter von dem, was wir Lebenskunst nennen. Wir wissen nicht zu leben. Es ist sicher keine gute Lebensart, wenn sie darin besteht, Lagerhäuser mit all diesen Mobiltelefonen und Computern zu füllen. Sie sollten verteilt werden, wenn sie nützlich sind, oder nicht hergestellt werden, wenn sie nutzlos sind. Es ist der Wahnsinn der Kommerzialisierung.

Wenn sich im Zuge unserer Entwicklung auch die Kunst zu leben in der Menschheit herausbildet und wir eher bereit sind, diese komplizierte Überproduktion aufzugeben, werden wir begreifen, dass Einfachheit das Schlüsselwort ist.

Einfachheit bedeutet, mit einem Minimum dessen, was Sie zum Leben brauchen, die ganze Fülle des Lebens zu genießen. Diese Lebensfülle zu erfahren, kann man als Lebenskunst verstehen, zu der Einfachheit dazugehört. Wenn wir das neue Zeitalter richtig beginnen, wenn die Menschheit die Kunst zu leben ernst nimmt, versteht und entfaltet, und wenn sie sich von dem Prinzip des Nichtverletzens und dem Gesetz des Verzichts leiten lässt, werden wir erleben, wie alles zusehends einfacher wird. Die „Wildniserfahrung" wird die Menschen die Notwendigkeit der Einfachheit lehren. Und je komplexer das Leben ist, wie beispielsweise heute in Nordamerika, umso schwerer wird es möglicherweise sein, die zukünftige Einfachheit zu akzeptieren. Es wird aber eine glücklichere Zeit sein, weil Einfachheit der Schlüssel zum Glück ist.

Die Qualität der Intuition

Da die Intuition für die Kunst, unser Leben zu leben, so entscheidend ist, möchte ich Sie bitten, etwas näher darauf einzugehen, wie man die Intuition „anzapfen" oder einen intuitiven Gedanken erkennen kann, wenn man, wie wohl die meisten von uns, noch nicht mental polarisiert ist?
Die Intuition ist eine Funktion der Seele. Der einzige Weg, sie „anzuzapfen", ist, sie zu benutzen. Sie merken vielleicht gar nicht, wenn Sie es tun oder nicht tun. Man kann auch, und das geschieht häufig, eine astrale Einbildung mit Intuition verwechseln. Sehr oft glauben die Menschen, ein plötzlicher, nicht alltäglicher Gedanke sei Intuition, dabei kann er rein astral sein. Ist er nicht astral, kommt er wohl von einer höheren Ebene – von der Seele. Doch er kann nur von der Seele kommen, wenn eine ausreichende Verbindung zu ihr besteht.

Die Intuition ist weit weniger entwickelt, als sie zitiert wird. Lesen Sie, was beispielsweise Meister D.K. in den Büchern von Alice Bailey schreibt. Wir verstehen vielleicht die Worte, aber nicht, was sie bedeuten. Wir verstehen, dass es sich dabei um abstraktes Denken, um Esoterik handelt und daher schwierig ist. Es soll auch schwierig sein. Wenn es leicht wäre, würden wir es mit dem Gehirn verstehen. Die Intuition kommt ins Spiel, wenn wir sie zu Hilfe rufen, um verstehen zu können, was auf einem höheren Niveau als dem des niedrigen Denkvermögens verfasst wurde. Es ist das Werk eines Meisters. Wir bekommen vielleicht ein Gefühl für die Bedeutung dessen, was er schreibt, aber wir könnten es nicht in unsere eigenen Worte fassen, dazu wir haben es nicht gut genug verstanden.

Aber wenn wir es immer wieder lesen und dann weglegen, um später erneut darauf zurückzukommen, verstehen wir mit der Zeit immer mehr, weil wir dadurch wirklich die Intuition ansprechen. Durch die Intuition vermittelt unsere Seele uns auf der manasischen Ebene Einsichten. Wir dehnen unser Denken sozusagen aus, bis es die höheren mentalen Ebenen erreicht und die Intuition ins Spiel kommt. Das können wir tun. Das ist ein sicherer Weg, um die Intuition zu entwickeln. Ich kenne keinen anderen Weg, außer mehr zu meditieren.

Ich war mir mein ganzes Arbeitsleben als Maler bewusst, dass ich schon lange meditiert habe, bevor ich die Meditation tatsächlich aufnahm. Jedes Bild, das ich malte, das wusste ich im Nachhinein, war ein Meditationszustand. Ich war immerzu damit beschäftigt, nach dem richtigen Farbton oder dem genauen Winkel einer Form zu suchen. Dadurch, dass ich an nichts anderes dachte als an die Probleme des Malens, sprach ich die Intuition an. Anders ist das nicht möglich.

Dieses Bild hatte es noch nie zuvor gegeben. Ich malte es zum ersten Mal, also gab es auch die Probleme zum ersten Mal. Jedes Mal, wenn ich malte, und das ist immer noch so, ist es, als würde ich erstmals mit dem Malen anfangen. Ein neues Bild ist wie mein erstes Bild. Ich sitze wie auf glühenden Kohlen. Ich weiß überhaupt noch nicht, wie es aussehen wird. Man muss sich in eine tiefe Konzentration begeben, um die Intuition zu wecken.

Diese rein malerischen Entscheidungen sind schöpferische Akte. „Schöpferischer Akt" ist ein großes Wort. Es muss aber kein großes Meisterwerk sein. Es geht nur darum, dass der Schaffensprozess die Intuition weckt. Auch wenn Sie Texte wie die Lehren von D.K. lesen (ich meine nicht Romane und dergleichen), sprechen Sie die Intuition an. Versuchen Sie nur einmal Maitreyas Ideen und Gedanken, seine Lebensgesetze zu lesen [siehe *Maitreya's Teachings: The Laws of Life*, Share International Foundation, Amsterdam/London/Los Angeles, 2005], ohne dabei Ihre Intuition zu benutzen. Ich bezweifle, dass Sie viel verstehen würden.

Die Intuition ist eine Fähigkeit, die man wecken und entfalten kann. Das ist bei allem so, je öfter man es tut, desto besser kann man es, bis es selbstverständlich wird. Sie bringen dabei das Seelenlicht ein. Das heißt nicht, dass Sie sich hinsetzen und einen Lichtstrahl visualisieren, der auf das Problem fällt, sondern dass Sie Ihre Aufmerksamkeit auf eine Ebene anheben, wo Ihre Seele Sie mithilfe der Intuition erleuchten und Ihnen die Antwort geben kann.

„... *oder einen intuitiven Gedanken erkennen* ...*"* Wenn er intuitiv ist, können Sie ihn erkennen. Unsicher sind Sie vielleicht, wenn er nicht intuitiv ist. Wenn er astral, astrale Einbildung ist, meinen Sie möglicherweise: „Das war nicht ich. Das war meine Intuition." Aber war es das? Finden Sie heraus, woher er kommt. „... *wenn man, wie die meisten von uns, noch nicht mental polarisiert ist.*" Wenn Ihr Entwicklungsgrad unter 1.5 liegt und Sie daher noch nicht mental polarisiert sind, müssen Sie in Betracht ziehen, dass Sie sich manchmal eher von einer astralen Verblendung als von der Intuition leiten lassen. Aber das will nicht sagen, dass es nie die Intuition ist. Die Seele kann von jedem kontaktiert werden, der sich der ersten Einweihung nähert, weil die Seele den Menschen zur ersten Einweihung führt. Wenn Sie sich zu einem bestimmten Zeitpunkt der ersten Einweihung unterziehen, haben Sie vielleicht vorher ein ganzes Leben gebraucht, um von 0.9 oder 0.8 bis zu dieser Entwicklungsstufe zu kommen. Es ist ein Prozess, und der braucht Zeit. Die Evolution geht langsam voran. Und deswegen sind die Entwicklungsergebnisse von Dauer; die Evolution ist zäh.

Wie kann ich unterscheiden, ob meine guten, positiven Ahnungen oder Inspirationen Intuition oder bloß astrale Eingebungen sind? Gibt es Techniken, mit deren Hilfe man die Intuition entwickeln kann?
Ich sprach davon, Meister D.K.s Ausführungen zu lesen, um das Denkvermögen zu erweitern. Damit nähern wir uns allmählich der Intuition, das heißt, den Ebenen, wo das niedere Denkvermögen uns nicht mehr gefangen halten kann. Wenn wir uns fortwährend darauf einstellen, entwickelt sich auch die Intuition.

Kreativität und Kunst

Ich bin mir keines künstlerischen Talents bewusst. Wie kann ich die Kreativität besser in mein tägliches Leben integrieren?
Wie ich schon sagte, geht es dabei nicht um ein künstlerisches Talent, sondern darum, in jedem Lebensbereich schöpferisch zu sein. Wir sprechen hier von Kreativität, nicht von künstlerischem Talent.

Wenn man Künstler ist, ist es dann besser, dieser Passion nachzugehen und sich seiner Kunst zu widmen oder eine geregelte Arbeit anzunehmen,

um die Vorbereitungsarbeit für die Wiederkehr unterstützen zu können?
Besser ist es, die Vorbereitungsarbeit für die Wiederkehr zu unterstützen.
Aber das ist in jedem Beruf, in jeder Arbeit möglich – auch in der Kunst.

Kann ein Künstlerdasein Dienst an der Menschheit sein, auch wenn man kein Rembrandt ist?
Das hängt davon ab, wie weit man davon entfernt ist, ein Rembrandt zu sein. Wenn Sie kleine Strandbilder als Erinnerung an den Urlaub malen und sie in den Souvenirläden verkaufen, halte ich das nicht für einen großen Dienst an der Menschheit. Aber das Kunstverständnis ist unterschiedlich. Diese Bilder können als Wandschmuck an einen netten Urlaub erinnern, aber das ist nicht Kunst, es ist nur ein Bild. Die Engländer haben eine Redensart: „Jedes Bild erzählt eine Geschichte." Wenn es eine Geschichte erzählt, ist es ein gutes Bild; wenn es keine Geschichte erzählt, ein schlechtes. So sehen viele Menschen die Kunst. Aber Kunst hat weder etwas mit Geschichtenerzählen noch mit Urlaub zu tun. Kunst hat eine völlig eigene Funktion. Sie ist eine Sprache, um die innere Wirklichkeit zu beschreiben. Wenn man ein Rembrandt ist, geschieht das auf einem sehr hohen Niveau, und bei einem Normalsterblichen eben auf sehr niedrigem Niveau.

Wenn ja, könnten Sie beschreiben, worin dieser Dienst besteht? Geht es zum Beispiel um den Schaffensakt an sich oder mehr um das Endprodukt?
Mehr um den Schaffensakt als um das Ergebnis. Kreativität muss nicht immer zu einem Endprodukt führen. Es kann eine große wissenschaftliche Entdeckung oder eine große Entdeckung im Lernprozess wie auch im Lehrprozess sein, oder auch eine religiöse Offenbarung oder eine neue philosophische Wahrheit. Wenn wir über die Kunst zu leben reden: Leben ist eine Kunstform, wenn sie den Lebensgesetzen folgt und Harmonie, Synthese, Schönheit und Einheit schafft.

Vorbereitungsarbeit für die Wiederkehr und Transmissionsmeditation

Inwieweit wäre es sinnvoll, die Öffentlichkeit nicht nur über die Wiederkehr zu informieren, sondern ihr auch Themen wie Wiedergeburt, Harmlosigkeit, Karma und Verzicht zu vermitteln?
Das sind die Gesetze, die der Kunst zu leben zugrunde liegen. Es ist eine Kunst und bedarf gewisser Richtlinien. Und das sind die Richtlinien, die

Ausgangspunkte, da die Kunst zu leben sich an diese Gesetze halten muss. Sie sind die Voraussetzung für richtige zwischenmenschliche Beziehungen. Ohne „Harmlosigkeit" kann es keine richtigen Beziehungen geben. Ohne Wiedergeburt gäbe es kein Leben. Sie können gegen das Gesetz des Karmas und das der Wiedergeburt nichts unternehmen. Sie müssen sie einfach akzeptieren. Wie ausführlich Sie diese Gesetze beschreiben, bleibt Ihnen überlassen.

Wie viel Kontrolle über uns und unser Leben ist uns in unserem jetzigen Stadium möglich?

Was Sie unter Kontrolle haben können, betrifft das Maß Ihrer Fähigkeit, nichts und niemanden zu verletzen, und Ihrer Opferbereitschaft. Das ist das Einzige, worauf Sie Einfluss haben. Alles andere sind Universalgesetze, die das Leben auf dem Planeten Erde regeln, und die wir daher einhalten müssen. Dadurch können Sie die Idee der Arglosigkeit und das damit verbundene Faktum der Wiedergeburt als Fundamente unseres Lebens auf dem Planeten Erde verständlich machen.

Diese Fundamente muss man sich nicht erarbeiten. Sie existieren bereits. Was noch nicht existiert, was allen noch fehlt, ist wirkliche und ständige Arglosigkeit.

In Ihrem Vortrag erwähnten Sie gestern, dass große Künstler alte Meisterwerke aufgreifen und daraus etwas Eigenes, Neues machen. Dabei musste ich daran denken, wie Sie Texte von Alice Bailey, Zitate aus der Bibel und aus Artikeln Ihres Meisters aufgreifen und sie gänzlich neu formulieren – und sie nicht nur nachbeten. Seitdem beschäftigt es mich, dass ich eigentlich fast immer, wenn ich über die Wiederkehr spreche, nur genau wiederhole, was ich gehört oder gelesen habe. Wie kann ich aus dem, was ich erfahren habe, etwas Neues schaffen, sodass das, was ich sage, wirklich etwas Eigenes ist und von Herzen kommt?

Wenn Sie so viele Jahre lang über die Wiederkehr sprechen wie ich (ungefähr 35 Jahre), müssen Sie etwas Eigenes daraus machen, sonst gehen Sie dabei kaputt! Können Sie sich vorstellen, was die Zuhörer empfinden würden, wenn Sie immer wieder Wort für Wort Alice-Bailey-Texte oder das, was Sie in Ihren ersten Vorträgen vor Jahren gesagt haben, wiederholen würden? Das entwickelt sich mit der Zeit immer weiter. Wenn Sie wirklich engagiert sind (sonst würden Sie nicht sehr lange dabei bleiben), wird etwas Eigenes daraus. Das geht gar nicht anders. Es ist ein Prozess der Neuerschaffung. Sie greifen die wesentlichen Elemente der Geschichte auf, die zu erzählen sonst Stunden dauern könnte, weil Sie in einem Vortrag alles auf den Punkt bringen müssen – und es muss von Herzen kommen. Es muss in Ihrem Herzen sein, Sie selbst berühren. Echt ist nur das, was von innen kommt.

Wenn ich auf die Bühne gehe, weiß ich noch nicht, was ich sagen werde. Ich weiß, welche Grundgedanken ich in dem Vortrag vermitteln muss. Aber ich weiß nicht, wann sie kommen, wie viele darin vorkommen oder was ich vergesse und was ich weglassen werde. In San Francisco sagte ich dieses Jahr, dass man dieses Thema aus vielen verschiedenen Blickwinkeln behandeln könnte. Und meiner fiel mir nicht ein! Dann sagte ich einfach: „Was werden Sie gegen Ihren Präsidenten unternehmen? Was haben Sie mit Ihrer Regierung vor?" Die Zuhörer lachten. Damit war unsere Verbindung hergestellt. Dann hörten sie mir zu, und ich sprach einfach weiter. Wenn ich rede, rede ich darauf los. Ich weiß nie im Voraus, was ich sagen werde.

Ich erzähle, wie es kommt. Ich sage ein Wort, aus dem sich das nächste ergibt, zu dem mir ein weiterer Gedanke einfällt, den ich dann einbringe. Dann sage ich ein Wort, an das sich wieder ein anderer Gedanke anschließt, der auch noch in die Geschichte hineingehört, über die ich das Publikum informieren will. Ich liefere Informationen, aber, wie ich hoffe, keine trockene Abhandlung. Ich versuche, daraus einen interessanten Vortrag zu machen, bei dem ich verschiedene Themen anspreche und in Zusammenhang bringe, bis die Zuhörer sich von der Welt und dem Zustand der Welt und dem, was geschehen muss, ein Bild machen können. Sie bringen einfach alles ein, was Sie wissen. Somit ist das ein lebendiger Prozess. Ich kann das nicht wiederholen. Ich habe noch nie Wort für Wort den gleichen Vortrag gehalten. Ich vergesse sofort, was ich gesagt habe.

Kann die Transmissionsmeditation auch die Kunst zu leben fördern?
Das tut sie unweigerlich. Sie hilft Ihnen, mit dem Leben zurechtzukommen, sich besser, glücklicher, stabiler und ausgeglichener zu fühlen. Wie alle Meditationen bringt Sie die Transmissionsmeditation enger mit der Seele in Verbindung. Sie macht es vollkommener als die meisten anderen Meditationsarten, weil sie zu 100 Prozent wissenschaftlich ist. Sie steigert die Qualität Ihres Seelenkontaktes. Die Ausübung der Transmissionsmeditation bringt Sie in Verbindung mit sämtlichen inspirierenden, damit verknüpften Gedanken und Ideen wie die Wiederkehr des Christus und der Meister. Sie macht Ihnen vor allem die Idee des Dienstes bewusst, weil sie ein Dienst an der Welt ist. Sie ist ein unerschöpfliches Energiere-

servoir, das die Gruppe nach Bedarf abrufen kann – aus dem Energievorrat, den sie selbst kontinuierlich erzeugt.

Sie können Transmissionsmeditation nicht ausüben, ohne sich schnell zu entwickeln. Aufgrund der verstärkten Energien, die durch die Chakren fließen, entwickeln Sie sich automatisch weiter – schneller als mit anderen Methoden. Sie ist also eine hervorragende Möglichkeit, um die Kunst zu leben in ihrer Qualität zu steigern.

Wie können wir die Transmissionsmeditation am besten ausüben? Indem wir sie korrekter praktizieren und die ganze Zeit über ausgerichtet sind. Sie hat vor allem mit Ausrichtung zu tun.

Teil zwei

Die Gegensatzpaare

Die Gegensatzpaare
von Meister —, durch Benjamin Creme

Seit der Mensch auf der Erde erschien, ist seine Geschichte von Konflikten, Aggressionen und Kriegen gekennzeichnet. Nur selten gab es Zeiten, in denen diese Tendenzen nicht vorherrschend waren, sodass man mittlerweile meinen könnte, dass sich darin die wahre Natur des Menschen zeigt. Und doch, trotz aller gegenteiligen Anzeichen, ist dies entschieden nicht der Fall. Warum präsentiert der Mensch dann ein solch verzerrtes Bild seiner selbst? Woher kommt diese Neigung zu chaotischem Handeln und destruktiver Gewalt?

Der Mensch ist seinem Wesen nach eine Seele, ein vollkommenes Spiegelbild Gottes. In zahllosen Inkarnationen, über unsagbar lange Zeiträume hinweg versucht die Seele ihre göttliche Natur in Raum und Zeit zu offenbaren. Sie schafft sich ein irdisches Pendant und stattet es mit den Möglichkeiten der Weiterentwicklung zur eigenen Vollkommenheit aus. Auf diese Weise erfüllt sich der Plan Gottes.

Der Schlüssel zu dieser Entwicklung ist die Aspiration, das Streben nach Höherem. In allen Menschen wohnt der Wunsch nach Vollkommenheit und der Drang, das Gute, Schöne und Wahre zu bekunden – die Attribute der Seele. Dieser Wunsch nach Verbesserung, wie immer er sich äußert, geht nie verloren, auch wenn ein Mensch noch so oft strauchelt. Es gibt niemanden, in dem diese Sehnsucht nicht lebendig wäre.

Wie aber lassen sich dann die Verirrungen des Menschen erklären, seine Gewalttätigkeit, sein Hass? Die Antwort liegt in der einzigartigen Stellung des Menschen im Schnittpunkt von Geist und Materie sowie in den Spannungen, die deren Aufeinandertreffen erzeugt. Der Mensch ist eine unsterbliche Seele, die mit dem Eintauchen in die Materie nun den Begrenzungen unterworfen ist, die die Stofflichkeit ihr auferlegt. Sein Ringen um Vollkommenheit bedeutet, diese beiden Gegenpole seiner Natur vollständig in Einklang zu bringen – und damit aufzulösen. Durch immer neue Inkarnationen führt der Evolutionsprozess stufenweise zu diesem Ziel, bis die Qualität und Strahlung der Materie mit der des Geistes übereinstimmt. Damit ist der Plan erfüllt – ein weiterer Sohn Gottes ist heimgekehrt.

Jahrtausendelang schließt die Vorherrschaft der Materie einen größeren Einfluss der Seele aus; die Evolution geht nur langsam vor sich. Wenn endlich die gegensätzlichen Pole seiner Natur aufgelöst sind, erkennt der Mensch, dass die Dichotomie nur scheinbar besteht, die Gegensätze unwirklich sind. Dann sieht er, dass alles eins ist, dass Geist und Materie nur zwei Aspekte einer göttlichen Einheit sind und die Begrenzungen der Vergangenheit nur Illusion waren.

Ohne den Widerstreit der Gegensätze und der sich daraus ergebenden Reibung wäre der Fortschritt des Menschen noch viel langsamer. Reibung ist das Feuer, das ihn auf seinem Weg vorantreibt, und Aspiration das Licht, das ihn zu immer Höherem ruft. So entledigt sich der Mensch mit der Zeit der Grenzen der Materie und verleiht ihr den Glanz seiner geistigen Wahrheit. Der Mensch hat die Aufgabe, die Materie zu vergeistigen und die Substanz des Planeten in allen Naturreichen in einen vollendeten Spiegel des Himmlischen Menschen zu verwandeln, dessen Körper dieser Planet ist. Konflikt und Krieg, Gewalt und Hass sind nur ein vorübergehender Ausdruck der bisherigen Unfähigkeit des Menschen, seine wahre Natur zu beweisen. Die Zeit rückt näher, wo seine wahre Natur die Oberhand in ihm gewinnen wird und seine Schönheit strahlen und das Gute in ihm für alle sichtbar wird. (*Share International*, Juli/August 1989)

Kommentar zu „Die Gegensatzpaare"

Der folgende Artikel ist die überarbeitete Version eines Vortrags von Benjamin Creme auf der Transmissionstagung in der Nähe von San Francisco, USA, im August 2002.

„Die Gegensatzpaare" sind wahrscheinlich das wichtigste Thema, über das es sich lohnt, nachzudenken. Wie mein Meister es in seinem Artikel beschreibt, geht es dabei um nichts weniger als die elementare Tatsache unserer Existenz als Seelen – und warum es für die Seele und auch für uns, die Menschheit, so schwierig und lange Zeit kaum möglich ist, als Seele aktiv zu werden. Aus der Sicht der Seele existiert die Zeit nicht, da die Seele nicht in der Zeit wirkt. Aber aus der Sicht dessen, was ihr Tätigsein ermöglicht – die irdischen, jahrtausendelang aufeinanderfolgenden Körper – erscheint die Zeit unendlich lang, bevor die Seele ihr Wesen tatsächlich durch ihre Spiegelung – den Mann oder die Frau in Inkarnation – offenbaren kann. Natürlich geschieht dies nicht auf einmal. Die Seele inkarniert sich in der Materie. Sie stattet sich mit Körpern aus – einem physischen, emotionalen und mentalen Träger –, die sich in der Persönlichkeit, der Spiegelung der Seele auf der irdischen Ebene vereinen. Der Schwingungsunterschied zwischen Seele und Körpern schließt eine plötzliche oder vorzeitige Verschmelzung der beiden aus.

Den Meistern zufolge erschien der Mensch erstmals vor 18,5 Millionen Jahren auf der Erde. Das ist eine lange Zeit. So lange gibt es uns schon. Können Sie sich vorstellen, wie ermüdend es wäre, wenn Sie sich daran erinnern könnten? 18,5 Millionen Jahre, bis sich die Menschheit auf diese Stufe durchgerungen hat, scheinen eine enorm lange Zeit zu sein.

Und wie es aussieht, gab es selten eine Zeit, wo wir weder Konflikte noch Aggressionen oder Kriege hatten. Wer sagt, dass dieses Land, Amerika, von Kolumbus entdeckt wurde? Nein, die Wikinger kamen schon viel früher. Sie landeten hier im achten Jahrhundert, bemalten sich und kämpften dann gegen andere Menschen, die noch mehr bemalt waren.

„Nur selten gab es Zeiten, in denen diese Tendenzen nicht vorherrschend waren." Können Sie sich vorstellen, dass es in 18,5 Millionen Jahren nur selten ein ruhiges Wochenende gab? Immer fing gerade irgendein Krieg an, oder man ruhte sich aus und wartete auf Montag, um wieder loszu-

schlagen, sodass man meinen könnte, dass sich darin unsere wahre Natur zeige. Ist das wahr? Kann es sein, dass dieser Zustand die eigentliche Natur des Menschen, der Menschheit ist?

Der Meister sagt, dass trotz aller gegenteiligen Anzeichen (und natürlich gibt es genügend Gegenbeweise), dies entschieden nicht der Fall ist. Wenn der Meister das sagt, dann weiß er es. Die Meister wissen es, weil sie eine Zeit und einen Zustand sehen können, wo das nicht der Fall ist. Konflikte, Aggressionen und Kriege sind nicht die wahre Natur des Menschen. Warum also bieten wir ein derart erschreckendes Zerrbild unserer eigentlichen Natur?

„Woher kommt diese Neigung zu chaotischem Handeln und destruktiver Gewalt?" Der esoterischen Lehre zufolge kommen mit jeder Generation Menschen in die Inkarnation, die das nötige Rüstzeug mitbringen, um die Probleme der Zeit lösen zu können. So wird sichergestellt, dass die Evolution der Menschheit weitergeht, dass es immer wieder eine neue Generation gibt, die die Probleme erkennt und neu damit umgehen kann, und die sie lösen und folgenden Generationen den Weg ebnen kann. Gleichzeitig haben wir diese Tendenz, die der Beziehung von Geist zu Materie innewohnt und die Konflikte hervorruft.

„Der Mensch ist seinem Wesen nach eine Seele, ein vollkommenes Spiegelbild Gottes." Das ist seit jeher eine esoterische Binsenwahrheit. Wir alle sind tatsächlich Seelen in Inkarnation – vollkommene Seelen, identisch mit dem, was wir Gott nennen, den Himmlischen Menschen, der diesen Planeten beseelt, der uns erschaffen hat, und in dessen Bewusstsein wir als Gedankenformen existieren. Er hat einen Evolutionsplan entworfen und uns als einen Aspekt des Plans vorgesehen – keineswegs als das Ein und Alles, doch als wichtigen Aspekt. Indem er Geist und Materie zusammenbrachte, erschuf er den Menschen.

„In zahllosen Inkarnationen, über unsagbar lange Zeiträume hinweg..." 18,5 Millionen Jahre! Wann begannen unsere Seelen, der Materie, durch die sie sich auf der irdischen Ebene offenbaren können, Beachtung zu schenken? Danach bestimmt sich unser Evolutionsstand. Sobald unsere Seelen erkennen, dass wir bereit sind, etwas von ihrer Vollkommenheit zu offenbaren, dass wir die Seelenqualitäten – Wahrheit, Schönheit, Intelligenz, Sehnsucht nach der eigenen Vollkommenheit – in den Inkarnationsprozess einbringen, fängt die eigentliche Evolution des Menschen an. Dieser Zeitpunkt bestimmt unseren jeweiligen Evolutionsgrad.

In zahllosen Inkarnationen sucht die Seele ihre göttliche Natur in Zeit und Raum durch aufeinanderfolgende Persönlichkeiten zu offenbaren:

durch deren physische, emotionale und mentale Körper, manchmal als Mann, manchmal als Frau. Damit verfolgt sie diesen Wunsch, diese Sehnsucht, ihre Natur und Qualität in einem physischen Pendant zu reproduzieren. Die Seele stattet ihr Gegenstück mit den Möglichkeiten aus, die ihm die Evolution zur eigenen Vollkommenheit bieten. Auf diese Weise wird der Plan Gottes verwirklicht.

Millionen Menschen wissen nicht, dass es einen Plan gibt. Das ist ein bedauerlicher, sogar sehr bedauerlicher Zustand, der nur noch übertroffen wird von der nahezu völligen Unkenntnis der Tatsache, dass wir Seelen sind. Die erste Tatsache, die, wie mir scheint, jedem beigebracht werden sollte, ist die Realität der menschlichen Konstitution: dass wir von Natur aus geistig sind, und dass sich diese Göttlichkeit oder dieser Geist in einer etwas niedrigeren Schwingung als menschliche Seele reflektiert, die sich wiederum auf der physischen Ebene als Mann oder Frau widerspiegelt. Die Evolution vollzieht sich nach einem Plan. Die Meister unserer geistigen Hierarchie sind die Hüter dieses Plans.

Wenn jeder auf der Welt dies wüsste oder auch nur als Hypothese annehmen könnte, sähe die Welt überraschend anders aus. Weil die Menschen nicht wissen, dass es einen Plan gibt, haben sie auch keine Ahnung, wohin die Reise geht. Sie werden vom großen Magneten der Evolution mitgezogen und haben infolgedessen tatsächlich keinen freien Willen. Sie werden einfach von den Umständen getrieben und reagieren darauf entsprechend ihrem Evolutionsstand, den sie erreicht haben.

Was geschehen muss – und ich würde sagen, vor allem anderen –, ist die spirituelle Bildung der Menschheit, damit wir erkennen, dass sich die Evolution nach einem Plan vollzieht und wir an diesem Plan aktiv teilhaben können. Wir können uns dessen bewusst werden und dementsprechend handeln. Chaos, Aggressionen, Kriege und Konflikte sind die Folgen unserer Unkenntnis darüber, dass es einen Plan gibt und worin er besteht. Deshalb wissen wir nicht, wie wir leben sollen. Es existieren große Gesetze, die diesen Evolutionsprozess regieren, und die Seele stattet ihr Vehikel mit allem Notwendigen zur Weiterentwicklung aus.

Aspiration

Der Schlüssel zu dieser Entwicklung heißt Aspiration, das Streben nach Höherem. Alles, was sich entwickelt, vom Sandkorn bis zum höchstentwickelten Wesen oder größten Engel oder Avatar, den Sie sich vorstellen können, hat diese Stufe aufgrund von Aspiration erreicht. Es gab eine Zeit, wo alles Leben im Meer angesiedelt war. Ein Großteil des Lebens auf diesem Planeten befand sich in den Ozeanen. Auf dem Land zeigten sich die Anfänge des Pflanzenreichs, und einige Meeresgeschöpfe bewegten sich aus dem Wasser heraus und kamen aufs Festland.

Für die ersten Fische oder Reptilien, die aus dem Meer auf das relativ trockene Land kamen, muss das eine außerordentliche Erfahrung gewesen sein. Sie mussten lernen, ganz anders zu atmen und sich anders zu bewegen. Sie mussten Gehen lernen, zunächst noch unbeholfen, dann aber mit immer größerer Geschicklichkeit, bis sie schneller laufen konnten, als heute ein Pferd.

Das geschah nicht zufällig, sondern war eine Folge der Aspiration. Es ist etwas schwierig, sich die Aspiration vorzustellen, die ein Meeresgeschöpf auf das Festland treibt, und doch wäre es ohne Aspiration nie geschehen. Ohne das Streben nach Veränderung findet keine Veränderung statt. Ein solcher Wechsel vom Lebensraum Meer zum Lebensraum Festland ist gewaltig. Das bedeutet, einem inneren Willen zu gehorchen, einer Aspiration, die nach Veränderung sucht, nach Verbesserung, nach einem höheren Zustand, nach einer noch ungeahnten Vollkommenheit, die aber als Möglichkeit bereits erahnt wurde. Wir entwickeln uns auf genau dieselbe Weise.

Der Aspiration verdanken wir unseren Idealismus. Wir reagieren auf die Energien, die von der Hierarchie der Meister, den Hütern des Plans, in die Welt gesandt werden, und streben als Antwort darauf nach Veränderung. Wir haben die Vision eines anderen und besseren, eines vollkommeneren Zustands – sei er politischer, wirtschaftlicher, sozialer, wissenschaftlicher, kultureller oder welcher Art auch immer. Wir entwickeln uns durch diese Fähigkeit, uns etwas Besseres vorzustellen, etwas, das der Vollkommenheit näherkommt, die wir instinktiv als Möglichkeit erkannt haben. Instinktiv wissen wir, was im Bewusstsein des Logos ist, weil wir von Natur aus Seelen sind, exakte Spiegelbilder des Logos, den wir Gott nennen – der Logos des Planeten Erde, der Himmlische Mensch, dessen Idee wir sind.

Auf diese Weise entwickeln wir uns und schaffen neue Verhältnisse. Wir sind in der Lage, aus dem Meer zu springen und uns daran zu gewöhnen, auf dem Trockenen zu leben.

„Der Schlüssel zu dieser Entwicklung ist die Aspiration, das Streben nach Höherem. In allen Menschen wohnt der Wunsch nach Vollkommenheit und der Drang, das Gute, Schöne und Wahre zu bekunden – die Attribute der Seele. Dieser Wunsch nach Verbesserung, wie immer er sich äußert,

geht nie verloren, auch wenn ein Mensch noch so oft strauchelt." Vielleicht gibt es auch Ausnahmen. Einige heutige und einige frühere Politiker sind nur schwer in diesen Kontext einzuordnen. Aber wir wollen großzügig sein. Nehmen wir einfach einmal an, was die Meister sagen: dass niemandem – wie sehr er auch strauchelt, wie unzulänglich, machthungrig, gierig er auch sein mag – dieses Streben nach Verbesserung abhanden kommt. Er spürt das Gute. Aber er interpretiert es natürlich völlig falsch und erzeugt Chaos.

„Wie aber lassen sich dann die Verirrungen des Menschen erklären, seine Gewalttätigkeit, sein Hass?" Wie lässt sich das Verhalten einiger der Männer erklären, die zurzeit die Welt beherrschen?

Schnittpunkt von Geist und Materie

„Die Antwort liegt in der einzigartigen Stellung des Menschen im Schnittpunkt von Geist und Materie sowie in den Spannungen, die deren Aufeinandertreffen erzeugt." Das ist das ganze Geheimnis. Wir sind Seelen – vollkommene, souveräne, geistige Wesen, die mit dem Gott identisch sind, von dem wir abstammen. Aber wir sind im Gegensätzlichen – oder scheinbar Gegenteiligen – gefangen: in der Materie unserer physischen, emotionalen und mentalen Körper. Selbst unser Mentalkörper, selbst dieses flüchtige Ding, das Gedanke heißt, ist eine Äußerung der Materie auf einer spezifischen Ebene. In dieser Materie findet eine große Reorganisation statt. Wir nennen es Evolution. Die Seele inkarniert sich in der Materie und geht durch einen langen, scheinbar endlosen Konflikt zwischen dem, was wir Geist, und dem, was wir Materie nennen.

Das ist der Grund für die endlose Gewalt und den endlosen Hass seit alter Zeit, seit 18,5 Millionen Jahren, was die Menschheit bisweilen fast an den Rand der Ausrottung gebracht hat. Ein Großteil des Mordens wurde vom Tierreich begangen, doch sehr häufig auch zwischen Menschen – im Kampf um Nahrung, um Boden und aus der Gier nach Dominanz im eigenen Land. Der Mensch hat eine gierige Seite, die auf einem Missverständnis beruht, was den Sinn und Zweck des Lebens betrifft. Manche meinen, es sei richtig, das Land eines anderen Menschen an sich zu reißen, dort Geschäfte zu eröffnen und es als „Imperium" zu bezeichnen.

Der Imperialismus ist fast so alt wie die Menschheit und hat sich bis heute gehalten. Noch immer haben wir diesen Drang größer und besser zu sein. Und je größer und besser wir sind, desto mächtiger werden wir, und können dann sogar noch größer und besser werden. Das ist das, was alle imperialistischen Länder zu allen Zeiten getan haben. Auf diese Weise haben die Römer die gesamte, damals bekannte Welt erobert, ganz Europa und Kleinasien, sie kamen bis nach Indien und im Westen nach Deutschland und den Niederlanden, nach Frankreich, Spanien und sogar über den Kanal nach Großbritannien.

Schauen Sie sich an, was die Römer taten. Sie waren überall, aber sie waren damit nicht zufrieden. Was taten sie also? Als die Welt von anderen Völkern erschlossen wurde, von den Spaniern, den Portugiesen und so weiter, die Entdecker in die ganze Welt sandten, brachte das die Römer wieder auf den Plan: „Das ist gar nicht gut. Wir haben unsere Macht verloren. Niemand denkt mehr an Rom." Und so inkarnierten sich die Römer als Engländer. Sie machten sich auf, um erneut die Welt zu erobern und haben dieses Mal das meiste davon bekommen, drei Viertel etwa, das sie das Britische Weltreich nannten. Das also versteht man unter Imperialismus.

Ihre Reinkarnation als Engländer ermöglichte es ihnen, ein größeres Imperium aufzubauen, als Rom je erlebt hat. Die Römer bauten Straßen, die Engländer Eisenbahnen. Sie konnten weiter und schneller vorrücken, und so wurde die Welt erschlossen. Die „Römer" sind noch immer damit zugange.

„Der Mensch ist eine unsterbliche Seele, die mit dem Eintauchen in die Materie nun den Begrenzungen unterworfen ist, die die Stofflichkeit ihr auferlegt." Hier liegt das Problem. Alles ist eine Frage der Schwingungsebene. Materie ist, relativ gesehen, im Verhältnis zur Seele träge. Sie schwingt nicht, oder sie schwingt so langsam, dass sie von der Seele über lange Zeiten nicht benutzt werden kann, außer in sehr rudimentärer Weise, indem sie sich inkarniert und ein Vehikel produziert – einen Mann oder eine Frau, die aufwachsen, Kinder haben und sterben. Wir machen das alle. Auf diese Weise machen wir Fortschritte, aber das dauert ewig lang.

Materie ist träge und unempfänglich für die Seelenschwingung, also für das, was der Meister das Schöne, Wahre und Gute der Seele nennt. Aber weil das in diesem Körper, in dieser Materie eingeschlossene Wesen eine Seele ist, hat es eine Sehnsucht nach Vollkommenheit, ein Gefühl, dass es etwas Wertvolleres geben muss. Dann kommt im Leben, in der Inkarnationsgeschichte jedes Menschen eine Zeit, wo die Seele zu ihrer Spiegelung hinabsieht und sagt: „Schau! Schau dir das an!" Sie holt ihre Freunde: „Schaut mal! Seht ihr? Er bewegt sich. Schaut doch! Er hat sich schon wieder bewegt. Habt ihr das gesehen? Ihr müsst es gesehen haben. Schaut doch nur! Da, er bewegt sich wieder. Er hat sich tatsächlich bewegt."

Das erinnert mich an eine Szene auf dem Schiff *Queen Mary*, wo wir öfter Transmissionsmeditationen abhielten. Einmal meditierten wir in einem wunderschönen runden Raum, der aufs Deck hinausging. Es war an einem Wochenende, und die Leute durften auf das Schiff kommen, ein schwimmendes Hotel in Long Beach in Kalifornien. Wir saßen alle entlang der Bullaugen, und die Menge wanderte außen herum. Wir konnten sie hören, meditierten aber tapfer weiter, bis plötzlich direkt hinter mir eine Familie stehen blieb, die sich laut über uns unterhielt: „Oh, schau dir das an! Das sind ja Puppen. Schau doch mal, wie diese Wachsfiguren bei Madame Tussauds. Das sind Wachsfiguren. Schau, wie sie alle dasitzen." Wir konnten uns das Lachen kaum verkneifen. Und dann kam es: „Das sind keine Puppen! Schau. Einer hat sich bewegt. Der da hat sich bewegt. – Wo? Ich habe keine Bewegung gesehen. – Doch, da, er bewegt sich schon wieder." Wir machten uns steif und versuchten, nicht zu lachen. Schließlich gingen sie weg, ohne so recht zu wissen, was sie soeben gesehen hatten.

So ist es für die Seele, wenn sie hinabsieht und eine kleine geistige Anstrengung in ihrem Gegenstück entdeckt. Wenn sich ein kleines Licht zeigt, das von dieser trägen Materie ausgeht, motiviert die Seele ihr Pendant, ihr Vehikel zu irgendeiner Art von Meditation. Durch Meditation kann die Seele diese Materie nach und nach dazu bewegen, für ihre Qualität empfänglicher zu werden.

Dann wurde ein Vorgang eingeführt, um die Seele und ihr Pendant zu verbinden oder zu verschmelzen, sodass der Mensch auf den Seeleneinfluss reagieren konnte. Dieser Vorgang ist das, was man als Initiation bezeichnet. Die Einweihungen, fünf an der Zahl, wurden eingeführt, um das Stadium, das die höher entwickelte Menschheit jener Zeit erreicht hatte, zu nutzen. Durch diesen Prozess vertiefte sich die Verbindung zur Seele. Der Verschmelzungsprozess entwickelte sich, und die Evolution der Menschheit machte Fortschritte.

Es ist ein künstlicher Prozess, der die Evolution beschleunigt. Aber bis zum Beginn der Initiationen müssen noch weitere Millionen Jahre der Anspannung, mit Kampf, Aggression und Krieg vergehen, ehe diese Verschmelzung, dieser Yoga, diese Einheit von Geist und Materie zustande kommen kann. Wenn man dann soweit ist, dass man mit der Initiationserfahrung beginnen kann, die nur die wenigen, letzten Leben der langen Evolutionsreise betrifft, beschleunigt sich der ganze Prozess.

„Sein Ringen um Vollkommenheit bedeutet, diese beiden Gegenpole seiner Natur vollständig in Einklang zu bringen – und damit aufzulösen."

Genau das muss geschehen: zwei scheinbar extreme Gegensätze völlig in Einklang zu bringen – die strahlende, schöne, gute und wahre geistige Seelenqualität und die Trägheit, die niedere Schwingung der Materie.

„Durch immer neue Inkarnationen führt der Evolutionsprozess stufenweise zu diesem Ziel, bis die Qualität und Strahlung der Materie mit der des Geistes übereinstimmt. Damit ist der Plan erfüllt – ein weiterer Sohn Gottes ist heimgekehrt." Wenn das vollbracht ist, erfolgt die letzte der fünf Einweihungen: der Meister hat sich vom Sog der Materie befreit. Es kommt zu einer totalen Verschmelzung zwischen der Seele und ihrer Spiegelung, zwischen dem, dessen Spiegelung die Seele ist – dem Geist, der Monade des Wesens –, und dem Ebenbild auf der physischen Ebene, dem Mann oder der Frau, die Sie sehen, wenn Sie in den Spiegel schauen. Wenn diese beiden miteinander verschmelzen, ist die Reise auf dem Planeten Erde beendet. Das ist zwar nur ein Sprungbrett zu einer weiteren großen Bewusstseinserweiterung auf kosmischer Ebene, aber in Bezug auf diesen Planeten ist die Aufgabe erfüllt.

„Jahrtausendelang schließt die Vorherrschaft der Materie einen größeren Einfluss der Seele aus; die Evolution geht nur langsam vor sich. Wenn endlich die gegensätzlichen Pole seiner Natur aufgelöst sind, erkennt der Mensch, dass die Dichotomie nur scheinbar besteht, die Gegensätze unwirklich sind." Was bringt diese gegensätzlichen Pole seiner Natur zur Auflösung? Das ist das Geheimnis des Evolutionsprozesses. Der Strahl, der vor allen anderen die menschliche Evolution regiert, ist der 4. Strahl, der Strahl der Harmonie durch Konflikt. Das eigentliche Ziel des Menschen, der innere Drang aller Menschen besteht darin, Harmonie, also Einheit zu schaffen. Den Meistern zufolge ist jedem Menschen die Sehnsucht nach Einheit, Harmonie, nach Vollkommenheit angeboren, in der sich das Gute, Schöne und Wahre – das Wesen der Seele – widerspiegeln.

Der 4. Strahl der Harmonie

Diese Entwicklung wird durch die magische Vorgehensweise des 4. Strahls gefördert, der die vitalisierende Kraft beziehungsweise die Reibung liefert, die einen Mann oder eine Frau auf dem Evolutionspfad vorantreibt. Das sind die menschlichen Bedingungen. Alle Aggression, alle Gewalt und aller Hass sind immer Spannungs- und Konfliktzustände, mit denen wir uns abplagen. Das alles ist die Reibung, die sich daraus ergibt, dass wir dem 4. Strahl der Harmonie durch Konflikt unterworfen sind. Am Ende erzeugt er Harmonie. Alle Menschen, die vom 4. Strahl regiert werden, haben das Ziel, bewusst oder unbewusst Harmonie zu schaffen, ob es ihnen gelingt oder nicht. Menschen, die vom 4. Strahl geprägt sind, sind häufig voller Konflikte und damit beispielhaft für diesen Kampf, der die ganze Menschheit vorantreibt. Ohne Konflikt gibt es keine Bewegung.

Wenn wir gleich auf der physischen Ebene die Harmonie der Seele – die Liebe, die Intelligenz, den Willen zum Guten, das Schöne, das Wahre – manifestieren könnten, gäbe es natürlich keine Notwendigkeit für einen Konflikt, aber aufgrund der Differenz im Schwingungsgrad können wir das leider nicht. Die Materie unserer physischen, emotionalen und mentalen Körper ist über lange Zeiten nicht geeignet, die Schwingungsfrequenz und damit die Natur der Seele zu offenbaren. Deshalb sehen wir nicht das Gute, Schöne und Wahre – das Wesen der Seele. Es kann nicht zum Ausdruck kommen.

Wir besitzen ein Instrument, das wir immer mehr in Gleichklang bringen müssen, und dieser Kampf erzeugt das Feuer, wodurch dies möglich wird. Dieses Feuer und das Gespür für Vollkommenheit, die Aspiration, treiben uns vorwärts und aufwärts zu etwas, das wir noch nicht sehen – etwas, von dem wir spüren, dass es da ist, etwas Höheres und Vollkommeneres wie das trockene Festland für die Meeresgeschöpfe. Können Sie sich vorstellen, was für ein Schritt das war? Ein ebensolcher Schritt ist es für den noch unbedarften Menschen, der noch nicht das Wesen der Seele erkennt oder sich selbst als Seele sieht, wenn er sich ausmalt, wie es sein könnte, so zu sehen, wie die Seele sieht. Das ist derselbe Bewusstseinsschritt.

„Ohne den Widerstreit der Gegensätze und der sich daraus ergebenden Reibung wäre der Fortschritt des Menschen noch viel langsamer.” Der 4. Strahl der Harmonie durch Konflikt treibt die Menschheit voran. Es ist der Strahl, der sich mit den Gegensatzpaaren befasst. Die Vorgehensweise des 4. Strahls – wenn er korrekt gehandhabt wird – besteht darin, den Pfad zwischen den Gegensatzpaaren zu finden. Das ist für eine Strahl-4-Person der ideale Weg, diese zwei Aspekte unserer Existenz zur Auflösung zu bringen. Natürlich ist das sehr schwer, und daher dauert es auch so lange. Aber der 4. Strahl ist in dieser Hinsicht für die Menschheit der maßgebliche Strahl. Es gibt andere Strahlen – wie der 5. Strahl, der die mentale Evolution regiert –, aber der 4. Strahl ist genau der Strahl, der uns hilft, die Gegensatzpaare aufzulösen. Es geschieht dadurch, dass keinem der beiden allzu große Aufmerksamkeit geschenkt wird.

Wenn der Strahl-4-Typus sich mit den Gegensatzpaaren auseinandersetzt, identifiziert er sich idealerweise weder mit dem Geist noch mit der

Materie. Dadurch kann die Strahl-4-Qualität auf niederem Niveau den Eindruck erwecken, amoralisch, nicht sehr charakterfest zu sein. Es ist ein veränderlicher, ungebundener Zustand, in dem sich der Strahl-4-Typus weder mit der Materie noch allzu sehr mit dem Geist identifiziert. Wenn wir uns weder allzu sehr mit der Materie noch allzu sehr mit dem Geist identifizieren, können wir uns in dem schmalen Raum zwischen diesen beiden Gegensätzen bewegen. Für die Entwicklung eines Strahl-4-Menschen ist das der perfekte Weg.

Das betrifft in ähnlicher Weise auch die ganze Menschheit, weil alle Menschen, auch wenn sie von anderen Strahlen geprägt sind, im evolutionären Sinne von diesem 4. Strahl, dem Strahl der Harmonie durch Konflikt regiert werden. Der anfängliche Konflikt ist notwendig, um das Feuer zu erzeugen, das uns vorantreibt. Ohne Konflikt gäbe es keine Bewegung. Aber es kommt die Zeit, wo der weiterentwickelte Typus jedes Strahls diese zwei Aspekte unseres Wesens in sich auflösen muss. Wir sind alle Seelen, und wir sind alle in die Materie eingebunden. Wie lässt sich das auflösen? Mein Vorschlag wäre, den Weg des 4. Strahls zu wählen und zwischen den Gegensatzpaaren zu wandeln, was bedeutet, sich mit keinem der beiden allzu sehr zu identifizieren. Es bedeutet auch, nicht fanatisch zu sein. Es bedeutet, mit einem Wort, gelassen zu sein.

Gelassenheit

Das ist die Essenz der Gelassenheit, und nur mit Gleichmut können wir die Reise zwischen den Gegensatzpaaren schaffen. Deshalb stellt Maitreya die Gelassenheit in den Mittelpunkt seiner Lehre. Nicht nur Maitreya; alle geistig orientierten Lehren postulieren die Gelassenheit als die beste Methode, um diese Dualität in uns – gleichzeitig Seele/Geist und Materie zu sein – zu überwinden; und so überwinden wir auch den Konflikt und schaffen Harmonie, indem wir aufhören, uns, also das Selbst mit unserem physischen Körper, unseren Gefühlen oder Gedanken zu identifizieren. In diesem gelassenen Zustand wird die Reise zwischen den beiden gegensätzlichen Wesensaspekten in uns ganz einfach.

Gelassenheit ist der Schlüssel und Aspiration die Antriebskraft. Der Konflikt war das Feuer, das uns vorantreibt, aber die Aspiration ist das, was uns höher trägt. Selbst Meister haben Aspirationen. Wie die Aspiration eines Meisters aussieht, kann ich Ihnen nicht sagen, aber auch ein Meister strebt nach etwas Höherem. Selbst das, was wir den Gott unseres

Sonnensystems nennen, strebt eine höhere Form von Sonnensystem an. Der Gott, der Himmlische Mensch, der den Planeten beseelt, ist bestrebt, auf seinem Planeten eine vollkommene Welt zu schaffen, die seinen Vorstellungen von Vollkommenheit entspricht. Es ist ein schöpferischer Prozess. Wenn wir die physischen, emotionalen und mentalen Elementarwesen, aus denen die Materie dieser Körper besteht, beherrschen lernen, gewinnen wir allmählich Kontrolle über diesen Evolutionsprozess. Der Schlüssel ist Strahlung. Wenn wir ein bestimmtes Stadium erreicht haben, entwickeln wir in der Materie eine Strahlungsaktivität. Dies kommt natürlich von der Seele. Sie erfüllt ihre Funktion auf der physischen Ebene durch den physischen, astralen und mentalen Körper, und alle beginnen zu strahlen. Die Seele vergeistigt die Materie. Von da an bauen wir in jeder Inkarnation immer mehr Materie von subatomarer Qualität in unsere Körper ein. Sie verändern sich allmählich und gehen vom atomaren in einen subatomaren Zustand über, der buchstäblich Licht ist. Wir werden immer empfänglicher für das Licht der Seele, bis es unser persönliches Leben dominiert. Wir identifizieren uns nicht länger mit der Materie, haben diese Naturkräfte aber unter Kontrolle. Durch die Seele werden unsere Körper mit einer Strahlungsqualität ausgestattet, die der Eingeweihte in jedem Leben verstärkt einbringen kann, bis – auf dem Weg über die fünf Initiationen – Vollkommenheit erreicht wird: Die Materie des Körpers eines Meisters fünften Grades besteht nur noch aus Licht. Sie hat, was diesen Planeten angeht, Vollkommenheit erreicht. Ein Meister erkennt Gott im tieferen Sinne, bekommt aber durch seine Aspiration auch einen Hinweis, eine Ahnung von dem vor ihm liegenden Weg, den man als den Weg der höheren Evolution bezeichnet, über den wir noch kaum etwas wissen. Seine Aspiration vermittelt dem Meister einen Schimmer dieses weit entfernten Reiches – oder Erfahrungsbereiches oder Zustands –, in dem er noch klarer, noch nachhaltiger, noch schöpferischer tätig sein kann, als es ihm jemals auf diesem Planeten, selbst als ein Meister möglich wäre.

Diese atomare Transformation vollzieht sich zunächst durch die Entwicklung in unseren physischen Körpern, und dann durch unsere Arbeit mit dem Tier-, Pflanzen- und Mineralreich. Die Substanz des Planeten wird am Ende in jedem Reich zum vollendeten Spiegel des Himmlischen Menschen, des Logos unseres Planeten, dessen Körper sie ist.

„Konflikt und Krieg, Gewalt und Hass sind nur ein vorübergehender Ausdruck der bisherigen Unfähigkeit des Menschen, seine wahre Natur zu beweisen." Seine wahre Natur ist eine unsterbliche Seele, eine vollkommene Manifestation des Logos unseres Planeten, dessen Eigenschaften

das Gute, Schöne und Wahre sind. Wenn all das auf dem ganzen Planeten erreicht ist, wenn alle Naturreiche vollendet und auf diese Weise vergeistigt sind, ist die Arbeit des Himmlischen Menschen getan, und er übernimmt ein höheres Werk auf einem höheren Planeten. Auch wir übernehmen eine höhere Arbeit auf einem höheren Planeten und schließlich in höheren Sonnensystemen, und so setzt sich das endlos fort, bis in alle Ewigkeit.

Die Gegensatzpaare

Fragen und Antworten

Der folgende Text ist die überarbeitete Version der Fragen und Antworten im Anschluss an den Vortrag von Benjamin Creme auf den Transmissionstagungen 2002 in der Nähe von San Francisco (USA) und Kerkrade (Niederlande).

Dienst und Zusammenarbeit

Wie kann Dienst dazu beitragen, die Gegensatzpaare aufzulösen?
Eine der beiden großen Hebelkräfte der Evolution ist Dienst, die andere ist Meditation. Dienst jeglicher Art distanziert uns allmählich von uns selbst. Wenn unser Aufgabenfeld größer wird und über das Persönliche hinausreicht, verlieren wir nicht die Verbindung zu uns selbst, aber wir befassen uns immer weniger mit unserem Ego, mit unseren Persönlichkeitsinteressen. Dienst ist der Impuls der Seele und besteht darin, die Absichten der Seelen auszuführen. Die Seele inkarniert sich, um dem Evolutionsplan zu dienen, der vorsieht, die Materie zu vergeistigen. Indem sich die Seele wieder und wieder inkarniert, schafft sie eine Folge von Trägern, die immer geeigneter sind, ihr Vorhaben auszuführen und sie zusehends mit der physischen Ebene in Berührung bringen. Diese Berührungspunkte zeigen sich im Dienst an der Gemeinschaft, an der Nation, an der Menschheit insgesamt. Je höher die Evolutionsstufe, desto umfangreicher ist gewöhnlich das Aufgabenfeld. Dieses Aufgabenfeld, ob groß oder klein, macht es der Seele möglich, sich in der Alltagswelt zu offenbaren.

Die Seele möchte dienen. Sie inspiriert ihren Träger, die Persönlichkeit, Mittel und Wege zu finden, um zu dienen. Wenn das geschieht, sind wir immer weniger an der Persönlichkeit und immer mehr an altruistischem Dienst zum Wohl aller interessiert. Die Seele strebt fortwährend danach, selbstlos handeln und dienen zu können. Sie befasst sich weder mit sich selbst noch nimmt sie sich als individuelles, separates Ich wahr. Die Seele kennt keine Abgrenzung. Sie sieht nur das Ganze und sich selbst im Zusammenhang mit dem Ganzen. Wenn die Persönlichkeit bewusst auf die Impulse der Seele zu reagieren beginnt, gewinnt sie nicht nur Abstand zu den Resultaten des Dienstes, sondern auch zum Dienst an sich. Der Vorgang des Dienens wird dann ein von der Seele initiierter Prozess, was bedeutet, dass man gelassen und unverblendet seine Arbeit machen kann. Es geht um Gelassenheit. Was immer uns hilft, gelassen zu sein, trägt zum Ausgleich der Gegensatzpaare bei. Nichts fördert die Gelassenheit mehr, als einer Sache mit völligem Gleichmut zu dienen. Dann macht die Seele wirkliche Fortschritte durch ihren Träger auf der physischen Ebene. Die Aspiration der Seele ist groß, sie treibt den Menschen an. Diese Antriebskraft, die uns befeuert, löst Konflikte aus; wir können sie nicht vermeiden, solange wir in einem physischen Körper leben. Sie dauern so lange an, bis wir die Gegensatzpaare auflösen können. Dann werden wir entdecken, dass wir das, was uns vorwärtsgetrieben hat, nicht länger benötigen. Dieser Vorgang trägt nicht nur zum Ausgleich der Gegensatzpaare bei, sondern ist der Weg *par excellence*, um sie aufzulösen.

Tragen Kooperation und Konsens in der Gruppenarbeit auch dazu bei, mit den Gegensatzpaaren zurechtzukommen?
Kooperation ist das Resultat des Seelenimpulses. Die Seele ist grundsätzlich bestrebt, Harmonie zu schaffen, und dazu ist Konsens erforderlich. Wenn die Konsensfindung richtig abläuft, zeigt sich das in der Fähigkeit der Gruppe, ähnlich zu denken und zu handeln. Konsens entsteht nicht, wenn die Gruppenmitglieder ihre unterschiedlichen Ideen und Vorstellungen auf eine einzige Idee reduzieren, die von der stärksten Person der Gruppe vertreten wird. Aber er kann dann entstehen, wenn alle unterschiedlichen Ansichten und Standpunkte in der Gruppe sozusagen mit Abstand betrachtet werden können und die Seelen der einzelnen Gruppenmitglieder intuitiv erkennen, was zu tun ist. Der so erreichte Konsens ist immer das Ergebnis einer Seelenerfahrung.

Kooperation ist ein Gruppenziel. Die Seele kooperiert mit dem Evolutionsplan; sie inkarniert sich, um den Plan zu fördern. Sie schränkt sich ein, um Äonen in der physischen Enge eines Körpers zu verbringen. Sie kann darin ihr Wesen erst dann zum Ausdruck bringen, wenn es ihr gegen Ende dieses Prozesses endlich gelingt, diesen Körper, ihren Träger mit ihren Qualitäten und daher mit ihrer höheren Schwingung zu versehen, sodass die Persönlichkeit zunehmend das Wesen und die Absicht der Seele offenbaren kann.

Hat sich der Kampf zwischen den Gegensatzpaaren in den Gruppen, die für die Wiederkehr arbeiten, bisher als heilsam oder eher als destruktiv erwiesen?

In dem Maße, wie wir die Gegensatzpaare auflösen können, wirkt sich das auch heilsam aus. Soweit wir das nicht tun, ist die Tendenz natürlich dementsprechend destruktiv.

Jede Gruppe hat ohne Ausnahme Phasen, auf die mal eher die eine, mal eher die andere Zustandsbeschreibung zutrifft. Man kann aber nicht sagen, dass in einer Gruppe ausschließlich destruktive Tendenzen vorherrschen, weil ihre Mitglieder die Gegensatzpaare nicht auflösen, oder dass sie immer nur konstruktiv sind, weil sie ständig die Gegensatzpaare auflösen. Das ist meiner Meinung nach keine wirkliche Frage. Das Ringen mit den Gegensatzpaaren ist endemisch, es gehört zu dieser Welt. Der Kampf existiert, weil wir hier sind – weil wir Seelen sind, die sich in die Materie hineinbegeben haben.

In Gruppen mit dieser Zielrichtung können Sie sicher sein, dass Sie die heilsamen Aspekte an sich selbst erfahren können, weil Sie sich, so anstrengend es auch sein mag, für etwas Großes einsetzen, ganz gleich, wie Sie arbeiten – ob Sie sehr oder nur halbwegs effizient sind, ob Sie dem Plan entsprechend alles oder nur ein wenig richtig machen –, Sie engagieren sich für das wichtigste Ereignis auf der Erde seit 98 000 Jahren. Nichts, was Sie sonst noch unter großen Anstrengungen tun, könnte sich segensreicher, positiver auswirken als diese Arbeit. Das ist die Gelegenheit, die sich in tausend Leben nur einmal bietet, sagte Maitreya. Niemals in tausend Leben wird Ihnen diese Gelegenheit wieder geboten. Das ist schwer zu begreifen: Man braucht Weitblick, um zu ermessen, was alles damit verbunden ist, und sich von der Tragweite der Aufgabe so motivieren und beflügeln zu lassen, dass man sich ihr unermüdlich widmet. Das kann sich letztlich nur als positiv erweisen: Es ist ein Weg, sich von Verblendungen zu befreien.

Wir wissen alle, dass man sich von der Materie nicht abhängig machen sollte – und ebenfalls nicht vom Geist. Wie macht man das?
Sich vom Geist nicht abhängig zu machen, ist einfach. Dass wir von der Materie unabhängig werden müssen, wissen wir zwar, aber nur noch nicht, wie das geht. Sich aber vom Geist zu distanzieren, ist ganz leicht. Sie tun einfach, wonach Ihnen zumute ist. Wenn Sie wollten, könnten Sie versuchen, möglichst viel Geld zu verdienen, um mit dem Millionenvermögen noch mehr Millionen zu verdienen und an der Börse zu investieren und und und. So kann man sich vom Geist distanzieren.

Was Materie ist, können wir begreifen, aber mit der Idee des Geistigen wird es schwieriger. Was tun wir also? Wir umgeben sie mit farbigem

Licht, entwickeln die Fähigkeit, sie zu visualisieren und können nun ein großes geistiges Ideal visualisieren. Auf diese Weise geht unser Emotionalkörper mit unserer Idee des Geistigen um. Wir halten das Geistige für unerreichbar oder allenfalls bedingt erreichbar – für ein Ideal. Es ist die Idealvorstellung von uns selbst. Wir stellen uns vor, dass Gott uns die ganze Zeit zusehen würde, und haben vielleicht, wenn wir alleine sind, ein spirituelles Erlebnis: Wir wollen anderen kein Geld mehr wegnehmen, wir haben das Gefühl, nicht mehr neidisch oder gierig zu sein, sondern vollkommen. Wir wollen und wir brauchen nichts, wir sind wunschlos glücklich und zufrieden. Wir denken auch nicht mehr in Kategorien wie: „Ich muss gut sein." Es geschieht von selbst, mühelos. Und dieser Zustand ist das Geistige, um das wir uns nicht bemühen müssen.

Wenn wir aber auf das Geistige fixiert sind, bedeutet das, es besitzen zu wollen und ihm genauso verhaftet zu sein wie der Materie. Um geistige Unabhängigkeit zu entwickeln, müssen wir lernen, ausschließlich wir selbst zu sein, ohne Bedürfnisse, ohne Wünsche, ohne irgendwelche spirituellen oder materiellen Ambitionen. In diesem Zustand bewegen wir uns auf einem Weg zwischen den Gegensatzpaaren. Wir geben dabei nichts auf, wir lassen uns nur nicht auf widerstreitende Empfindungen ein, weil wir von der jeweiligen Situation ausgehen, und das ist eine Haltung, die einfach und unkompliziert ist. Aber kaum jemand ist so ursprünglich, dass er keine Wünsche hätte: umsorgt, ernährt, gemocht oder geliebt, bewundert oder verehrt zu werden. Meist erwartet man sich von jeder Situation etwas. Einfach glücklich zu sein, zu leben, ist ein wunderbarer, freier Zustand. Wenn wir vom Geistigen unabhängig sind, weil wir nicht danach suchen, würden wir auch nicht im Traum daran denken, diesen Zustand als spirituell zu bezeichnen; wir sind einfach glücklich wie ein Kind, das selbstvergessen spielt und Sandburgen baut und völlig davon absorbiert ist. Diese unmittelbare Glückseligkeit, diese Konzentration auf den jeweiligen Augenblick, beschreibt den Weg zwischen den Gegensatzpaaren.

Konflikt

Welche Rolle spielt der Konflikt im Hinblick auf Gruppenarbeit und Gruppeninitiation? Wo ziehen Sie die Grenze zwischen gutem und schlechtem Konflikt?
Es gibt im Grunde keinen schlechten Konflikt, aber es gibt auch keinen guten Konflikt. Das Leben versorgt Sie mit Konflikten, ob es Ihnen gefällt

oder nicht, und daher ist er weder gut noch schlecht – es ist das Leben, *c'est la vie*. Diese Art von Konflikt lässt sich nicht im Sinne von gut oder schlecht bewerten. Er ist einfach etwas, womit wir uns auseinandersetzen müssen. Ein „schlechter" Konflikt ist der, den wir selbst durch „schlechtes" Handeln verursachen, durch unseren Hass, unsere Gewalttätigkeit, unsere Abneigung gegen gewisse Leute – was immer es ist, wir erzeugen damit Konflikt. Wir machen das natürlich alle ständig, tagtäglich, die ganze Zeit über. Aber das ist nicht die Art von Konflikt, von der ich spreche. Das ist also „schlechter" Konflikt, aber keiner, der das Feuer des Evolutionsprozesses entfacht. Für diese Art von Konflikt sorgt das Leben, einfach weil wir am Leben teilhaben, weil wir Seelen in Inkarnation sind. Angenommen, wir leben auf den tiefer gelegenen Abhängen des Ätna. Wir wissen, dass er ein aktiver Vulkan ist und irgendwann ausbrechen wird. Wir wissen, dass früher oder später Lava ausströmen wird und können nur hoffen, dass unsere Familie rechtzeitig entkommen kann. Manchmal gelingt es uns, manchmal werden wir überrascht. Was auch geschieht, wir haben keine Kontrolle darüber. Das Leben liefert uns Ereignisse, die uns mit Konflikten konfrontieren. Wenn aus heiterem Himmel ein Wirbelsturm aufkommt, können wir ihn nicht aufhalten. Er gehört zum Leben auf der irdischen Ebene genauso wie Konflikte und Ängste, Disharmonie und Zerstörung. So ist das Leben, und wir haben es nicht selbst geschaffen.

Der amerikanische Präsident George W. Bush hat in den letzten Monaten einen enormen Konflikt hervorgerufen und große Angst erzeugt, als es darum ging, ob der Irak angegriffen werden soll oder nicht. Er will angreifen und wird es wahrscheinlich auch gegen alle Einwände tun. Er hat einen riesigen Hexenkessel der Disharmonie in der Welt geschaffen, der nun zu seinem Karma gehört. Er hat dieses Karma verursacht, aber es wäre nicht notwendig gewesen, weil es nicht zum Leben gehört.

Für uns gehört es jetzt allerdings zu unserem Leben. Wir können uns entscheiden, wie wir damit umgehen wollen, und da wir als Bürger bestimmten Ländern angehören, sind diese Konflikte nun Teil des Lebenskonflikts. Zwar tragen wir keine persönliche karmische Verantwortung dafür, weil wir diesen Konflikt nicht verursacht haben. Aber je nachdem, welchen Standpunkt wir einnehmen, ob wir für oder gegen den Krieg sind, steuern wir dennoch zu diesem Konflikt bei. Wenn wir meinen, dass Saddam Hussein ein schlechter Mensch sei (was ich nicht bezweifle), und es daher gut sei, dass die Amerikaner ihn loswerden wollen und nur losschlagen sollen – was wohl die Ansicht sehr vieler Menschen ist –, tragen wir zu dem Konflikt bei, den Bush in Bewegung gesetzt hat.

Es hängt also davon ab, was wir unter Konflikt verstehen. Wenn wir ihn verursacht haben, ist es unser Konflikt, und wir erleiden die Konsequenzen. Wenn er dem Lebenskonflikt angehört, liefert er uns durch den großen Strahl der Harmonie durch Konflikt das Feuer des Evolutionsprozesses. Welche Rolle spielt der Konflikt in der Gruppenarbeit? Konflikte, die von der Gruppe aufgelöst werden können, also die Lebenskonflikte, fördern die Gruppe, und sie können, wie ich meine, am besten dadurch aufgelöst werden, dass man sich behutsam auf der Linie zwischen den Gegensatzpaaren bewegt, sich also weder vom Geist noch von der Materie abhängig macht, sondern mit größtem Gleichmut einen Weg zwischen den beiden findet.

Können Sie erläutern, was Sie mit dem Mittelweg meinen?
Das ist eigentlich kein Ausdruck, den ich gebrauche. Buddha hat ihn benutzt, was aber ebenso gut für mich ist. Beim Mittelweg geht es im Wesentlichen um Gelassenheit. Es ist der Weg, auf dem alles, was wir tun, vom Gesichtspunkt des Maßhaltens, des Sich-Zurücknehmens und der Ausgewogenheit betrachtet wird; wir gehen dabei weder zu weit in die eine noch in die andere Richtung. Es ist der Weg der Toleranz, ein nicht fanatischer Weg, für den Fanatismus etwas Hässliches und Hinderliches ist. Der Mittlere Weg ist der Weg der Geduld, der Unterscheidungsfähigkeit und der Verhältnismäßigkeit.

Wenn man intolerant gegenüber Gegensätzen ist oder alles nur schwarzweiß, als entweder gut oder schlecht sieht, ist man nicht auf dem Mittelweg. Der Mittelweg erkennt Gleiches, wo Gleiches ist, und Gegensätze, wo Gegensätzliches ist, aber ohne zu übertreiben. Es ist der Weg der Vernunft und vor allem der Gelassenheit und der Verhältnismäßigkeit.

Wir haben festgestellt, dass die Gegensatzpaare sich auflösen, wenn wir im Konflikt gelassen bleiben. Warum ist es so schwierig, gelassen zu sein?
Gelassen zu sein, ist schwierig, weil wir tief in der Materie stecken. Wenn die Seele sich in der Materie, ihrem Gegenpol, bereits manifestieren könnte, würde es uns nicht schwerfallen, gelassen zu sein. Es wäre selbstverständlich, weil die Seele völlig gelassen ist. Sie ist erfüllt von der Liebe Gottes. Sie inkarniert sich, um den Evolutionsplan auszuführen. Sie ist völlig frei, von nichts und niemanden abhängig. Die Seele hat kein Zeitgefühl, sie ist nicht in Eile und drängt uns nicht.

Die Seele verfügt jedoch über Mittel und Wege, uns anzutreiben, und das tut sie gelegentlich auch. Sie bietet ihrem Träger mitunter ein Leben mit schweren physischen, emotionalen und mentalen Hindernissen. Warum würde sich die Seele in einem solchen Körper manifestieren wollen? Abgesehen von Unfällen, die bei der Geburt auftreten können, kann die Seele einen solchen Körper wählen, weil die betreffende Person in einer Reihe von Leben nur wenig oder gar keine Fortschritte gemacht hat. Die Seele kann die Weiterentwicklung solange verhindern, bis die Person ihr Karma aufgelöst hat. Sie kann dann in einer neuen Inkarnation möglicherweise große Fortschritte machen. Ein Leben auf der physischen Ebene, das durch Krankheit, Leiden oder andere Störungen extrem eingeschränkt wird, kann der Auftakt zu großem Fortschritt sein.

Warum ist es so schwer, gelassen zu sein? Es ist schwer, weil es schwer ist. Wenn es leicht wäre, würde jeder gelassen sein. Aber es ist nicht leicht, weil die Menschen abhängig sind – wir alle sind das. Wir sind vom physischen Körper abhängig, den wir sehen können: wir identifizieren uns mit ihm und wollen ihn erhalten. Der Selbsterhaltungstrieb ist sehr stark. Er ist der stärkste Trieb, weshalb wir auch nicht vom Bürgersteig hinunter geradewegs vor ein Auto oder einen Bus laufen. Der Selbsterhaltungstrieb muss sehr stark sein, sonst gäbe es kein Leben.

Auch unsere Emotionen nehmen wir ernst. Wir halten sie für real, aber das sind sie nicht. Jede unserer Emotionen ist das Resultat einer Verblendung, einer Fantasie – genauso wie ein Traum. Einen Großteil der Zeit, in der wir schlafen, träumen wir. Dann wachen wir auf und sagen: „Oh, Gott sei Dank. Es war entsetzlich. Bin ich froh, dass es nur ein Traum war." Aber wir haben ihn erfunden. Unsere Träume sind symbolisch. Sie beziehen sich auf Ängste oder Situationen aus unserem Alltagsleben. Wenn sie uns zusetzen, träumen wir wieder und wieder davon, vielleicht unser ganzes Leben lang. Es ist nur eine symbolische Wiederholung von etwas, das uns beunruhigt, vielleicht von Kindheit an. Vielleicht haben wir in den Jahren des Heranwachsens nicht bewältigt, was unsere Mutter oder unser Vater getan oder nicht getan hat – irgendein Trauma. Unsere Träume können von Ereignissen im Alltagsleben herrühren, die uns erregt, verärgert oder traurig gemacht haben oder Selbstmitleid ausgelöst haben.

Alle diese Emotionen sind nicht real. Wenn sie in unsere Träume gelangen, sind sie genauso unwirklich wie die Emotionen selbst. Wir haben sie, weil der menschliche Verstand mit der Fähigkeit zur Gedankenbildung ausgestattet ist. Nur im Tiefschlaf kommt das niedere Denken wirklich zur Ruhe, ansonsten ist es mehr oder weniger immer aktiv. Je näher wir dem Aufwachen sind, desto aktiver wird das niedere Denken. Die intensivsten Träume haben wir kurz bevor wir aufwachen.

Die Menschen nehmen ihre Träume und Emotionen ernst. Sie glauben, sie müssten sie haben. Aber wir müssen keine unserer Emotionen haben. Die Empfindungen des Herzens sind etwas vollkommen anderes als die Emotionen des Astralkörpers. Unsere Emotionen erzeugen die Verblendungen, die so schwer auf der Menschheit lasten. Aber wir müssten nicht abhängig sein, wir können uns befreien. Darum geht es in der Evolution.

Sobald wir einen Einweihungsgrad von 1.5 oder 1.6 erreichen, stellen wir fest, dass uns vieles von dem, was bei 1.2 oder 1.3 noch unmöglich erschien, nun plötzlich leichter fällt. Wir spüren die Emotionen, aber sie überwältigen uns nicht mehr so stark und so häufig wie zuvor. Wir werden sie auch noch länger haben, aber sie werden an Intensität verlieren und wir werden feststellen, dass wir uns auf einfache Weise von ihnen befreien können. Fragen Sie sich selbst: „Wer hat diese Emotion? Ich. Wer bin ich?" Sobald wir fragen: „Wer bin ich?", verschieben wir den Identifikationsfokus und schaffen Abstand zwischen uns und der Emotion. Wenn wir das ständig und bewusst mit allen Emotionen tun, dann werden wir feststellen, dass wir uns davon distanzieren können. Sie haben keine Wirkung mehr, und wenn doch, so nur für einige Minuten. Aber sie beherrschen unser Leben nicht länger.

Die Astralebene ist der Sitz des Bewusstseins eines Menschen, der astral polarisiert ist. Wenn er viel astrale Imagination besitzt, wird das Problem noch verstärkt – und so entstehen alle diese Bücher, die die Regale der esoterischen Buchläden dekorieren, dieser ganze astrale Unsinn, der von Tausenden von Leuten als vermeintliche Weisheit und Erfahrung ausgegeben wird.

Was zählt, ist nur das, was wirklich ist, und das können wir nur wahrnehmen, wenn wir gelassen sind. Wenn wir etwas mit Gelassenheit betrachten, erleben wir es völlig anders. Wenn wir darin verhaftet sind, sehen wir es subjektiv; wir sehen es so, wie wir es brauchen. Wir möchten erfreut werden, also suchen wir nach dem, was uns angenehm erscheint und wodurch wir uns besser fühlen.

Wenn wir etwas mit Gelassenheit betrachten, stellen wir vielleicht fest, dass es gar nichts mit uns zu tun hat, dass es keinen Wert für uns hat. Es muss nicht unbedingt irreal sein, aber es ist wertlos für uns. Wir müssen lernen, objektiver zu sein und mehr in Übereinstimmung mit dem Evolutionsplan zu arbeiten, der alles regelt. Wir haben einen freien Willen, aber das Kunststück ist, unseren freien Willen dem Willen Gottes anzupassen. Ich klinge wie ein Pfarrer! Wenn ich Gott sage, meine ich nicht etwa einen alten Mann mit Bart. Ich meine die Gesetze, die Gott, der Himmlische

Mensch sind, und die Gesetze, die er auf den Weg gebracht hat und die unseren Planeten gestalten. Wenn wir seine Vorgehensweise, seinen Plan und sein Bewusstsein dessen, was sein könnte oder kann, objektiv betrachten und versuchen, es ebenso objektiv auszuführen, weil wir uns dem gewachsen fühlen, dann ist das etwas völlig anderes als eine rein subjektive Betrachtungsweise.

Da wir über Konflikt sprechen: Wie sehen Sie Kriege?
Wir müssen einsehen, dass Kriege etwas Schlechtes und Unnötiges sind. Wenn sie trotzdem ausbrechen, werden sie Teil des Konflikts, der die Evolution vorantreibt. Konflikte müssen aber nicht zwangsläufig zu Krieg führen. Krieg entsteht, wenn ein Konflikt bis zum Exzess getrieben wird – wenn irgendwelche Gruppen anders denkende Gruppen loswerden wollen. Krieg kann auch der direkte Weg sein, an die Macht zu kommen und jegliche Opposition auszuschalten. Das Problem ist, dass mit den heutigen Vernichtungswaffen Krieg inzwischen zu einer der größten Gefahren für das Überleben der Menschheit geworden ist.

Konflikte werden in der Gesellschaft gewöhnlich als negativ betrachtet, doch im Grunde sind sie ein Zeichen von Lebendigkeit, wenn sie die Kommunikation und den Dialog entzünden, die für Veränderungen notwendig sind. Konflikt ist ein Prozess, der zu Harmonie führen kann. Militärischer Konflikt hingegen – das Fehlen von Dialog – kann keinen Erfolg bringen. Ich glaube, dass es in einem modernen Krieg nur Verlierer gibt.
Wie wahr. Das Problem ist, dass Konflikte gewöhnlich negativ beurteilt werden, aber wir Menschen sehen das zu eng. Der Konflikt ist der Schauplatz unseres Lebens. Dazu braucht es keinen Krieg. Wir müssen keinen Feind vernichten. Wir müssen nicht einmal einen Feind haben, um einen Konflikt zu haben. Allein dadurch, dass wir eine Seele in Inkarnation sind, ist genug Konflikt gegeben, der das Feuer liefert, um uns in der Evolution voranzubringen.

Wenn wir der Aspiration folgen, die uns aufwärts, in Richtung eines höheren Zustands – in Bezug auf uns selbst und das Leben – antreibt, braucht ein Konflikt nicht Krieg zu bedeuten. Natürlich kommt es in der Menschheit häufig dazu. Es ist immer noch leicht, aufgrund falscher Annahmen in den Krieg zu ziehen. Wenn eine andere Nation in unser Land einfällt, ist ein Krieg fast unvermeidlich. Wir müssen den Angreifer abwehren. Wir rufen die Armee und hoffen, dass sie gewinnt und der Angreifer wieder nach Hause geht.

Die Schwierigkeiten, die Sie derzeit in diesem riesigen Land, den USA, haben, wurden durch die terroristischen Anschläge auf die Zwillingstürme in New York am 11. September ausgelöst. Nahezu 3000 Menschen haben dabei ihr Leben verloren, was in der Tat eine Tragödie ist und dramatisch in der Art und Weise, wie es geschah. Aber Sie reagieren, als sei ganz Amerika überfallen worden. Deshalb müssen Sie Krieg führen gegen den Angreifer, den Sie Terrorismus nennen, gegen Afghanistan, den Irak und andere. Der Terrorismus wird für den Angreifer dieses Landes gehalten. Sie müssen das jedoch objektiv betrachten: Terrorismus gibt es weltweit; Sie müssen sich die tatsächlichen Ursachen des Terrorismus bewusst machen.

Wenn Sie in Großbritannien, Spanien oder anderen Ländern leben, wo seit Jahren regelmäßig Bomben hochgehen und Menschen getötet werden, werden Sie das nicht einfach hinnehmen wollen. Die jahrelangen Bombenanschläge der IRA haben Orte wie Belfast verwüstet. Auch in London, Manchester und Birmingham explodierten Bomben, aber das Leben musste weitergehen – gleichzeitig versuchte man, Frieden mit den Tätern zu schließen. Das scheint nun hoffentlich bald zu gelingen.

Die Briten bombardierten weder Irland noch Amerika, obwohl die Armee der Irischen Republik Terroranschläge in Großbritannien verübte und die Gelder für die IRA von amerikanischen Iren kamen und immer noch kommen. Wenn man der Logik Ihrer Regierung folgen würde, dass jedes Land, das den Terrorismus „unterstützt", attackiert werden kann, dann hätten die Briten Irland und Amerika schon längst angreifen müssen.

Was ich sagen will, ist, dass Konflikt nicht Krieg bedeuten muss. Wir neigen dazu, bei Konflikt an Krieg zu denken. Gewiss sprach der Meister über Gewalt und Hass, und Gewalt und Hass bedeuten Konflikt. Rauschgifthandel, Verbrechen – alles das ist Gewalt, die Hass erzeugt und Gesellschaften spaltet, in solche, die viel haben und solche, die nichts haben, in *„die Reichen, die ihren Reichtum vor den Armen zur Schau stellen"*, wie Maitreya es ausdrückt. Das schafft Konflikt. Zu dieser Erkenntnis ist dieses Land noch nicht gekommen.

Die vorherrschenden Investmentinteressen und Globalisierungsbestrebungen erzeugen Konflikte in der Weltgesellschaft. Sie müssen sich nicht in Form eines so schrecklichen Terroranschlags wie der 11. September äußern. Die Konflikte entstehen dadurch, dass eine Gruppe einer anderen ausgeliefert ist und dadurch sehr zu leiden hat. Wir müssen Konflikt im weitesten Sinne sehen, nicht nur unter dem Aspekt des Kriegführens. Alles, was Disharmonie, Zwietracht und Hass erzeugt, also das Gegenteil von gutem Willen ist, bedeutet Konflikt.

Weil wir Seelen in Inkarnation sind, erzeugen alle diese Ereignisse das Feuer, das uns auf dem Evolutionspfad vorantreibt. Wenn wir noch einmal von vorn anfangen und uns auf direktem Weg entfalten könnten und dabei immer gelassen wären, würden wir uns auch ohne Konflikte entwickeln und darüber hinaus noch Harmonie schaffen. Konflikt ist nicht notwendig. Harmonie – durch Konflikt – resultiert aus dem [4.] Strahl, aber theoretisch ist Harmonie möglich. Das gelingt natürlich nicht immer, weil nur wenige Menschen so weit entwickelt sind, dass sie von Disharmonie nicht mehr beeinflusst werden.

Unsere Welt scheint sich in einer Krise zu befinden, wobei die Gegensätze niemals deutlicher zutage traten als heute: krasser Materialismus und erbärmliche Armut. Maitreyas „Schwert der Unterscheidung" zwingt die Menschheit eine Wahl zu treffen – entweder wir teilen oder wir sterben. Könnten Sie dazu etwas sagen?

Die Menschen verstehen die Aussage der Bibel nicht: „Ich komme nicht, um Frieden zu bringen, sondern das Schwert [der Unterscheidung]. Ich werde Mann gegen Mann stellen, Söhne gegen Väter, Bruder gegen Bruder." Es wird hier symbolisch auf die Tatsache hingewiesen, dass die Menschheit den besten Weg für sich deshalb nicht findet, weil sie nicht genügend Urteilsvermögen und Toleranz besitzt, noch sehr ungebildet ist und dazu neigt, den falschen Weg zu wählen – nicht jedes Mal natürlich, aber oft genug, um immer wieder Katastrophen und Kriege auszulösen. Würde die Menschheit den Weg kennen, gäbe es zwar Konflikt, aber er müsste nicht zwangsläufig in Krieg und Massenzerstörung münden.

Das Schwert der Unterscheidung, so seltsam es klingen mag, ist eine Realität, aber vielleicht nicht die, die Sie erwarten. Das Schwert der Unterscheidung ist die Energie der Liebe. Diese Energie der Liebe ist das Schwert, das in der Welt Entscheidungen bewirkt. Unterscheidung bedeutet Auseinandersetzung, Scheidung – und doch ist das, wenn wir es richtig verstehen, die Energie, die von Maitreya, dem Avatar der Liebe, in die Welt gebracht wird. Er sendet diese Liebe in die Welt; sie stimuliert alle Menschen, ohne Ausnahme, die Guten und die Schlechten, die Altruisten und die Selbstsüchtigen, die Gierigen und die Selbstlosen und so weiter. Jeder wird dadurch stimuliert. Die Energie an sich ist völlig unpersönlich, sie ist weder gut noch schlecht. Diese stimulierende Energie verbindet die Völker und sogar die Partikel der Materie, die die Welt zusammenhalten. Die Materiepartikel in unserem Körper werden durch dieselbe Energie zusammengehalten. Es ist Gott der Sohn, der Christusaspekt, der Bewusstseinsaspekt. Die Energie der Liebe hält die Materiepartikel zusammen und bindet sie; ohne sie gäbe es keine Welt, und wenn sie in großen Mengen freigesetzt wird, wie das seit vielen Jahren geschieht, wird sie zum Schwert der Unterscheidung.

Sie stimuliert das Gute, und die Menschen sehen und erkennen das Gute; sie stimuliert aber auch das Schlechte, und die Menschen erkennen das Schlechte. Aber es ist ein menschlicher Wesenszug, zu meinen, wenn man das Schlechte erkennt: „Sie sagen, dass die Welt sich zum Besseren verändert, aber ich sehe nur alles schlechter werden: Krieg, Gerüchte um Krieg, neuartige Krankheiten, Menschen, die ihre Arbeitsplätze verlieren und Immigranten, die aus fremden Ländern hierher kommen und uns unsere Arbeitsplätze wegnehmen. Es besteht kein Zweifel: Alles wird schlechter, materialistischer, überall gibt es Korruption. Schauen Sie Enron oder Worldcom an und all die Korruption, die von den großen Unternehmen jetzt ans Tageslicht kommt. Wir sehen, wie Kriminalität und Rauschgifthandel sich weltweit ausbreiten. Wir können nicht sagen, dass die Welt besser geworden ist. Sie kann nur schlechter geworden sein."

Für sie ist es schlechter geworden, weil sie nur das Schlimmste sehen. Aber wenn sie die Dinge mit geschultem Blick betrachten würden, könnten sie eine neue Welt sehen und Veränderungen entdecken: mehr Toleranz, neue Ideen; Menschen wie Nelson Mandela, der nach 27 Jahren Gefangenschaft wieder in Freiheit lebt, das Ende der Rassentrennung, die Wiedervereinigung Deutschlands, die Bildung von autonomen Staaten in der Sowjetunion, wo früher die „Einheit" von einer russischen Elite aufgezwungen wurde. Die Welt hat sich ganz dramatisch verändert. Der Kalte Krieg ist beendet. Amerika und Russland sind vielleicht noch keine Freunde, aber sie können zumindest auf freundliche Weise miteinander kommunizieren.

Das alles hat das Gesetz der Liebe zustande gebracht. Es schafft das Schwert der Unterscheidung, damit die Menschheit klar erkennt, vor welcher Wahl sie steht: Teilen wir und schaffen die Welt neu und ermöglichen so allen Menschen, in Frieden und Wohlstand miteinander zu leben, „wo niemand Mangel leidet, wo kein Tag dem anderen gleicht, wo alle Menschen die Freude der Brüderlichkeit erleben", wie Maitreya sagte [Botschaft Nr. 3] – oder machen wir weiter mit der Korruption und dem Elend, um am Ende der Vernichtung unserer Welt zuzusehen?

Vor dieser Wahl steht die Menschheit. Maitreya wird ausdrücklich darauf eingehen, damit die Menschen es deutlich erkennen können. Aber sie könnten es auch heute schon klar sehen. Maitreya zufolge wissen sie bereits, dass sie eine Entscheidung treffen müssen: Teilen und Gerechtigkeit für alle – oder eine wachsende Distanz zwischen den Völkern und ein Krieg, der alles Leben zerstören würde. Das ist das Schwert der Unterscheidung.

Die Gegensätze waren niemals deutlicher: krasser Materialismus und vor unersättlicher Gier taumelnde Börsen, während gleichzeitig Millionen Menschen an Hunger sterben. Maitreyas Schwert der Unterscheidung zwingt die Menschheit zur Entscheidung: zu teilen oder zu sterben. Er sagt es ganz deutlich: *„Der Mensch muss teilen oder sterben. Es gibt keinen anderen Weg."* Wenn uns das einleuchtet, dass wir teilen oder sterben müssen, werden wir natürlich akzeptieren, zu teilen, und das wird die Voraussetzungen schaffen, unter denen wir in Frieden leben können.

Konflikte bringen unsere Verblendungen zum Vorschein. Beschleunigen sie auch den Desillusionierungsprozess?
Ein Konflikt kann durch seinen Schmerz, sein Leid den Desillusionierungsprozess beschleunigen. Wenn die Menschheit deutlich erkennt, dass sie es nicht länger verantworten kann, dass ein Drittel der Welt im Überfluss lebt und zwei Drittel im äußersten Elend, wenn sie diese Illusion nicht länger aufrechterhalten kann, werden sich die Dinge ändern. Wir können nicht so weitermachen. Wenn wir es trotzdem tun, werden wir alles Leben auf dem Planeten zerstören. Das ist vielleicht der Hauptgrund, weshalb Maitreya jetzt in der Welt ist. Würde er länger gewartet haben, wäre es vielleicht zu spät gewesen. Sie werden sehen, dass sein Zeitplan perfekt ist.

Würden Sie bitte den Unterschied zwischen der Lösung und der Auflösung des Konflikts der Gegensatzpaare erklären?
Es geht nicht um Lösung, sondern um Auflösung. Wir lösen die scheinbare Dichotomie von Geist und Materie auf, sobald wir aufhören, sie als eine Dualität zu sehen, was sie nur in einem relativen Sinne sind. Auf der einen Seite gibt es die Monade und ihre geistige Wirklichkeit, und auf der anderen Seite gibt es die physische Ebene und ihre materielle Wirklichkeit. Aus der Sicht der Monade ist die physische Ebene keine Wirklichkeit. Sie ist ein Schatten, wie auf einer Kinoleinwand. Wir sehen etwas, das wie Menschen aussieht, und wissen, dass es keine Menschen sind. Da ist eine Leinwand, auf der wir die Projektion eines großen Schattenspiels sehen. Wir sehen Täler und Berge und Cowboys, die sich gegenseitig beschießen. Es erscheint wirklich, ist es aber nicht. Genauso sieht auch die Seele die physische Ebene.

Für die Seele ist diese Ebene nicht real – oder nur relativ real. Menschen, Bäume, Häuser, alles ist vorhanden, aber für die beobachtende Seele ist alles eins – ein einziges bewegtes Schattenspiel. Es ist wie ein Spiel und daher nur halb so ernst. Wie ernst wir es auch nehmen, aus der Sicht der Seele würde es uns zum Lächeln bringen, weil es so fantastisch ist. Es ist nichtssagend, heiße Luft, unwichtig und substanzlos. Wenn wir uns höher entwickeln, gibt es immer weniger Form, weniger Materie, aber immer mehr Realität und Bedeutung. Hier unten haben wir eine dichte Form und eine belanglose innere Substanz. Sie erscheint sehr kompakt und real. Von den höheren Ebenen aus betrachtet, sieht sie jedoch substanzlos und unwirklich aus. Die Dinge, die wir sehen und berühren und handhaben, von Lokomotiven bis zu Panzern, sind reale, große, schwere Dinge. Aber aus der Sicht der Seele sind sie als solche bedeutungslos; sie sind wie ein Spiel, ein Kinderspiel.

Auf der Seelenebene ist nur die Wirklichkeit des göttlichen Plans von Bedeutung. Die Seele ist – ohne Eile, ohne Druck, ohne jegliche Anstrengung – damit beschäftigt, den Plan auszuführen. Sie sieht und versteht den Plan und ist dafür verantwortlich, dass ihr Vehikel versucht, ihn auszuführen. Auf der Ebene des Vehikels, der Persönlichkeit, haben wir einen freien Willen und reagieren oft nicht auf den Impuls der Seele. Wir vergeuden unser Leben immer wieder, was wirklich bedauerlich ist.

Um auf die Frage zurückzukommen, worin der Unterschied zwischen Lösung und Auflösung besteht: Es gibt keine Lösung, es gibt nur die Auflösung. Es geht darum, alle Konflikte in einen Gleichgewichtszustand zu bringen. Die Natur schafft ein Gleichgewicht, und immer, wenn dieses Gleichgewicht gestört ist, muss sie irgendetwas zu seiner Wiederherstellung tun. Das kann ein Sturm oder Taifun sein – die allerdings keine Lösung, sondern eine Auflösung des Ungleichgewichts bewirken. Es ist ein schöpferischer Prozess – unbeständig in gewissem Sinne, aber ewig. Weil das Leben fähig ist, höhere Manifestationsformen zu entwickeln, verändert es sich fortwährend. Es geht hier also darum, dass das Leben ein Vehikel benötigt, in dem es sich manifestieren kann. Die Evolution vollzieht sich durch die Entwicklung immer angemessenerer Träger, damit das Leben sich immer besser entfalten kann. Das ist Kreativität. Die Essenz des Plans besteht in seiner Schöpferkraft.

Die Gegensatzpaare sind dazu da, dass wir den Weg zwischen ihnen erkennen können. Stimmt das?
Genau deshalb gibt es sie schon immer! Gott sagte: „Die Menschen, die

um das Jahr 2002 herum leben, sind recht clever, aber noch nicht clever genug. Sie müssen den Weg zwischen den Gegensatzpaaren erkennen. Was muss ich also tun? Ich weiß es! Ich werde die Gegensatzpaare schaffen: den Geist und die Materie. Wir bringen sie zusammen, und die Menschen werden ihren Weg zwischen den beiden finden müssen." Das ist es: Die Gegensatzpaare sind dazu da, dass wir den Weg zwischen ihnen erkennen können! Das wäre die mystische Erklärung!

In Maitreyas Prioritäten wird der Mittelweg als Methode angewandt, um den Weg zwischen den Gegensatzpaaren zu finden. Maitreya sagte zum Beispiel, man solle das Beste vom Kapitalismus und das Beste vom Kommunismus nehmen und in einem System vereinen.
Er formulierte es nicht so, aber ich weiß, was Sie meinen. Er sagte, dass ein Wagen nicht fährt, wenn er nur ein Rad hat. Sie brauchen zwei Räder: ein Rad können Sie Kapitalismus nennen, das andere Sozialismus. Wenn er die beiden Räder nicht hat, wird er überhaupt nicht fahren.

Ich habe meinen Meister hinsichtlich eines ausgewogenen Verhältnisses zwischen diesen beiden Kräften befragt, wie man am besten eine soziale Demokratie oder einen demokratischen Sozialismus schaffen könnte. Diese hat Maitreya als die zukünftigen Regierungsformen angekündigt, die die Welt aufgreifen wird und die in den meisten Staaten Europas schon existieren. Ich fragte ihn also nach dem besten Verhältnis und er antwortete: „Nun, was glaubst du?" Ich sagte: „So etwa 30 Prozent Kapitalismus und 70 Prozent Sozialismus." Er sagte: „ Genau das ist es. Das ist das Beste." Die siebzig Prozent Sozialismus liefern die Methoden, um die großen, vom gesellschaftlichen Bedarf abhängigen Einrichtungen wie Verkehr, Energie, Wasser etc. aufrechtzuerhalten. Das Sahnehäubchen, mehr oder weniger die Luxusartikel des Lebens, wird von den 30 Prozent des privaten Unternehmertums beigetragen.

Aspiration

Aspiration könnte man als Wunsch nach Verbesserung bezeichnen. Wie verhält sich die Aspiration zur Gelassenheit? Wie kann man nach etwas streben und gleichzeitig gelassen sein?
Das hängt vom Niveau unserer Aspiration ab. Wenn die Entwicklungsstufe bei 0.6 oder 0.7 liegt, strebt man die erste Einweihung an. Alles, was man dann tut, entspricht der Entwicklungsphase zwischen 0.6 und 1.0. Wer

sich der ersten Einweihung bereits unterzogen hat, möchte vielleicht eine Entwicklungsstufe von 1.5 oder 1.6 und damit die mentale Polarisierung oder sogar die zweite Einweihung erreichen. Denn warum sollte man nach der ersten nicht die zweite und danach die dritte Einweihung anstreben? Die Aspiration verändert sich – je nachdem, wo wir stehen und wer der Aspirant ist.

Wenn ein Mensch noch mehr oder weniger von seinen astralen Mechanismen beherrscht wird, kann seine Aspiration nicht sehr gelassen sein. Sie betrifft vorerst nur seine astralen Wünsche, die zwar unwirklich, aber für ihn real sind – aus höherer Sicht sind sie unwirklich. Diese Aspiration ist bis zu einem gewissen Grade echt, aber noch nicht gelassen.

Die höhere Aspiration eines weiterentwickelten Menschen ist vergleichsweise gelassener. Je gelassener man ist, desto reiner wird die Aspiration. Sie ist dann nicht mehr selbstbezogen, sondern altruistisch, seelenbezogen und am Wohl aller interessiert. Wenn wir uns die Aspiration eines astral, eines mental und eines geistig polarisierten Menschen anschauen, erleben wir drei unterschiedliche Formen der Aspiration. Es ist zwar jedes Mal Aspiration, aber mit unterschiedlich starken Abhängigkeiten. Der astral polarisierte Mensch erwartet von seiner Aspiration Resultate, er verbindet damit einen bestimmten Zweck. Ein Mensch mit mentaler Aspiration ist gelassener und sehnt sich weniger nach Resultaten, und wenn man geistig polarisiert ist, ist die Aspiration völlig rein und sucht nach einer Verbesserung des Lebens für alle Menschen – eine Aspiration, die auf Verbesserung aus ist, ohne persönlichen Abhängigkeiten zu unterliegen.

Auch die Meister folgen einer Aspiration. Ist Gelassenheit für sie ebenso ein Thema, mit dem sie sich beschäftigen müssen?
Die Meister sind vollkommen gelassen und unabhängig – das macht sie zu Meistern. Wenn die Meister ihrer Aspiration verhaftet wären, dann wären sie keine Meister. Das Bewusstsein des Meisters und seine Beherrschung der verschiedenen Ebenen sind der Grund seiner Gelassenheit. Gelassenheit ist für ihn kein Problem, aber ich bin mir sicher, dass er andere Probleme hat: beispielsweise, etwas zu visualisieren und zu erkennen, was er bisher noch nicht wahrgenommen hat, genauso wie wir etwas nicht wahrnehmen. Wir können uns kein Bild von etwas machen, was wir uns nicht vorstellen können. Er verfügt über tausend Mittel und Wege, etwas zu erkennen, was uns bisher noch nicht möglich ist.

Können Sie bitte erklären, worin sich Idealisierung und Aspiration unterscheiden?

Aspiration zieht sich durch das ganze Leben, durch das Leben eines Meisters und immer weiter, bis in alle Ewigkeit. Es gehört zur Funktion des Geistes nach etwas zu streben, etwas Höherem; und solange wir die Grenze nicht überschreiten, wissen wir nicht, ob es dieses Höhere gibt. Wenn wir das Bewusstsein, die Quelle, die wir Gott nennen, auf das begrenzen, was wir uns von Gott vorstellen können, dann reduzieren wir Gott praktisch auf null, weil wir uns – selbst mit der allergrößten Mühe – nicht vorstellen können, wer oder was Gott ist. Wir haben die Liebe und die Weisheit Gottes kennengelernt, aber wir kennen noch nicht den Willen Gottes. Können wir uns den Willen Gottes vorstellen? Wissen wir, was der Wille Gottes ist? Der Wille ist die Absicht. Der Buddha zeigte die Weisheit Gottes; Maitreya zeigte die Liebe Gottes durch Jesus. Und jetzt wird Maitreya die Weisheit, die Liebe und den Willen Gottes sichtbar machen. Das ist die neue Offenbarung, die Maitreya bringen wird. Der Wille Gottes ist etwas, worüber die Menschheit bisher noch kaum nachgedacht hat. Wir meinen, dass er sich immer dann zeigt, wenn Orkane oder Vulkanausbrüche auftreten. Wir sprechen dann vom „Willen Gottes", aber das hat nichts mit dem tatsächlichen Willen Gottes zu tun. Der Wille Gottes ist etwas völlig anderes. Ich möchte es letztlich Maitreya überlassen, die Absicht und den Willen Gottes zu erklären. Im Kern unserer Existenz verbirgt sich ein tiefes Geheimnis, das der Zweck des Lebens, die Absicht Gottes ist. Dieses Wissen, diese Erkenntnis wird Maitreya der Menschheit dieses Mal bringen.

Im Unterschied zur Aspiration bedeutet Idealisierung, die Fähigkeit des menschlichen Denkens, Ideen zu formen, das heißt, sich einen Zustand vorzustellen, den es bisher nicht gab, und das ist nicht dasselbe wie Aspiration. Die Fähigkeit zu idealisieren beziehungsweise Ideen zu formen, ist eng mit der Fähigkeit der Aspiration verbunden, aber wie ich vorhin schon sagte, richtet sich das nach der Entwicklungsstufe. Ein astral polarisierter Mensch idealisiert anders als ein mental polarisierter, und ein geistig polarisierter Mensch idealisiert wieder anders. Das alles muss berücksichtigt werden.

Worin liegt der Unterschied zwischen Aspiration und dem Instinkt bei Tieren?

Aspiration und Instinkt sind nicht ganz dasselbe, aber sie sind miteinander verwandt. Vogelscharen werden im Flug vom Instinkt und von bestimmten Faktoren wie der Position der Sonne geleitet, an die sie sich mithilfe ihres Instinkts erinnern. Die älteren Vögel lehren die jüngeren, die dem instinktiv folgen und auf diese Weise um den Erdball navigieren können. Das ist Instinkt, der aber nicht dasselbe ist wie Aspiration. Tiere, Lebewesen entwickeln sich durch ihren Instinkt, der unterhalb der Bewusstseinsschwelle liegt. Wenn es den Fisch aus dem Meer an Land drängt, um ein Säugetier zu werden, ist das Aspiration – auch wenn das auf dieser Ebene noch ein eher instinktiver Vorgang ist. Er strebt nach einer höheren Funktion, einer höheren Mobilität. Das Fliegen ist einer der Menschheitsträume, weil wir wissen, dass wir in Wirklichkeit unsterblich sind. Wir sind in einem materiellen Körper, aber in Wirklichkeit sind wir schwerelos. Dieses Streben nach Leichtigkeit, nach der wahren Qualität des Lichts, nach einer Qualität des Lebens ohne Form, beruht auf der Erkenntnis, dass die eigentliche Natur des Lebens außerhalb der Form liegt.

Die Form macht das Leben sichtbar; wir erkennen das Leben daran, wie sich die Form auf unser Leben auswirkt. Jeder hat schon einmal von einer Qualität des Lebens ohne Form geträumt. Es gibt Bewusstsein ohne Form. Es gibt in unserem Sonnensystem unvorstellbar große Lebewesen, die Aktivitäten von enormer Bedeutung und Kreativität in Gang setzen und doch völlig formlos sind. Wir sehen nur, was Form besitzt, weil unser Erkenntnisvermögen begrenzt ist.

In der ersten, der lemurischen Phase, entwickelte die Menschheit den physischen Körper und lernte ihn zu beherrschen. Heute bewegen wir uns, agieren, laufen, ohne darüber nachzudenken, weil das inzwischen unterhalb der Schwelle bewussten Handelns liegt. Auf der Mentalebene arbeiten wir mit Ideen und logischen Folgerungen. Unsere Wissenschaft baut auf dem Verständnis der Gesetze auf, die diese Verstandesebene regeln. Und auf dieser Ebene wissen wir, dass wir denken können, Computer und Raumfahrzeuge bauen können und dass das Raumfahrzeug, wenn wir richtig vorgehen, den Mond oder den Mars umkreisen wird und zur Erde zurückgebracht werden kann. Wir sind überzeugt, dass wir das können. Wir benutzen das konkrete Denkvermögen, um funktionierende Artefakte zu kreieren.

Es gibt aber eine Ebene des Bewusstseins, auf der logisches Denken und Kalkül nicht mehr angewandt werden, sondern eine sehr viel abstraktere Qualität – die Intuition –, die von der Seele kommt. In der nächsten Phase wird die Menschheit nicht so wie wir heute denken, sondern die Intuition einsetzen. Weiterentwickelte Menschen wenden die Intuition in gewissem Maß auch heute schon an. Wir verwenden den Begriff „Intuition" sehr oberflächlich. Wir halten sie für eine Funktion des Denkens, obgleich sie eigentlich von der buddhischen Bewusstseinsebene, der Seele kommt.

Die Intuition spiegelt sich in der stillen, regungslosen Astralebene wider; es bedeutet wissen ohne zu wissen, sogar ohne zu denken. Wir wissen, weil wir wissen. Gegenwärtig müssen wir sowohl unsere Ratio als auch unsere Intuition, wie wir es nennen, einsetzen. Letzten Endes wird der denkende, rationale Verstand, der Computer, unter die Bewusstseinsschwelle sinken und wir werden intuitiv und ohne darüber nachzudenken, die Antwort wissen.

Könnten Sie sich zur Beziehung zwischen Wunsch und Aspiration sowie der zu Selbstgefälligkeit und Aspiration äußern? Was geht dabei jeweils vor sich? Besteht bei selbstgefälligen Menschen ein Mangel an Reibung?
Aspiration ist Wünschen, aber der Wunsch ist auf das Ich bezogen, die Aspiration nicht. Sie zielt auf einen neuen Zustand, einen befreiten, einen besseren und höheren Zustand als den gegenwärtigen. Sie ist nicht so selbstzentriert wie die Überlegung: „Ich möchte jemand oder etwas Besseres sein." Das wäre ein Wunsch, ein Verlangen. Aspiration ist eine abstrakte Sehnsucht nach einem besseren Seinszustand, der nichts mit der Persönlichkeit zu tun hat. Die Persönlichkeit hat Verlangen, aber der gelassene Mensch besitzt Aspiration. Darin besteht die Spiritualität des gelassenen Menschen.

Damit ist sicher ein Ziel verbunden?
Der 6. Strahl des Idealismus bestimmt das Leben der USA. Er ist der Persönlichkeitsträger dieses Landes. Das ist die heutige Realität. Das Wunschprinzip, wie es von der Bevölkerung zum Ausdruck gebracht wird, ist äußerst mächtig: der Wunsch nach Wohlstand, nach Geld, nach Kontrolle, der Wunsch, der Beste und Größte zu sein, der Wunsch zu siegen. Danach verlangt der Persönlichkeitsaspekt. Die Aspiration der Seele der USA, einer Strahl-2-Seele, ist eine ganz andere: Sie will der Welt dienen und helfen, sie zu einem „besseren Ort" zu machen. Dem wird jedoch wenig Spielraum gegeben, weil die Persönlichkeit derart mächtig und besitzergreifend ist, dass der Seelenaspekt sich nur hin und wieder manifestieren kann, wie beispielsweise damals im Marshallplan [„Europäisches Aufbauprogramm", US-Wirtschaftshilfe zum Wiederaufbau Europas nach dem Zweiten Weltkrieg].
Die Welt wartet darauf, wie Meister D.K. es formuliert, dass sich der Seelenaspekt Amerikas zeigt. Wenn das der Fall ist, werden die USA die Ideen des Christus aufgreifen und sie so schnell wie es nur irgend geht auf der Persönlichkeitsebene verwirklichen. Die Seele wird dem Land dazu

den Weitblick und die spirituelle Vitalität verleihen. Doch der Wunsch, immer noch der Beste zu sein, der Welt sein Bestes zu geben, besser als irgendjemand anderer, die schönste Freiheit, die beste Gerechtigkeit, die es jemals gab – dieser Ehrgeiz kommt von der Persönlichkeit. Sie werden es erleben.

Die Vereinigten Staaten von Amerika werden das Land sein, das die größten Opfer für den Umweltschutz bringen wird. Hieß es bisher noch: „Nein, damit wollen wir nichts zu tun haben (mit dem Kioto-Protokoll), das ist unamerikanisch, das ist gegen die Interessen Amerikas", so wird dann das genaue Gegenteil davon eintreten. Wenn der 2. Strahl der Seele der USA Maitreyas Ideen aufgreifen wird, werden die USA sie mit ihrer Strahl-6-Persönlichkeit umsetzen und darin die Besten sein. Sie werden sehen: eher als die anderen, schneller, größer, besser.

Das Gesetz von Ursache und Wirkung

Welche Beziehung besteht zwischen dem Gesetz von Ursache und Wirkung und der Auflösung der Gegensatzpaare?
Das Gesetz von Ursache und Wirkung beeinflusst uns, solange wir Karma verursachen. Karma ist das Resultat unserer Reaktion auf den Konflikt, der im Leben jedes Menschen auftritt, der uns vorantreibt und uns das Feuer liefert, um die Auflösung herbeizuführen. Da wir – wie es der Meister in Übereinstimmung mit allen esoterischen Lehren darlegt – Seelen in Inkarnation sind, vereinen wir in uns Geist und Materie. Wir haben die Probleme, die aus diesem Zusammenfluss von Geist und Materie entstehen: Aktion, Bewegung, Strahlung, Wahrheit und Schönheit, und auf der anderen Seite träge, unempfängliche Materie und eine niedrige Schwingung. Die Aufgabe besteht darin, sich so weit zu entwickeln, dass beides in Einklang gebracht wird und der Geist mit dem Menschen auf der physischen Ebene in Berührung kommen und sich in ihm manifestieren kann.

Bis zu einer bestimmten Stufe reagieren wir nur auf den Mechanismus von Ursache und Wirkung. Je mehr uns das Gesetz von Ursache und Wirkung beherrscht – das heißt, je mehr wir etwas bloß deshalb tun, weil wir es gern tun, weil es uns befriedigt, weil es der Weg des geringsten Widerstandes ist –, desto mehr Karma verursachen wir. Das lässt sich nicht vermeiden. Wir setzen Ursachen in Bewegung, und die daraus resultierenden Wirkungen machen unser Leben aus. Jedes Leben ist davon geprägt – es ist das Resultat der Aktivität des Karmas.

Es gibt persönliches Karma, Gruppenkarma, nationales Karma und Welt-karma – wir sind allen diesen Formen von Karma ausgesetzt. Ich spreche hier aber über persönliches Karma, das durch unser eigenes Handeln in Bewegung gesetzt wird. Karma hat solange eine sehr starke Wirkung, bis wir allmählich in der Lage sind, die Gegensatzpaare aufzulösen, indem wir bei allem, was wir tun, gelassener werden und somit weniger Wirkungen auslösen.

Leiden ist die Folge einer Übertretung dieses Gesetzes, entsteht aber auch durch die naturgegebene Beziehung von Geist zu Materie. Deshalb leiden wir, deshalb haben wir Schmerzen und deshalb brauchen wir das Gesetz des Karmas, um immer wieder ein neues Gleichgewicht herzustellen. Wenn wir das Gleichgewicht des Gesetzes stören, rufen wir damit Wirkungen hervor. Diese Wirkungen verursachen eine Reaktion des Kar-magesetzes, um eine Aktion in Bewegung zu setzen, die früher oder später bewirken wird, dass diese Störung durch unser Leiden, unseren Schmerz, unsere Krankheit – was immer es gerade ist – wieder ins Gleichgewicht gebracht werden muss.

Wenn wir wissentlich oder unwissentlich dem Gesetz zuwiderhandeln, lösen wir in diesem Gleichgewichtsgefüge eine Störung aus, die eine Aktion des Karmas erfordert, um damit das Gleichgewicht wiederherzustellen. Wenn wir jemanden getötet haben, werden wir früher oder später ebenfalls getötet. Wenn wir Menschen Schmerz und Leid zufügen, dann bekommen wir diesen Schmerz und dieses Leid in gleichem Ausmaß zurück. Das Naturgesetz allen Seins erzeugt die Notwendigkeit, das von uns gestörte Gleichgewicht wiederherzustellen.

Je weiter wir uns entwickeln, desto weniger muss das Gesetz von Ursa-che und Wirkung – oder des Karmas – eingreifen, weil wir dann gelassener sind und weniger Karma auslösen. Das Karma wird durch Abhängigkeiten vom physischen Körper, vom emotionalen, astralen Körper oder vom Men-talkörper verursacht; es ist das Resultat dieser Abhängigkeiten, das Resultat der Vorstellung, dass das, was wir denken oder träumen, der Wirklichkeit entspricht; es ist die Unfähigkeit der Menschheit, die Wirklichkeit zu sehen. Wir sehen nur eine Illusion, bis diese Illusion sich allmählich auflöst und wir klarer sehen können. Wenn wir klarer sehen und deshalb richtiger han-deln, verursachen wir weniger karmische Reaktionen, und das macht das Leben leichter.

Trifft es zu, dass Karma und Verblendung das Einzige ist, was uns an der Selbstverwirklichung hindert?

Meine schnelle Antwort dazu ist nein, das trifft nicht zu. Was sonst hindert uns an der Selbstverwirklichung? Wir selbst. Die Tatsache, dass wir uns in der Materie befinden, erzeugt Karma. So entstehen die Verblendungen, die Konflikte, die wiederum das Feuer erzeugen, das die Energie für die Evolution liefert. Während wir uns in einem Konflikt befinden, schaffen wir gleichzeitig sowohl Verblendung als auch negatives Karma.

Der Meister D.K. schrieb (durch Alice A. Bailey), dass allgemein mehr gutes als schlechtes Karma erzeugt wird. Können Sie sich das vorstellen? Diese marode, alte Welt mit ihren korrupten politischen Systemen erzeugt weniger schlechtes als gutes Karma. Was der Selbstverwirklichung im Wege steht, ist die Trägheit des Jüngers – in erster Linie die Trägheit der Materie unserer Körper. Diese Körper werden von winzigen Elementarwesen gebildet. Jedes Atom ist ein kleines Lebewesen, das seine eigene Evolution durchläuft, indem es Teil des Körpers der menschlichen Evolution wird. Ganz allmählich bereitet es sich darauf vor, am Ende selbst ein menschliches Wesen zu werden.

Alles Leben im gesamten Kosmos ist auf dem Wege menschlich zu werden, ist menschlich oder hat sich über die Menschheitsstufe hinaus entwickelt.

Wir befinden uns genau in der Mitte, da wo Geist und Materie zusammentreffen. Das ist das Problem, die Herausforderung und die außerordentliche Erfahrung für uns, dass wir uns exakt an dem Punkt befinden, an dem Geist und Materie zusammenkommen und auf diese Weise die Evolution ermöglichen. Die Bedingungen – der Konflikt und die Gewalt –, die wir schaffen, sind die Verblendungen, die sich aus der Diskrepanz in der Schwingung zwischen der geistigen Realität, die wir sind, und der Materie, aus der unser physischer, astraler und mentaler Körper gebildet sind, ergeben. Jeder dieser Körper besteht aus winzigen Elementarwesen oder Devas. Wenn wir beginnen, ihre Tätigkeit, die selbstorientierten Zwecken folgt, zu kontrollieren, werden die Verblendungen überwunden. Solange sie aber die Herrschaft ausüben, bleibt die Materie Materie. Erst mit der Beherrschung durch die Seelenenergie ändern wir allmählich den Zustand der atomaren Materie und gewinnen Kontrolle über den Evolutionspfad. Deshalb ist es so bedeutsam, die Nicht-Dualität der Gegensatzpaare zu erkennen und den Pfad dazwischen einzuschlagen, nicht etwa, um sie zu umgehen, sondern um unabhängig von ihnen zu werden.

Das ist der Pfad der Einweihung. Dabei werden die Körper allmählich von der Seele transformiert. Und indem wir von einer Einweihung zur nächsten gelangen, rückt die Selbstverwirklichung näher. Mit jeder Einweihung wird den Elementarwesen, deren atomare Struktur unseren physischen, astralen und mentalen Körper bildet, eine höhere Frequenz auferlegt. Diese allmähliche Veränderung der atomaren Struktur ändert auch die Tätigkeit der Elementarwesen, bis sie den Prozess nicht länger beherrschen. Zwar nähren sie dann noch unseren Körper mit ihren Impulsen, aber die Energie der Seele übernimmt die Herrschaft. Nun kann die Persönlichkeit den physischen Körper besser kontrollieren, und dieser beginnt auf die Instruktionen von der Mentalebene zu reagieren. Nach und nach beruhigt sich auch der Astralkörper, bis er, und dies sollte er im evolutionären Sinne sein, wie ein stiller See wird und die jeweilige Person nicht länger mit seinen Emotionen mitreißt. Er fungiert dann als Spiegel für die buddhische Ebene des Bewusstseins, die die zweite Ebene der geistigen Triade ist und den Willen, die Liebe/Weisheit und die Intelligenz der Seele einbringt. Das sich auf diesem ruhigen See spiegelnde buddhische Bewusstsein erleben wir als Intuition.

Bis zu einem Einweihungsgrad von 1.5 oder 1.6, wenn die mentale Polarisation beginnt, haben die winzigen Elementarwesen auf der Astralebene mehr oder weniger die Oberhand. Erst danach wirken sie sich im Leben der jeweiligen Person weniger zwanghaft aus. Das bedeutet nicht, dass wir dann keine Emotionen mehr haben, aber wir werden nicht mehr von ihnen mitgerissen oder überwältigt. Wir lernen, von ihrer Tätigkeit im Astralleib nicht beeinflusst zu werden. Da die Seelenenergie umso vieles höher als die Energie des physischen Körpers ist, in diesem Fall des Astralkörpers, erlangen wir allmählich die Kontrolle über die Astralebene. Dieser Prozess dauert bis zu einem Einweihungsgrad von 2.5 oder 2.6, wenn die geistige Polarisierung beginnt, an.

Das Leben der Elementarwesen oder Devas ist von unserem Gesichtspunkt aus das Leben der Materie; von ihrem aus gesehen ist es ein vollständig bewusstes Leben. Es ist wie mit den Zellen unseres Körpers, die unabhängig von unserem mentalen Bewusstsein ihre eigene Existenz besitzen und entsprechend unserer DNA und der Menge von Vitaminen, Mineralien und Nahrungsmitteln, die wir ihnen zuführen, funktionieren. Wenn wir genügend Seelenenergie einbringen, beginnen wir, die Kontrolle über sie auszuüben.

Genauso wie das Karma, können wir auch die Lebensqualität unserer Träger verändern, die bestimmt, wann unsere Selbstverwirklichung möglich wird. Entweder beherrschen wir die Elementarwesen oder die Elementarwesen beherrschen uns. Aber der große Magnet, den wir Leben nennen und der die ganze Evolution vorantreibt, ist früher oder später zu stark, als dass wir ihm als Einzelne oder als Gruppe widerstehen könnten,

und so werden wir wohl oder übel vorangetrieben. Die Selbstverwirklichung ist jetzt noch nicht möglich, doch eines Tages sind auch wir soweit.

Es sind nicht nur die Verblendungen und das Karma, die ein Hindernis
für die Selbstverwirklichung darstellen, aber die Summe des Karmas und
die Intensität der Verblendungen richten sich nach dem Grad der Kontrolle,
die die Menschen über ihre Träger haben oder nicht haben.

Wie wirkt Karma?
Karma ist das Hauptgesetz, welches das Leben in unserem Sonnensystem
regelt. Aufgrund der Funktionsweise dieses Gesetzes setzt jeder Gedanke,
jede Handlung eine Ursache in Bewegung. Die Wirkungen, die von diesen
Ursachen ausgelöst werden, machen unsere Leben aus, im Guten wie im
Schlechten. Das Gesetz des Karmas ist allmächtig und von Grund auf gut.
Es sucht im Wesentlichen ein Gleichgewicht herzustellen, einen Ausgleich
zu schaffen. Wenn wir Ursachen in Bewegung setzen, deren Wirkungen
Konflikt, Gewalt, Zwietracht, Schmerz, Leid und Übel verursachen, dann
müssen sie, um ein Gleichgewicht zu schaffen, zwangsläufig wieder ausgeglichen werden. Sie werden von uns, die wir sie selbst verursacht haben,
ausgeglichen. Sie fallen auf uns zurück. Wenn das geschieht sagen wir:
„Ach, ich habe Schreckliches durchgemacht, was für ein unglückliches
Jahr war das." Alles das ist der Ausgleich von vergangenem Karma. Aber
vielleicht geht es auch nicht um die unmittelbare Vergangenheit, es kann
genauso gut auch aus früheren Leben herrühren.

Der Meister D.K. schrieb einmal, dass niemand mehr negatives Karma
erhält, als er verkraften kann. Dem wird nicht jeder zustimmen, besonders
nicht Menschen, die Selbstmord begehen, weil sie dem Karma ihrer Handlungen nicht ins Auge sehen können oder es ihnen aus den verschiedensten
Gründen nicht möglich ist, sich dem Leben zu stellen. Sie sagen: „Nein,
das Leben ist einfach unmöglich. Ich möchte nicht weiterleben", und ahnen
nicht, was noch auf sie wartet. Darum ist Selbstmord niemals eine kluge
oder intelligente Lösung, weil wir nicht wissen, was das Schicksal noch
alles für uns bereithält. Wir können nicht voraussagen, wie sich alles klären
und wie glücklich möglicherweise die nächsten zwanzig Jahre sein werden
– so glücklich, wie wir es nicht zu hoffen wagten. Durch die Auflösung
des Karmas, an dem wir heute so schwer tragen, kann sich später Glück,
Wohlbefinden und Sorgenfreiheit entwickeln – das „gute" Karma, wie
wir es nennen, der folgenden Jahre.

Karma bedeutet nicht, den Befehl Gottes auszuführen: Auge um Auge,
Zahn um Zahn. So negativ wurde das Gesetz des Karmas in der Vergan-

genheit dargestellt. Gott, oder was wir Gott nennen – ob das nun der Gott unseres Planeten ist, der Himmlische Mensch oder der Gott unseres Sonnensystems, der Sonnenlogos –, ist grundsätzlich gut. Diese Güte durchdringt jeden Aspekt des Karmas, auch dann, wenn wir es als äußerst negativ und schmerzhaft empfinden. Sie zielt auf die Herstellung von Harmonie und Gleichgewicht – vor allem Gleichgewicht –, damit die Energien in gleichem Verhältnis zu den Ursachen, die sie in Bewegung brachten, ausgeglichen werden.

Sind unsere künftigen Erfahrungen durch unsere Taten in der Vergangenheit vorprogrammiert?

Unsere künftigen Erfahrungen sind insofern vorprogrammiert, als dass sie die Wiederherstellung des Gleichgewichts sind, wenn wir gegen das Gesetz der Harmlosigkeit oder des Nichtverletzens verstoßen haben.

Kann Karma durch Dienst und Bewusstseinswandel aufgelöst werden?

Ja. Karma kann aufgelöst werden, wenn wir lernen, im Einklang mit dem göttlichen Plan zu leben. Wenn wir keine schlechten Handlungen begehen, verursachen wir auch kein schlechtes Karma. Wenn wir nicht stehlen und keine armen Länder bombardieren oder Ähnliches machen, schaffen wir kein negatives Karma. Daher rührt die Notwendigkeit der Harmlosigkeit bei allem, was wir tun – sowohl auf der persönlichen Ebene als auch in nationaler und internationaler Hinsicht.

Wenn wir beispielsweise wissen, dass die Menschen nach dem Evolutionsplan in Frieden und Harmonie zusammenleben und die Ressourcen des Planeten, die für alle da sind, teilen sollten – mit dem Ergebnis, dass überall Harmonie, Gerechtigkeit und Freiheit entstehen –, dann können wir davon ausgehen, dass wir uns im Einklang mit dem Gesetz entwickeln werden. Unser Leben wird sich als gut, fruchtbar, schöpferisch und herrlich im wahrsten Sinne des Wortes erweisen.

Wenn wir durch Gewalt, Hass, Ungerechtigkeit und Unterdrückung Konflikte erzeugen, schaffen wir negatives Karma. Wir agieren dann nicht mehr im Einklang mit dem göttlichen Plan. Gottes Plan ist eine Realität. In der Bibel mag er sehr vage und mystisch dargestellt sein, aber nach esoterischem Verständnis ist er absolut praktisch. Die Esoterik ist die praktischste Wissenschaft beziehungsweise Philosophie überhaupt. Durch Dienst und den sich daraus ergebenden Bewusstseinswandel verbrennen wir Karma.

Indem wir uns ändern, verändern wir auch die Beschaffenheit des von uns verursachten Karmas – wodurch wir das Karma der Vergangenheit besser bewältigen können.

Vergeistigung der Materie

Sie sagten, die Seele sei auf ihrer Ebene vollkommen. Warum muss sie dann durch den Evolutionsprozess gehen, um sich zu entwickeln?
Die Seele ist auf ihrer Ebene eine vollkommene Spiegelung des Himmlischen Menschen, des Gottes unseres Planeten. Sie bedarf auf diesem Planeten keiner höheren Entwicklung mehr. Doch als Seele in der Materie, als inkarnierte Seele, muss sie sich noch vervollkommnen. Mit ihrer Inkarnation bringt sie ein Opfer: ihr eigener Wille zur Selbstaufopferung treibt sie in die Inkarnation, weil sie den Plan des Logos ausführen will.

Wie vergeistigen wir die Materie?
In erster Linie durch die Vergeistigung der Materie unserer Körper. Als Menschenreich vergeistigen wir das Tier-, das Pflanzen- und das Mineralreich, indem wir Seelenenergie ausstrahlen. Das Geheimnis der Transformation vom Niederen zum Höheren geschieht durch Strahlung. Deshalb gibt es am Rande des ersten, des Mineralreichs, radioaktive Materie. Die Grenzen des Mineral- und Pflanzenreichs bestehen aus Radioaktivität. Diese ist das Bindeglied, das die Vegetation ermöglicht.

Indem das Pflanzenreich sich entwickelt, bildet es durch Strahlung eine Verbindung zum Tierreich. Die Radioaktivität des Pflanzenreichs zeigt sich unter anderem in den Düften und Farben der Blumen. All die wunderbaren Farben und die fantastischen Düfte sind Energiestrahlungen. Am äußersten Rand des Pflanzenreichs verzehren einige Pflanzen Insekten und leiten so zum Tierreich über.

Auch das Tierreich entwickelt sich und bildet schließlich einen Körper für das darauffolgende, das Menschenreich. Wir verdanken unseren physischen Körper dem Tierreich, aber wir sind keine Tiere. Wir sind das nächsthöhere Reich, das sich durch die Strahlung des Denkvermögens entwickelt. Das Denkvermögen ist eine Strahlkraft und ermöglicht die Evolution der Menschheit. Wenn die Strahlung zunimmt, beginnt der Einweihungsprozess. Mit jeder Einweihung erreichen wir eine höhere energetische Schwingung: Wir werden magnetischer und absorbieren mehr subatomare Materie in unseren Körper, der sich allmählich in den Lichtkörper eines Meisters verwandelt. Bei der fünften Einweihung bestehen unsere Körper vollständig aus Licht und wir haben die Meisterschaft erlangt.

Dieses Licht sind wir schon immer gewesen; jetzt kehren wir – in vollem Bewusstsein – zu ihm zurück. Das ist die Arbeit der Seele als göttlichem Mittler zwischen der geistigen und der physischen Ebene. Die Seele ermöglicht die Vergeistigung der Materie, und diese Vergeistigung der Materie findet in allen Naturreichen statt, bis der Planet im Sinne des Plans des planetaren Logos vollkommen ist. Mit jeder Einweihung wird uns ein weiterer Teil des Plans gezeigt. Wir gelangen zu einem tieferen Verständnis für den Plan und für die Rolle, die wir darin spielen. Das ist der Sinn der Einweihung: Sie stabilisiert den erreichten Strahlungsgrad und damit die Menge des Lichts, die sich bei jeder Einweihung im Körper des Eingeweihten befindet.

Ist die Vergeistigung der Materie automatisch mit Konflikt verbunden?
Wenn wir uns mit der Vergeistigung der Materie befassen, entstehen unweigerlich Konflikte, weil wir vollständig von Materie eingehüllt sind. Die Seele hat keine Konflikte; sie kennt die Bedeutung von Konflikt nicht. Der Konflikt ergibt sich aus dem enormen Unterschied in der Schwingungshöhe der Seele auf ihrer Ebene und der Materie auf den physischen Ebenen, in die sie sich inkarniert hat. Dadurch gibt es einen ständigen Konflikt.

Die Materie hat ihre eigenen Bedürfnisse, und wenn diese erfüllt werden, gibt es keine Konflikte. Wenn aber beispielsweise der physische Körper mehr verlangt, als er benötigt (und wir dem nachgeben – laut Meister D.K. essen die meisten Menschen viermal so viel, wie sie brauchen), dann kommt es zum Konflikt, der sich etwa in Form eines schlechten Gesundheitszustandes äußert. Auf der physischen Ebene sind die Resultate von materiebedingten Konflikten unmittelbar erkennbar. Die Vergeistigung der Materie geht vor sich, ohne dass wir den Konflikt notwendigerweise bemerken müssen, aber wir sind mittendrin, er entsteht ständig. Alles, was wir im Leben tun, erzeugt einen Konflikt mit der Seele – die wir sind. Wir setzen dauernd Handlungen in Gang, karmische Folgen; obwohl wir die Seele in uns haben, sind wir doch nicht in der Lage, ihre Qualitäten angemessen zu manifestieren. Dadurch entsteht der Konflikt. Die Materie an sich hat ebenso wenig Konflikte wie das Geistige an sich. Zum Konflikt kommt es erst, wenn die beiden zusammentreffen und die Materie versucht, Geist zu werden.

Er entsteht dadurch, dass in die Materie eine sehr hohe Schwingung, die Seelenenergie, hineingebracht wird. Die Seele weiß, dass Tausende von Inkarnationen notwendig sind, um die Person nennenswert zu verändern, und das ist für sie ein langwieriger Kampf.

Konflikt ist ein Kampf zwischen der Persönlichkeit und der Seele, und er beginnt, sobald die jeweilige Person „erwacht", sobald also das Christusprinzip in der Höhle des Herzens (dem Herzen auf der rechten Seite der Brust, dem Sitz der Seele im ätherisch-physischen Körper) geboren wird. Wenn das Seelenlicht in diesem Zentrum erwacht, begibt sich der Mensch auf „den Pfad der Rückkehr" – einer Rückkehr zum Geist, weil die Seele der Geist ist. Wenn wir Rückkehr sagen, ist damit nicht gemeint, dass wir irgendwohin zurückgehen. Es bedeutet, dass die Seele immer besser in der Lage ist, sich in ihrem Vehikel zu manifestieren. Bis dahin war das Vehikel zu träge. Es gibt die Eigenschaften tamas und rajas: rajas ist feurige Kraft, Licht, und tamas ist Trägheit, Mangel an Bewegung, Mangel an Licht. Wir tragen also diese beiden, entgegengesetzten Kräfte in uns.

Interessanterweise ist der 4. Strahl, der, wie ich meine, der Schlüssel zur Bearbeitung der Gegensatzpaare ist, der Strahl, in dem der tamasiche, der Trägheitsaspekt, und der rajasische, der feurige Aspekt, gleich stark sind. Das stellt ein großes Problem für den Strahl-4-Typus dar, denn er muss seinen Weg zwischen den beiden finden.

Manchmal ist er voller „Feuer" und kann schnell von einer großen Sache inspiriert und begeistert sein. Wenn eine Strahl-4-Person motiviert ist, kann sie alles bewältigen. Ist das jedoch nicht der Fall, verfällt sie oftmals in die Trägheit des Materieaspekts. Diese beiden sind beim Strahl-4-Typus seltsamerweise gleich stark, und das Geheimnis besteht für ihn – und ich glaube, für alle, die den Ausgleich der Gegensatzpaare anstreben – darin, sorgfältig den Pfad zwischen den beiden zu wählen und sich weder mit dem einen noch mit dem anderen zu identifizieren, sondern vollständig gelassen zu sein.

Sie sagten, dass die Neuerziehung der Menschheit sehr wichtig sei. Was kann man anderen beispielsweise über die Gegensatzpaare und über Gelassenheit vermitteln?

Sie könnten erklären, dass wir ein geistiges Reich sind, dass das Leben im Grunde geistiger Natur ist und dass wir Seelen in Inkarnation sind. Die Seele begibt sich in die Materie, die uns auf diesem Niveau unserer Existenz als der Gegensatz des Geistigen erscheint. Das ist sie aber nur in einem relativen Sinn.

In der Materie gibt es eine Abstufung der relativen Menge atomarer und subatomarer Partikel, die in ihr enthalten sind. Der Geistaspekt ist auf seiner Ebene real, und indem er sich auf der physischen Ebene manifestiert, verändert er die Qualität der Materie. Die Materie ist der niedrigste Aspekt des Geistes, und der Geist ist der höchste Aspekt der Materie. Wenn der Materieaspekt vergeistigt wird, kehrt er allmählich durch alle Ebenen hindurch zurück und wird in diesem Prozess vervollkommnet. Die Aufgabe der Menschheit in der Evolution besteht darin, die Materie zu vergeistigen. Als Seelen sind wir herabgestiegen und in die Materie eingetaucht. Die Seele schafft sich materielle Körper – physisch, astral, mental – und eine Persönlichkeit, die diese in sich vereint. Die Persönlichkeit ist sozusagen die Summe aller persönlichen Ausdrucksformen, die sich im Laufe von Äonen entwickelt haben.

Die Menschheit erreicht insgesamt allmählich ein Stadium, in dem die Persönlichkeit als wahre Widerspiegelung der Seele erkennbar wird. Durch die Integration aller Aspekte der Persönlichkeit, die heute zusehends stattfindet, können die Energie und die Träger der Seele besser genutzt werden. Es werden feinere Träger geschaffen, die die geistigen Energien besser weiterleiten und immer weniger beeinträchtigt und bewusster ausstrahlen können. Dabei geht es sowohl darum, gewisse Qualitäten zu erhalten, als auch um die Fähigkeit, diese Qualitäten zum Ausdruck zu bringen und sich ein Instrument zu schmieden, welches diese Anforderungen erfüllt.

Sie sprechen über das sakrale oder das spirituelle Herz des Menschen. Gibt es einen praktischen Weg, wie wir es zumindest ansatzweise erleben und fühlen und als Seelen erkennen können?
Zunächst geht es darum, sich selbst als Seele zu erkennen. Darum wird das Christusprinzip in der Höhle des menschlichen Herzens geboren. Es ist Materie, aber in dieser Materie werden das Licht und die Liebe des Geistes geboren. Am Anfang ist es noch sehr klein, doch es wächst und wächst und bringt Sie zur ersten und am Ende zur fünften Einweihung. Es ist ein und dasselbe Prinzip, das Sie durch den ganzen Einweihungsprozess zur Vollkommenheit führt, an dessen Ende dann die Arbeit der Seele getan ist.

Es erweckt Sie zu der Tatsache, dass Sie die Seele sind. Alle Religionen der Welt sind entstanden, um die Menschheit zu unterrichten – weil jede Religion ein Weg zu Gott ist. Jede richtig verstandene Religion ist eine Methode, die den Seelenaspekt darstellt – als das, was wir tatsächlich sind; wobei die Art, wie sie diesen Weg beschreibt, mehr oder weniger verfälscht sein kann. Wir sind Seelen, die sich inkarniert und in Materie begeben haben, und durch einen Prozess der Rückkehr zu dem ursprünglichen Zustand des reinen Geistes gehen – nun aber mit der ganzen Erfahrung, die wir in der Materie gesammelt haben. Auf diese Weise wird der Materieaspekt unseres Planeten unablässig weiter vervollkommnet, das heißt vergeistigt.

Das Ziel beziehungsweise die Aufgabe der Menschheit besteht in der Vergeistigung der Materie. In erster Linie tun wir das durch die Vergeistigung unseres eigenen Körpers: Schritt für Schritt veredeln wir die Materie. Materie ist im Wesentlichen Licht, aber sie sieht nicht aus wie Licht, wenn sie sich in der Form befindet. Wir selbst demonstrieren, wie diese Form zunehmend verfeinert und zu Licht werden kann. Während des langen Evolutionsprozesses werden immer mehr subatomare Partikel in den physischen, den astralen und den mentalen Körper hineingezogen, bis diese am Ende nur noch aus Licht bestehen. Ein Meister ist eine solide physische Person, wie wir sehen werden, aber sein Körper ist nicht den Gesetzen der Materie unterworfen, sondern unterliegt lediglich den Gesetzen, die das Licht auf unserem Planeten regeln. Er hat den Tod besiegt und er hat das Leben auf der physischen Ebene überwunden. Es ist für ihn nicht mehr real, aber es war nie wirklich real, sondern nur relativ.

Im Grunde gibt es nur ein Ganzes, und dieses Ganze hat zwei Pole, den einen nennen wir Geist, den anderen Materie. Sie sind zwei Seiten derselben Totalität und jede besitzt das Potenzial der anderen. Das ist das Geheimnis. Es ist nicht so, als ob alles Geist wäre und die Materie nicht zähle. Das war in den letzten zweitausend Jahren der Fall, in denen die Menschen die Realität des physischen Körpers leugneten. Die Christen haben ihn verabscheut, sie haben ihn gehasst und gekreuzigt. Die Kreuzigung ist das Hauptsymbol der Christenheit, es sollte aber die Auferstehung sein – die Auferstehung von der Materie zum Geist.

Die Meister missachten die physische Ebene nicht. Zwei Drittel von ihnen befinden sich in physischen Körpern; so werden sie sich der Welt zeigen. Sie sind aber durch die Funktionen der physischen Ebene nicht eingeschränkt: sie müssen nicht essen oder schlafen oder in ein Geschäft gehen und einkaufen, sie brauchen keinen neuen Haarschnitt und müssen keine Kleider kaufen. Was immer sie benötigen, können sie sich in die Existenz denken, weil sie die Gesetze, die Geist und Materie regeln, verstehen.

Im Grunde gibt es nichts anderes als Geist, aber das Geistige hat nicht nur eine Ebene – die unterste Ebene nennen wir Materie. Geist und Materie sind unteilbar, aber im Sinne der Inkarnation auch verschieden. Sie werden miteinander in Beziehung gebracht, um etwas zustande zu bringen, was sonst nicht möglich wäre. Wenn wir keine Materie haben, können wir auch keine Materie vergeistigen. Der Körper dieses Planeten muss vervollkommnet werden. Er ist der Manifestationskörper eines großen kosmischen Wesens, das sich auf dem Weg der Vervollkommnung befindet. Eines Tages wird diese Erde ein leuchtender Himmelskörper sein, dessen Schönheit mit jedem Teleskop zu erkennen sein wird. Diese Leuchtkraft entsteht, weil wir ihn allmählich vervollkommnen. Wir vergeistigen ihn, indem wir uns als Seelen inkarnieren.

Ist normalen Menschen wie uns jederzeit das höhere Denken zugänglich?
Ein durchschnittlicher Mensch kann in bestimmten Augenblicken Zugang zum höheren Denken haben – zum Beispiel in der Meditation oder in einem sehr exaltierten Zustand als Ergebnis eines Segens, der einem gewährt wird. Es ist möglich, aber nicht die Regel, weil wir noch durch unseren eigenen mentalen Träger verstehen und wirken müssen. Dennoch können wir für den Stimulus eines Segens offen sein, den ein höheres Bewusstsein uns schenkt und der uns das Leben aus der Sicht der Seele zeigt. Das ist sehr gut möglich.

Eignet sich dieser Weg dazu, um das Problem der Gegensatzpaare zu lösen?
Das hat mit den Gegensatzpaaren nichts zu tun. Das höhere Denken ist das Vehikel der Seele. Ein Zusammenhang mit den Gegensatzpaaren besteht nur, wenn die Seele sich inkarniert hat – weil die Gegensätze nur für eine Seele in Inkarnation existieren. Die Gegensatzpaare werden durch die Verschmelzung der Seele mit der Materie erzeugt.

Wenn Sie in der Meditation die Welt so sähen, wie sie die Seele sieht, dann würde dieses Erlebnis, wenn es stark und häufig genug wäre, einem intelligenten Menschen helfen, die Gegensätze auszugleichen. Und am Ende des Prozesses würden Sie nicht einmal mehr denken, dass sie überhaupt vorhanden sind. Die Gegensatzpaare sind eine Illusion. Darum geht es. Aber wir müssen durch die Illusion hindurch, ehe wir wissen, dass es sich dabei um eine Illusion handelt. Wenn wir die Dinge aus der Perspektive der Seele betrachten könnten, würden wir sie unmittelbar als Illusion erkennen. Inwieweit uns das helfen würde, hängt von der jeweiligen Person ab.

Der Hüter der Schwelle

Können Sie erläutern, was der „Hüter der Schwelle" ist und wie er sich von den üblichen karmischen Erfahrungen und Konflikten unterscheidet?
Der Hüter der Schwelle besteht aus den Fehlern und Missetaten, die jeder

Mensch von Leben zu Leben, in allen Inkarnationszyklen, angesammelt hat. Daraus entwickelt sich eine Persönlichkeit. Das ist der niedere Aspekt, den der Mensch auflösen können muss – der Gegensatz zwischen der Seele mit ihren Qualitäten Schönheit, Wahrheit und Liebe und dem Hüter der Schwelle, der uns als ein im Leben der Menschen ererbtes Übel, als unsere Unzulänglichkeiten, als unsere Eigenschaft, Irrtümer und Fehler zu begehen, bewusst wird.

Der Hüter der Schwelle erzeugt die Verblendungen in unserem Leben, weil er die Wahrheit, die Realität unseres Lebens vor unserer Wahrnehmung verbirgt. Er hält die Menschheit in Fesseln und wird noch eine lange Zeit damit fortfahren. Mit der zweiten Einweihung werden diese Verblendungen bis zu einem gewissen Grad überwunden.

Zwischen dem Einweihungsgrad 1.5 oder 1.6 und 2.0 treffen wir den Hüter der Schwelle immer und immer wieder. Jede Inkarnation bringt uns an dieselbe Stelle, wo wir in unseren Träumen, Irrtümern und Vorstellungen gefangen sind, die wir für die Wahrheit halten. Doch wir müssen sie überwinden. Wir müssen lernen, alles das zu durchschauen und die Dinge so zu sehen, wie sie sind. Und sie sind meist anders als wir sie uns vorstellen. Unsere eigenen Qualitäten sind immer andere, als wir denken. Was wir für unsere besten Eigenschaften halten, sind häufig unsere schlechtesten. Was wir glauben, tun zu können, ist ein Produkt unserer astralen Einbildungskraft, also pure Fantasie, die wir jedoch für wahr halten.

Bis wir diese Phase überwunden und die zweite Einweihung erlangt haben, sind diese mächtigen Gedankenformen gewaltige Bremsen unserer Entwicklung. Der Hüter der Schwelle ist eine Realität: Er ist die Summe aller unserer persönlichen Erfahrungen, er ist der Schöpfer unseres Karmas und er hält uns zurück, bis wir es durchschauen und uns von allen Verblendungen und Abhängigkeiten – von unseren Träumen, unseren Werten, unserem Selbstbild, unserem Ehrgeiz, unseren Hoffnungen – lösen, denn solange wir uns nicht von all dem befreit haben, sind wir in den Verblendungen gefangen.

Wenn wir die dritte Einweihung erreichen, haben wir die astralen Elementarwesen unter Kontrolle gebracht und, zumindest hinreichend, auch die mentalen. Bei der dritten Einweihung werden die Träger der drei Körper integriert, sie schwingen dann in der gleichen Frequenz. Wenn das erreicht ist, kann die Seele tatsächlich die Herrschaft im Leben des Menschen übernehmen. Vom Standpunkt der Meister ist die dritte Einweihung die erste Einweihung, weil sie die erste wirkliche Seeleneinweihung ist. Danach können wir uns den Aufgaben der vierten und fünften Einweihung zuwenden, was wiederum einige Leben dauern kann. Ab der dritten Einweihung geht die Entwicklung normalerweise recht schnell, weil der Mensch dann von der Seelenkraft regiert wird. Ein solcher Mensch wird an seinem Magnetismus, seiner Seelenausstrahlung erkennbar.

Wie kann man unterscheiden, wann man mit dem Hüter der Schwelle zu tun hat oder mit einer normalen, allgemeinen Erfahrung?
Sie fangen gar nicht erst damit an. Das sind alles Vorstellungen, mit denen Sie sich befassen – oder es lassen. Darüber denken Sie nicht einmal nach, Sie werden bloß zusehends gelassener. Weil Sie gelassen sind, taucht der Gedanke daran gar nicht erst auf.

Es ist in diesem Sinne also keine außergewöhnliche Erfahrung?
Es geschieht ganz allmählich und ist gewisserweise auch völlig logisch. Wenn Sie Ihre Aufmerksamkeit von etwas abwenden, irritiert es Sie nicht länger, und wenn Sie ständig, wenn Sie nach Hause gehen, über den Hüter nachdenken: „Oh Gott, dieser Hüter", und die Treppe hinaufgehen und sagen: „Mein Gott, da steht schon wieder dieser Hüter an der Tür!", sollten Sie sich von diesem Gedanken lösen. Geben Sie sich eine Chance: Lernen Sie, gelassener zu sein, und alles Weitere wird sich von selbst regeln.

Ist es richtig, dass die Bhagavadgita [Hinduschrift] eine symbolische Darstellung des Konflikts der Seele in der Materie ist?
Kurz gesagt, ja. Die Bhagavadgita ist im Grunde eine Abhandlung über verschiedene Gestalten auf dem Evolutionspfad, die sich hauptsächlich auf die astral-emotionale Ebene beziehen. Es geht um das Wesen der Verblendung und deren Überwindung. Auch bei Shakespeare dreht sich alles um Verblendung und darum, wie wir sie überwinden können.

Der 4. Strahl

In den nächsten Jahrzehnten soll der 4. Strahl an Intensität zunehmen. Das könnte bedeuten, dass dadurch eine größere Spannung in der Menschheit entstehen kann – sowohl insgesamt als auch auf den Einzelnen bezogen. Beschleunigt das auch den Einweihungsprozess? Und inwieweit wird es in der Menschheit Konflikte hervorrufen?
Es stimmt, dass in einigen Jahrzehnten – von heute an gerechnet – der 4. Strahl in die Welt kommen wird, so wie heute der 7. Strahl. Diese beiden

Strahlen werden zusammenarbeiten. In der Transmissionsmeditation kommen, nachdem die kosmischen Energien 1, 2 und 3 eingeströmt sind, die Energien der Strahlen herein. Die Strahlen 4 und 7 werden immer als Erstes und zusammen eingebracht. Der 4. Strahl erzeugt Harmonie; er harmonisiert alle Strahlen. Mithilfe des 7. Strahls werden sie auf der physischen Ebene verankert. Der 7. ist der praktischste von allen Strahlen in dem Sinne, dass er das spirituelle Ideal mit der physischen Ebene in Verbindung bringt. Durch Wiederholung erzeugt die rituelle Aktivität des 7. Strahls eine Energie, die die Ideen verankert. Dem 6. Strahl fällt es leicht, ein Ideal zu visualisieren, aber außerordentlich schwer, es umzusetzen. Er sucht nicht nach Manifestation, er ist zufrieden mit der Vision.

Der 7. Strahl verankert die Vision, indem er sie durch Aktion und Organisation auf die physische Ebene herunterbringt und daraus Tatsachen schafft. Das bedeutet, dass er organisieren kann, dass er weiß, wie Institutionen und Formen gebildet werden, mit denen sich das Ideal manifestieren lässt. Nach Aussagen der Meister bringen diese beiden Strahlen, der vierte und der siebte, abgesehen davon, dass sie zu den höchsten Formen der Kunst führen, die Strahlung, die wir Schönheit nennen, mit der Strahlung, die wir Ritual nennen, in Einklang. Diese beiden Energiearten werden einmal zusammengebracht werden und zu einem großen neuen Erwachen der Menschheit führen.

Die Menschen werden insgesamt kreativer werden, nicht nur in Bezug auf Malerei oder andere Künste, sondern auch in anderen Bereichen. Die Kunst zu leben wird eine enorme Bedeutung für die Menschheit haben. Nicht, dass wir viele unterschiedliche Lebensformen bräuchten, aber die Kunst, sicher und unversehrt in Frieden und Harmonie zusammenzuleben und alles, was wir tun, in Einklang mit dem Gesetz – dem Gesetz des Strahls und dem Gesetz des Logos – zu gestalten, ist die Kunst zu leben.

Wie wirkt sich die in den vergangenen drei Jahrzehnten freigesetzte Shamballa-Energie auf den Konfliktpegel der Menschheit aus? Und wie unterscheidet sich das vom Einfluss des 4. Strahls?
Durch den Einstrom der Shamballa-Energie ist auch der Konflikt- und Disharmoniepegel angestiegen; doch das wird von den nützlichen Aspekten, die diese Energie, eine Strahl-1-Energie, ebenso mit sich gebracht hat, aufgewogen, weil der 1. Strahl der Strahl des Willens oder der Absicht ist. Es geht um die Ausführung der Absicht des Logos. Die Shamballa-Energie verkörpert diese Absicht und der Wille sorgt für ihre Ausführung. Durch die Aktivität der Shamballa-Energie werden Harmonie, Liebe und

guter Wille manifestiert. Sie kann anfänglich bei den unteren Gesellschafts-schichten einen, wie wir sagen würden, negativen Effekt haben. Da sie bis zu einem gewissen Grad auch Gewalt stimuliert. Aber das ist nur eine vorübergehende Erscheinung und wird letztlich von den Vorteilen aufge-wogen, sonst würde sie nicht freigesetzt.

Die Freisetzung jeder großen Energie hat eine zweifache Wirkung: ei-nerseits erweist sie sich früher oder später als förderlich, andererseits hat sie zunächst, wenn auch nur kurzfristig, nachteilige Folgen, die aber schon sehr bald von den viel weitreichenderen Vorteilen für die Gesellschaft auf-gefangen werden. Dasselbe kann man von der Energie der Liebe sagen. Sie ist absolut neu-tral. Sie ist weder „gut" noch „schlecht". Wir verstehen unter Liebe das bloß Gute. Aber sie ist neutral. Sie ist das „Schwert der Unterscheidung", das von Christus gezielt zur Stimulierung aller Wesen eingesetzt wird. Es stimuliert das Gute und das Schlechte; es stimuliert die Selbstsüchtigen und die Gierigen, und es regt gleichzeitig andere zu Altruismus an.

Es zieht eine klare Trennlinie, die unmissverständlich deutlich macht, wo das Gute und wo das Schlechte ist, wo die Gier und wo der wahre Altruismus der Seele ist, sodass die Menschheit erkennen kann, wo sie stehen muss.

Es gibt Leute, die sich einbilden, sie seien selbstlos und hätten nur das Wohl der Welt im Sinn, aber im Grunde, wenn man sich ihr Leben anschaut, gierig und selbstsüchtig sind. Das Schwert der Unterscheidung entlarvt diese Scheinheiligkeit und bringt den wahren Charakter ans Licht. So kön-nen wir klar erkennen, auf welchem Weg wir in die totale Katastrophe laufen, und auf welchem anderen Weg wir eine neue Welt schaffen können. Diesen Weg muss die Menschheit wählen – und beten Sie, dass sie es tut.

Teil drei

Illusion

Der folgende Artikel ist die überarbeitete Version eines Vortrags von Benjamin Creme auf der Transmissionsmeditationstagung im August 2003 in San Francisco, USA. Er wurde erstmals in der Januar/Februar-Ausgabe 2004 von **Share International** *veröffentlicht.*

In den Büchern von Alice Bailey erklärt der Meister D.K. Folgendes: *„Das Problem der Illusion besteht darin, dass es sich dabei um einen Vorgang handelt, der von der Seele ausgeht und der aufgrund des Denkaspekts aller in Inkarnation befindlichen Seelen zustande kommt. Die Seele ist es, die in Illusionen versinkt und der es so lange an Klarsicht mangelt, bis sie gelernt hat, ihr Seelenlicht bis in den Verstand und das Gehirn durchdringen zu lassen.“*

Das ist Ihnen vielleicht ganz neu. Sie hätten wahrscheinlich nie vermutet, dass die Seele in irgendeiner Weise eingeschränkt sein könnte. Vielleicht haben Sie gedacht, die Einschränkung beruhe ausschließlich auf dem Materieaspekt, der Persönlichkeit, auf der Unzulänglichkeit des physischen, astralen oder mentalen Apparates, der verhindert, dass die Seele die Außenwelt, in der wir leben, richtig erkennt.

Wir ermöglichen der Seele den Zugang, und wenn wir nicht über den entsprechenden Apparat verfügen, kann die Seele nicht sehen. Mit größtem Nachdruck wurde immer gelehrt, dass der Apparat unzulänglich sei – was er auch ist. Die Trägheit der Materie macht es der Seele schwer und gelegentlich unmöglich, den Apparat, den die Persönlichkeit in der jeweiligen Inkarnation anbietet, richtig zu benutzen. Das hat auf der Mentalebene das zur Folge, was wir Illusion nennen. Verstand und Gehirn missdeuten die Wirklichkeit und das, was die Seele sieht. Die Illusion wird also durch die falsche Interpretation der Wirklichkeit verursacht.

Wir sehen die Welt und nehmen Ideen, Gedankenformen, Ideologien und Gesichtspunkte in unsere Gedanken auf und versuchen, irgendeinen Sinn darin zu entdecken. Wenn wir die Ideen und Ideologien interessant finden, verfolgen wir sie weiter. Wir schließen uns der einen oder anderen Gruppe oder Organisation an und füttern auf diese Weise unseren Verstand mit Illusionen.

Wir machen es der Seele unmöglich, klar, wahrheitsgetreu, ungehindert zu sehen, wie die Welt wirklich ist. Wir zeigen der Seele, wie wir denken, dass die Welt ist. Wenn wir uns mit all den Ideen, Ideologien, politischen Parteien, Lebens- und Denkweisen, den verschiedenen Religionen, Doktrinen und Dogmen beschäftigt haben, herrscht nur noch Nebel, ein Mangel an Licht, den wir Illusion nennen, wodurch wir dem Denkapparat der Persönlichkeit den Zugang zum Seelenlicht versperren. Die Seele ist bestrebt, ihr Licht durch den Mentalkörper einströmen zu lassen. Wenn die Illusion auf der Astralebene stattfindet, nennen wir sie Verblendung. Die Welt ist voller Verblendungen. Manche von Ihnen kennen ihre persönlichen Verblendungen zum Teil. Alle Menschen in Inkarnation leiden an Verblendung oder Illusionen, außer den Meistern und den höheren Eingeweihten. Wir sehen nicht, wie die Welt in Wahrheit ist. Wir leben in der Großen Illusion.

Die meisten Menschen, die zu denken anfangen (das ist der Unterschied zwischen Verblendung und Illusion), gehen mit ihren Überlegungen und Interpretationen so um, als seien sie wirklich, und entscheiden sich für die eine oder andere. Manche orientieren sich beispielsweise an ihren Gefühlen, weil sie sentimental sind, und wählen eher eine sentimentale Ausdrucksweise. Andere dagegen, die etwas weniger empfindsam sind, finden einen nüchternen Ansatz mehr nach ihrem Geschmack. Wir schließen uns immer dem an, was wir uns erklären können, was uns wahr erscheint.

„Illusion ist in erster Linie eine mentale Eigenschaft und kennzeichnet die Denkgewohnheit von Menschen, die eher intellektuell als emotional sind. Der Verblendung im üblichen Sinne sind sie entwachsen. Ihr Fehler ist, dass sie Ideen und Gedankenformen falsch verstehen und falsch auslegen ..."

„Illusionen sind heute derart mächtig, dass nur wenige Menschen mit einigermaßen entwickeltem Verstand nicht von diesen weit verbreiteten, illusorischen Gedankenformen beherrscht werden, die ihre Wurzeln und ihren Nährboden in der Welt der niederen Persönlichkeit und in der Wunschnatur der breiten Masse der Menschheit haben."

Wir leben in einer Welt, die voller Illusionen ist. Jedes Land der Welt hat seine eigenen Illusionen. Handelt es sich dabei um ein großes Land wie Russland oder Amerika, dann haben die Menschen gewöhnlich Illusionen der Größe. Sie wollen dominieren und ihr Territorium ausdehnen. Je größer man ist, desto mehr strebt man danach, sich noch mehr zu vergrößern. Das ist etwas Merkwürdiges. Man sollte meinen, ein Land von der Größe Russlands oder der USA sei so groß, dass es seiner Größe überdrüssig werden müsste, weil es sich als zu unbeweglich und zu schwer koordinierbar erlebt. Aber nein, im Gegenteil, sie wollen noch größer werden.

Man könnte annehmen, ein so großes Gebiet wie die Vereinigten Staaten von Amerika zu besitzen – 5000 Kilometer breit und einige tausend Kilometer von Norden nach Süden –, würde reichen, um die meisten Menschen zufriedenzustellen. Aber nein. Woher stammen Texas, Neu-Mexiko, halb Kalifornien? Diese Gebiete haben die USA Mexiko gestohlen. Der Wunsch, der Größte und Beste zu sein, immer größer und mächtiger zu werden, und daraus die Gedankenform der Überlegenheit zu entwickeln, ist eine große, permanente Illusion der Bevölkerung der Vereinigten Staaten. Unter der gegenwärtigen republikanischen Regierung scheinen die USA entschlossen zu sein, ein weltweites politisches und wirtschaftliches System zu schaffen, in dem Amerika dominiert.

Die Briten herrschten bis in die Mitte des 20. Jahrhunderts, also fast zweihundert Jahre über einen großen Teil der Welt. Wohin man auf der Weltkarte blickte, sah man rosa. Rosa, das waren Großbritannien, britisches Herrschaftsgebiet und Kolonien – allesamt britisches Eigentum und von Großbritannien recht oder schlecht regiert. Das verschaffte Großbritannien die große Illusion, eine Supermacht zu sein. Und für kurze Zeit war es das auch.

Als die Spanier fast ganz Südamerika eroberten, bemächtigten sie sich des gesamten Goldes und Silbers, das sie finden konnten, und Spanien wurde das reichste Land der Welt. Sie fühlten sich mächtig in Europa und spielten eine dominierende Rolle, aber nur für eine gewisse Zeit. So etwas geschieht immer wieder.

Als Napoleon in Europa die Weltbühne betrat, entwickelte sich „der Ruhm Frankreichs" zu einer gewaltigen Illusion, einer mächtigen Gedankenform. Das eigentliche französische Anliegen, die Korruption, die aufgeblasene Zivilisation der Sonnenkönige zu beenden, endete in einem von Napoleon angeführten militärischen Eroberungsfeldzug, der sich über ganz Europa bis nach Russland und Afrika erstreckte. Das ist die Illusion der Größe. Die Kolonisierung, die im 16., 17., 18., 19. Jahrhundert stattfand, beruht auf der Illusion der Vermehrung von Macht und Reichtum.

Heute verfolgen die Vereinigten Staaten etwas Ähnliches, ein Expansionsprogramm unter dem Motto „Krieg gegen den Terrorismus" und der weltweiten Verbreitung einer Pax Americana. Die inzwischen mehr als 2000 Militärbasen der Vereinigten Staaten in anderen Ländern verschaffen den nötigen militärischen Zugang, um „die Welt polizeilich zu überwachen", wie sie sagen würden. Sich als Weltpolizist zu sehen, wie damals die Briten und heute die Amerikaner, ist eine gewaltige Illusion. Sie ist unhaltbar, lächerlich und heute sehr bedrohlich für den Weltfrieden. Das ist eine Illusion gewaltigen Ausmaßes.

Illusion erstreckt sich von den Vorstellungen auf nationaler und weltpolitischer Ebene bis zu den Illusionen, die die Vorgehensweise von Gruppen wie unter anderem die unsere beherrschen. Einige Gruppen sind zwar noch nicht aus der Inkarnation, aber sie haben sozusagen aufgrund der Illusion über ihre ursprüngliche Aufgabe an Einfluss in der Welt, an Autorität und Realität verloren.

Ich denke beispielsweise an die Theosophische Gesellschaft, die immer noch gute Arbeit leistet, ihre theosophischen Lehren herausgibt und allmählich, unauffällig die Lehren der Meister, wie sie von H. P. Blavatsky und anderen Autoren wiedergegeben wurden, verbreitet. Die große Mehrheit der frühen Theosophen sah sich als die Bewahrer des Wissens, als Vorreiter einer Bewusstseinsveränderung in der Welt. Real gesehen stimmte das auch, weil zum ersten Mal seit Menschengedenken die Ideen der Hierarchie an die Öffentlichkeit gelangten. Sie wurden publik, diskutiert, herabgesetzt und für „Teufelswerk" gehalten, wie jeder Richtungswechsel unter Anhängern einer Religion. Jede Veränderung wird als Teufelswerk gesehen.

Veränderung kann gut oder schlecht sein, aber wenn die Dinge funktionieren, verändert man sie gewöhnlich nicht. Wenn etwas nicht gut läuft, wenn die Notwendigkeit einer Veränderung, neuer Ideen, eines neuen Energieschubs augenscheinlich wird, dann ist das ein sicheres Zeichen dafür, dass die betreffende Lehre an ihre Grenzen gestoßen ist. Sie kann nichts mehr offenbaren und stagniert zusehends. Als beispielsweise *Die Geheimlehre*, das Hauptwerk von H. P. Blavatsky, veröffentlicht wurde, hatten die meisten Lehren der Welt genau diesen Punkt erreicht.

Natürlich blieb im religiösen Bereich die Tür gegen dieses Eindringen der Theosophie fest verschlossen. Theosophie ist die Philosophie Gottes. Es gibt keine größere Bedrohung für eine Religion als diese Lehre, dachten viele, und doch war die Theosophie nie gegen die Religion eingestellt – ganz im Gegenteil. Die religiösen Eiferer der damaligen Zeit nahmen an allem Anstoß, was von Madame Blavatsky vorgebracht wurde. Ebenso die Wissenschaftler. Die bekanntesten Wissenschaftler gehörten zu ihren strengsten Kritikern, und bis zum heutigen Tag bekommt Madame Blavatsky zumeist nur schlechte Rezensionen, wenn sie in Zeitschriften oder in den Medien erwähnt wird.

Diese Frau war eine Eingeweihte vierten Grades, sie befand sich auf derselben Stufe wie Jesus in Palästina oder Leonardo da Vinci, und trotzdem wird sie noch immer als Betrügerin verunglimpft und als ein Medium, das in spiritistischen Séancen geschwindelt haben soll (was sie nie tat und auch nicht zu tun brauchte), in Verruf gebracht.

Der eigentliche Grund war, dass die von der Hierarchie stammenden Ideen hochexplosiv sind. Sie erschütterten die Vorstellungen der damaligen Zeit, die illusionär waren. Die Ideen, die von Madame Blavatsky übermittelt wurden, die Vorstellungen der Hierarchie, wurden damals absichtlich in die Welt gesandt, um den Weg frei zu machen und die Verblendungen und Illusionen aufzulösen, die bis heute das Fühlen und Denken der meisten Menschen belasten. Je intellektueller ein Mensch ist, desto mehr wird die Illusion zu einem Problem für ihn.

Ich wurde kürzlich kritisiert, weil ich in *Share International* einige sogenannte Wissenschaftler aufgrund ihrer Reaktion auf die Kornkreise als „dumm" bezeichnet hatte. Als ich neulich bei Meister D.K. etwas nachlas, stieß ich auf einen Fall, in dem er gewisse Wissenschaftler als dumm bezeichnete. Ich bin also in guter Gesellschaft. Er sagt auch, dass alle Jünger in erster Linie Mut haben müssen. Die Welt wird sich nie von Illusionen befreien können, solange wir keinen Mut haben. Eine der Pflichten des wahren Jüngers, sagt Meister D.K., bestehe darin, sich offen gegen jede – wissenschaftliche, religiöse, politische oder wie auch immer geartete – Autorität auf der Welt auszusprechen, mit der er nicht einverstanden ist und die er an Weit- und Klarsicht übertrifft.

Wenn er denkt, dass diese Autoritäten Unrecht haben, obliegt es einem Jünger, dies zu äußern. Wenn er sich drückt und vorgibt, hinsichtlich dieses Themas keine Meinung zu haben und nichts Besseres, Deutlicheres und Wahreres anzubieten habe, dann ist er nur dem Namen nach ein Jünger. Der wahre Jünger kennt keine Furcht. Das ist eine Grundbedingung für alle Jünger.

Verblendung und Illusion erkennen

Meister D.K. zufolge kann das Problem der Verblendung allein durch den Mentalkörper überwunden werden, das heißt, von der Seele, die über den Mentalkörper die Verblendung enthüllt. Und er sagt: *„Es ist schon viel, wenn man die Existenz von Verblendungen und Illusionen überhaupt erkennt. Die meisten Menschen wissen nichts davon."* Man braucht nur mit anderen Menschen zu sprechen, um festzustellen, dass dies auf die meisten zutrifft. Die meisten Menschen sind sich überhaupt nicht bewusst, dass sie in Verblendung und Illusion leben.

„Viele gute Leute in unserer Zeit erkennen das nicht; sie vergöttern ihre Verblendungen ... " Sie vergöttern sie! Sie denken, das sei etwas Wundervolles. „Das Beste, was ich habe, ist diese Verblendung", welche auch immer. *„ Und betrachten ihre Illusionen als ihren wertvollsten und hart erkämpften Besitz."* Menschen treten politischen Parteien und Organisationen bei. Oder sie schließen sich einer Gruppe an, die keine Organisation ist, und wandeln sie in eine Organisation um, in der sie dann selbst eine Machtposition innehaben. Das gibt ihnen die Illusion der Größe, der Wichtigkeit. Es ist eine versteckte Methode, um Kontrolle auszuüben. Das ist eine große Illusion, die die ganze Gesellschaft beherrscht.

Alle politischen Parteien, alle sogenannten spirituellen Gruppen, alle Gruppen überall haben die Tendenz, Situationen kontrollieren zu wollen. Die Gruppe als Ganzes macht das vielleicht nicht, aber Einzelne in der Gruppe tun es. Diese Kontrolle gibt ihnen ein Gefühl der Macht. Sie wollen die Macht, nicht den Dienst, den sie auf politischem, geistigem oder religiösem Gebiet zu leisten glauben. Bewusst oder unbewusst sind sie hinter der Macht her. Das ist die große Verblendung und die gewaltige Illusion ihres Lebens.

Möglicherweise vergeuden sie Jahre, um eine bestimmte Position zu erringen oder zu halten und sich gegen andere in ihrer jeweiligen Gruppe zu behaupten, ganz gleich ob es dabei um religiöse, politische, soziale, wissenschaftliche oder akademische Vorhaben geht. Jede beliebige Institution, jede beliebige Gruppe, die Ihnen einfällt, wird heute von diesem Problem heimgesucht.

Meister D.K. sagt: *„Illusionen sind heute so mächtig, dass nur wenige Menschen mit einigermaßen entwickeltem Verstand nicht von diesen weit verbreiteten, illusorischen Gedankenformen beherrscht werden, die ihre Wurzeln und ihren Nährboden in der Welt der niederen Persönlichkeit und in der Wunschnatur der breiten Masse der Menschheit haben."*

„Illusion ist die Vorgehensweise, bei der man die Wahrheit mit unzulänglichen Kenntnissen und aufgrund der Erfahrungen in der Materie interpretiert und verschleiert, sodass sie hinter einer Wolke von Gedankenformen verborgen bleibt. Diese Gedankenformen erscheinen dann wirklicher als die Wahrheit, die sie verschleiern – folglich beeinträchtigen sie den Menschen in seinem Zugang zur Wirklichkeit."

Es gibt viele Probleme auf der Welt, aber das Problem des Bewusstseins besteht gerade darin, dass man sich, je gebildeter man ist, je weiter man es in seinem Beruf gebracht hat, desto eher Illusionen hingibt, weil man damit die Möglichkeit hat, den Wunsch nach Macht zu verwirklichen. Jede Institution – sei es eine religiöse, politische oder akademische Einrichtung – hat eine Struktur, durch die ein Mann oder eine Frau in immer höhere und mächtigere Positionen aufsteigen kann.

Indem sie in ihrem Beruf in eine Machtposition aufsteigen, haben sie die Möglichkeit, bestimmte Vorgänge, Geld und Menschen in ihrer Institution zu kontrollieren. Das ist die Hauptverblendung, die alles, vom Pentagon bis zu den internationalen Börsen befallen hat. Es ist immer die gleiche Verblendung, die gleiche Illusion, dass all das wichtig sei. Die Vorstellung, dass Geld zu verdienen glücklich macht oder dass mehr Geld zu verdienen noch glücklicher macht, ist eine Gedankenform. Wenn man in hoffnungslosen Verhältnissen lebt und kaum seine Kinder ernähren, kleiden und zur Schule schicken kann, dann würde ein größeres Einkommen diesen Druck natürlich lindern. Aber die Idee, dass man Millionär werden muss, und wenn man das ist, Milliardär, und dies am besten erreicht, indem man in Aktien investiert, ist eine Illusion.

Die Menschen sind täglich, stündlich damit beschäftigt, die Handelsblätter zu studieren, um zu erfahren, wie man Geld machen und wie man das investierte Geld weiter vermehren kann. Sie leben auf Kosten der Welt, ohne ihr etwas zurückzugeben. Sie tun nichts weiter, als zu spekulieren, Geld zu investieren, es zu verdoppeln, zu verdreifachen, zu vervielfachen. An der Börse ein Vermögen zu machen, bringt der Gesellschaft nichts. Es ist eine einzige, gewaltige, illusionäre Gedankenform, die Millionen von Menschen in jedem Land als Realität akzeptiert haben.

Aus diesem Grund nennt Maitreya die Börsen „die Spielkasinos der Welt". Sie fühlen sich der Gesellschaft gegenüber zu nichts verpflichtet; sie geben der Gesellschaft nichts. Sie erlauben einigen Menschen, die Geld übrig haben, noch mehr Geld zu machen, ohne das Geringste dafür zu tun, ohne dafür zu arbeiten, sondern lediglich, indem sie Geld verfügbar machen, dessen Zinsen ihnen ein angenehmes Leben verschaffen.

Diese Gedankenformen verdunkeln und beherrschen unser ganzes Leben. Sie sind nicht bloß eine vorübergehende Fantasievorstellung. Alles, was ich über die Illusion gesagt habe, spielt sich heute ab und macht das Leben der meisten Menschen aus, und das nahezu ständig.

Überdies, und das ist vielleicht noch schlimmer: *„Diese Form der Illusion nimmt unter Jüngern und denjenigen zu, die sich den ersten beiden*

Einweihungen unterzogen haben ... Sie sind von der Bedeutsamkeit ihrer Errungenschaften und dem Gefühl durchdrungen, Verantwortung und Wissen zu besitzen. Wieder überschätzen sie sich und betrachten sich und ihre Mission als einzigartig unter den Menschensöhnen; hinzukommt, dass ihr Bedürfnis nach esoterischer und subjektiver Anerkennung vereitelt, was andernfalls eine sinnvolle Aufgabe hätte sein können. Jede Betonung der Persönlichkeit kann das reine Seelenlicht sehr leicht verzerren, das das niedere Selbst zu durchströmen versucht. Jedes Bemühen um äußere Anerkennung für die Mission oder Aufgabe, die die Persönlichkeit übernommen hat, lenkt davon ab und behindert den Betreffenden in seiner Aufgabe; es verzögert deren Ausführung, bis der Jünger gelernt hat, nichts weiter zu sein als ein Kanal, durch den Liebe einströmen und Licht einstrahlen kann. Dieses Durchströmen und Durchstrahlen muss sich spontan und ohne Bezug auf das Ich ergeben."

Wie oft haben wir nicht schon von Gruppen gehört, die unter der Leitung irgendeiner Person für eine kurze Zeit, eine Saison, ein oder zwei Jahre zu einiger Berühmtheit gelangt sind? Man kann das – oder konnte es – hier in den USA sehr oft erleben. Seit 1980 hörte ich jedes Mal, wenn ich in die USA kam, von einem prominenten „Guru", der eine große Gruppe leitete, und gelegentlich begegnete ich auch dem einen oder anderen von ihnen persönlich. Sie lebten zumeist zurückgezogen auf dem Lande, in den Bergen, an schönen, herrlichen Orten.

Wenn ich dann einen solchen Menschen traf, fand ich ihn gewöhnlich so sehr verblendet, dass es buchstäblich wehtat. Natürlich versuchte ich, mir nichts anmerken zu lassen, und meistens blieb es bei dieser Begegnung. Sechs Monate oder ein Jahr später hörte man nichts mehr von der Gruppe, oder nur, dass sie in Schwierigkeiten geraten waren und 400 000 Dollar in Häuser gesteckt hatten, die der Spender wieder zurückverlangt hatte. Immer ging es um irgendwelche krummen Touren, die gewöhnlich mit Geld zu tun hatten.

Das konnte geschehen, weil die Gruppe keine reale Ausgangsbasis hatte – sie basierte auf Fantasievorstellungen. Möglicherweise hatte der Gründer einmal ein Gefühl für das, was Dienst bedeutet, oder auch ein „Erlebnis" gehabt. Vielleicht war er für astrale Schwingungen empfänglich und stand mit einer Wesenheit auf der fünften oder sechsten Astralebene in Verbindung, von der er einige angenehme, eingängige Gedanken und Ideen auffing. Daher zog die Gruppe einen Menschentyp an, der auf dieses Niveau anspricht. Aber es fehlten Leute, die klare Vorstellungen und einen besseren Kontakt zur Außenwelt, zur realen Welt verlangten, und daher ging die Gruppe von selbst ein, und man hörte nichts mehr von ihr. So etwas geschieht immer wieder.

In einigen dramatischeren Fällen wurde vielleicht bekannt, dass sich alle umgebracht hatten, dass sie Gift genommen oder sich gegenseitig erschossen hatten. Alle möglichen Horrorgeschichten schmücken die Annalen der kurioseren „spirituellen" Gruppen. Aber dieses „Spirituelle" basierte zu 99 Prozent auf einer gewaltigen Illusion – der Illusion des Gründers und jener, die ihm ins Feuer, in den Tod, in die Berge oder wohin auch immer folgten.

Meine Tochter traf neulich im Hyde Park in London Maitreya. Sie hatte eine Besorgung zu machen und war in Eile, als sich ihr ein älterer Herr anschloss. Sie gingen eine Weile nebeneinander her und er sagte: „Ich werde Ihnen jetzt etwas sehr Wichtiges erzählen." Natürlich war sie ganz Ohr. Er sagte: „Alles ist Energie. Alles besteht aus schwingenden kleinen Energiemolekülen. Und alles, was aus Energie besteht, hat seine Gegenseite. Wenn Sie beispielsweise in diesem Jahr deprimiert sind, alles satt haben, weil alles schief läuft, wer sagt denn, dass im nächsten Jahr nicht alles besser sein wird? Alles kann wieder ganz angenehm und erfreulich sein. So ist es mit allem. Alles verändert sich fortwährend. Schauen Sie sich beispielsweise Herrn Blair an. Er hat sich immer mehr aufgebläht." Und der Mann sagte: „Sehen Sie ihn nur an. Er muss wieder ganz nach unten fallen." Nachdem er das sagte, forderte er einen Kuss auf die Wange als Preis für diese Information. Sie trennten sich und gingen ihrer Wege.

Dies verdeutlicht, wie die Hierarchie von ihrer Warte aus die Welt, die Verblendungen, die Wirklichkeit sieht. Die Meister sehen und wissen, dass das, was wir sehen, von der Wahrheit völlig abweicht. Die Wahrheit ist für die Seele nicht zu erkennen, weil die Persönlichkeit verhindert, dass die Seele die Wahrheit sieht. Wir halten die Wahrheit verborgen.

Wir sehen die Idee. Aufgrund unserer falschen Ausdrucksweise, unserer falschen Erziehung, unserer Ignoranz und mangelnden Kenntnisse deuten wir die Wirklichkeit entsprechend der „Norm" nach akademischen Vorstellungen, nach dem allgemeinen Verständnis von Politik, Religion oder Wissenschaft.

Mit anderen Worten, wir akzeptieren den Status quo. Das kommt daher, weil wir Angst vor Veränderungen haben. Wir haben Angst, uns zu verändern und sehen deshalb nicht, dass Veränderungen notwendig sind. Wir verdrängen die Notwendigkeit von Veränderungen, die Tatsachen, den wahren Zustand der Welt, den Schmerz, das Leiden, die Unsicherheit der Welt. Ich meine nicht nur den Terrorismus, sondern die Unsicherheit des Lebens, die heute natürlich auch den Terrorismus mit einschließt; wir verdrängen sie, weil wir sie nicht sehen wollen. Sie ist zu beunruhigend, zu erschreckend, sodass wir sie mit Illusionen zudecken. Wir besetzen jeden Winkel unseres Lebens mit Illusionen. Wir tun es als Gruppen, in politischen Parteien, als Regierungen. Sie alle haben ihre eigenen Methoden, mit diesem Trick der Wahrheitsverschleierung zu leben. Wie lautet die Lösung? Wie können wir da herauskommen?

Intuition

Meister D.K. sagt, nur die Intuition könne die Illusion überwinden. *„Nur mithilfe von Meditation und der Technik der Gedankenkontrolle können die Denker der Welt die Befreiung der Welt von Illusionen in Angriff nehmen. Daher wächst auch das Interesse an Meditation, nun, da man sich der Last der Weltverblendung allmählich bewusst wird, und daher ist es auch überaus wichtig, dass man die Technik der Gedankenkontrolle beherrscht ... Nur die Intuition kann die Illusion auflösen, und darum ist es notwendig, Menschen in Intuition zu schulen."*

Die Intuition ist das Licht der Seele, die buddhische Ebene der Seele, die sich unmittelbar durch den Verstand mitteilt. Wenn der Verstand frei von Illusionen ist, kann sich Buddhi oder die Intuition manifestieren. Wenn die Intuition oder Buddhi wirksam werden, befreit das den Verstand automatisch von den Illusionen. Es ist wie ein Hausputz. Eines Tages kommen Sie ins Haus und bemerken die Spinnweben. Sie haben sich jahrelang täglich in diesem Haus aufgehalten und nie gesehen, dass alles voller Spinnweben ist. Mit einem Mal sehen Sie die Spinnweben, nehmen einen Besen und fangen an, sie zu beseitigen.

Die Fähigkeit, die wir Intuition nennen, ist die nächste Bewusstseinsebene, die entwickelt werden muss. Die meisten Menschen auf der gegenwärtigen Stufe der Menschheit arbeiten mit dem logischen Denken, dem Verstand. Wir können denken. Je besser wir denken können, desto klüger meinen wir zu sein.

Leider meinen die Leute in esoterischen Gruppen, dass sie in esoterischer Hinsicht mehr verstehen, eben weil sie in einer esoterischen Gruppe sind. Dabei können sie sogar noch viel verblendeter als ihre Mitmenschen sein, die nichts über Esoterik wissen – und sind es oft auch. Die esoterischen Gruppen gehören wohl zu den am meisten verblendeten und illusionären Gruppen auf der Welt.

Wenn jemand eine gesellschaftlich anerkannte Autoritätsposition oder einen gewissen Grad an Ansehen erreicht hat und Mitglied einer esoterischen Gruppe ist, neigt er dazu, beides zu vermischen und zu meinen, er müsse auch in dieser Gruppe die Kontrolle, die Macht haben, über die er im akademischen, religiösen oder wissenschaftlichen Bereich verfügt. In einer esoterischen Gruppe funktioniert das nicht. Es gibt keine Machtpositionen in einer wirklich esoterischen Gruppe.

Ich habe über dieses wichtige Thema schon früher gesprochen – über das Problem der Organisation im Vergleich zu einer organischen Form von Organisation. Manche kommen in eine Gruppe wie diese und organisieren und organisieren und organisieren. Sie meinen, dass sie das gut könnten. Vielleicht stimmt das auch, mitunter auch nicht, aber es hat nichts mit der esoterischen Qualität der Gruppe zu tun.

Eine esoterische Gruppe funktioniert nicht durch Organisation. Meister D.K. sagt, dass die Theosophische Gesellschaft an den „Klippen der Organisation" gestrandet sei. Nachdem H. P. Blavatsky gestorben war und das Feld ihren Nachfolgern überlassen hatte, brach der wichtigste Teil ihrer Arbeit zusammen, weil ihre Seele an der Gruppe nicht beteiligt war. Sie war eine Eingeweihte vierten Grades. Sie arbeitete allein von ihrer seelendurchdrungenen Persönlichkeit aus, und als die Persönlichkeit verschwand, weil sie starb, scheiterte die Gruppe.

Sie strandeten an den Klippen der Organisation, die die „cleveren" Leute eingeführt hatten. H. P. B. war keine clevere Person. Sie war ein absolutes Genie, eine der großen Eingeweihten. Aber sie war keine „Besserwisserin" wie einige der Leute, die hinzukamen und die Struktur der Theosophischen Gesellschaft aufbauten, sie auf der ganzen Welt verbreiteten und dabei das Wesentliche der Theosophischen Lehren versperrten, weshalb sie seit den Tagen von Annie Besant auch nicht viel erreicht haben. Sie zementierten die Lehren und verschlossen sich den demokratischen Ideen von Alice Bailey und den neuen Lehren, die sie von Meister D.K. erhielt.

Man muss sehr klar und genau sein. Jeder in dieser Gruppe muss sich selbst prüfen und herauszufinden versuchen, wo er verblendet und wo er Illusionen hat. Was Menschen für ihre besten Eigenschaften halten und in die Gruppe einzubringen versuchen, sind häufig ihre größten Illusionen. Das ist fast schon eine Binsenweisheit. Es ist das, was D.K. „ihren kostbarsten Besitz" nennt. Das, was sie in ihrem Leben hart erarbeitet und entwickelt haben, erweist sich als ziemlich wertlos, wenn es konkret darum geht, ein Jünger zu sein.

Wir geben unsere Erfahrungen aufgrund von falschen Interpretationen wieder, die allesamt mit der Persönlichkeit, dem Ich zusammenhängen. Sie verschaffen dem Ich ein Gefühl der Sicherheit. Das kann zum Beispiel die Idee der Vaterlandsliebe sein: „ich bin Amerikaner", „ich bin Brite", „ich bin Franzose, und ich bin stolz darauf." Das sind Gedankenformen, die das Leben von Nationen prägen. Nahezu jeder Brite ist ein Patriot, und jeder glaubt, die britischen Fußballer seien die besten der Welt, was ein Unsinn ist. Niemand sonst hält den britischen Fußball für den besten der Welt. Sie waren einmal die Besten – aber das ist lange her. Sehen Sie sich die Fahnen überall in Amerika an. Ich habe noch nie ein Land gesehen, das so sehr mit Nationalflaggen dekoriert ist.

Klares Denken

„Das Ziel jeder Schulung auf dem Weg der Jüngerschaft bis hinauf zur dritten Einweihung besteht darin, dass der Jünger klar zu denken lernt, damit er frei von Illusionen wird ..."
Es geht um die Freiheit unseres Denkens. Es muss klar sein. Wir sind so voller Verblendungen, dass wir, selbst wenn wir schon etwas geschulter sind und unsere mentalen Fähigkeiten allmählich recht gut einsetzen können, immer noch voller Verblendungen beziehungsweise Illusionen sind, wie wir das auf der Mentalebene nennen. Es ist deshalb schwierig, das Leben so zu sehen, wie es wirklich ist, weil wir den Weg nicht freimachen, damit die Seele uns das wirkliche Leben zeigen kann. Die Seele kann in diesem Stadium nur das sehen, was wir ihr als Wirklichkeit präsentieren. Und so verirrt sich die Seele in der Illusion. Das ist ein großes Problem für die Welt.
„... dass der Jünger klar zu denken lernt, damit er frei von Illusionen wird und daher emotional an Stabilität und Gleichgewicht gewinnt, wodurch der Einfluss jeglicher Weltverblendungen ausgeschlossen wird."
„Eines der Probleme, denen der Aspirant gegenübersteht, besteht darin, die Verblendung zu erkennen, sobald sie auftaucht, und sich der Verblendungen bewusst zu sein, die seinen Weg gefährden, wie auch der Illusionen, die zwischen ihm und dem Licht eine Wand errichten. Es ist schon viel, wenn man die Existenz von Verblendungen und Illusionen überhaupt erkennt."
Wir wissen alle, dass es Verblendungen und Illusionen gibt. Ist Ihnen das als eine esoterische Aussage bekannt oder wissen Sie es aufgrund Ihrer

Erfahrung? Wie sehr ist Ihnen bewusst, dass Verblendung und Illusion existieren? Können Sie es bei sich selbst erkennen? Können Sie im Alltag damit umgehen? Oder ist es einfach eine Idee, über die Sie in den Büchern von Meister D.K. gelesen haben und nun sagen: „Ja, ich sehe ein, dass Verblendung etwas Schreckliches ist, und ja, Illusionen sind auch fürchterlich." Sie akzeptieren, dass es sie gibt. Oder können Sie erkennen, dass sie existieren? Sie müssen das sehen können. Sie müssen es erfahren, erkennen, wo es die Wahrheit verdeckt, wo die Menschen die Wahrheit verbergen, wenn sie nicht wahrhaftig sind. Die Menschen glauben, dass sie ehrlich sind. Sie wollen es sein. Sie alle meinen es gut. Die meisten Mitglieder in einer Gruppe wie dieser meinen es gut, aber Handeln und Meinen stimmen oftmals nicht überein.

Meister D.K. sagt: *„Die Erscheinungswelt wird nicht geleugnet, aber wir sind der Ansicht, dass der Verstand sie missdeutet und sich weigert, sie so zu sehen, wie sie in Wirklichkeit ist. Diese Fehleinschätzung betrachten wir als die Große Illusion."*

„Wenn er sich entsprechend bemüht, gelingt es einem Aspiranten, mit der Seele oder dem Ego Fühlung aufzunehmen. Mit Meditation, guten Vorsätzen und der richtigen Technik sowie dem Wunsch zu dienen und zu lieben, findet er den Anschluss. Er wird sich dann der Ergebnisse seiner erfolgreichen Arbeit bewusst. Er erlebt eine Erleuchtung. Ein Gefühl der Macht durchströmt seine Träger. Er kann, wenigstens zeitweise, den Plan erkennen. Die Not in der Welt und die Fähigkeit der Seele, diese Not zu lindern, durchfluten sein Bewusstsein. Seine selbstlose Hingabe und seine edlen Absichten verstärken den gelenkten Zustrom geistiger Energie. Er weiß. Er liebt. Er bemüht sich, der Welt zu dienen, und er ist in allen drei Punkten mehr oder weniger erfolgreich. Die Folge davon ist, dass ihn das Gefühl der Macht und seine Rolle als Helfer der Menschheit mehr in Anspruch nehmen als die Aufgabe, ein Verständnis für richtige Proportionen und für geistige Werte zu entwickeln. Er überschätzt sich und seine Erfahrung. Anstatt seine Anstrengungen zu verdoppeln und dadurch einen engeren Kontakt mit dem Reich der Seelen [den Meistern] herzustellen und alle Wesen noch mehr zu lieben, richtet er allmählich die Aufmerksamkeit auf sich, auf die ihm anvertraute Mission und auf das vermeintliche Vertrauen, das der Meister und sogar der planetare Logos in ihn setzen. Er redet über sich selbst; er gestikuliert, erregt Aufsehen und verlangt nach Anerkennung. Dadurch wird seine Verbindung mit der Seele mehr und mehr beeinträchtigt, er verliert den Kontakt zu ihr, und gesellt sich zu den vielen Menschen, die der Illusion des Machtgefühls erlagen. Diese Form

der Illusion nimmt unter Jüngern und denjenigen zu, die sich den ersten beiden Einweihungen unterzogen haben."

Wie man sich von der Verblendung befreien kann

Wie kann man sich von dieser schrecklichen Realität der Verblendungen und Illusionen befreien? Verblendung, das ist auf einer niedrigen Stufe, die Gesamtsumme aller von Menschenmassen erzeugten Gefühlsreaktionen und der daraus geschaffenen Gedankenformen seit Anbeginn der Zeiten. Sie ist endlos und tiefsitzend, erbärmlich und unerträglich. Einem Meister, da er einen besseren Überblick hat, muss dieses Vorhaben, die Menschheit von dieser schrecklichen Last zu befreien, wie ein endloses Ringen erscheinen.

Jede Anstrengung, um die Menschheit von dieser Last, von den Fesseln der Verblendung zu befreien, muss für die Hierarchie ein Freudentag sein. Möglich wird dies durch Erfahrung: indem wir lernen, Verblendungen anzuschauen, sie als solche zu erkennen und ernsthaft an ihrer Überwindung zu arbeiten.

Wir sehen Verblendungen stets bei anderen Menschen; das ist die leichteste Sache der Welt. Alle anderen haben Verblendungen. Die Schwierigkeit liegt darin, unsere eigenen zu erkennen. Wir müssen unsere eigenen Verblendungen sehen. Es kommt darauf an, sie zu sehen und zu beurteilen und auch solche Verblendungen zu erkennen, die tiefsitzend und entscheidend sind, wie beispielsweise die Angst – die größte aller Verblendungen, die wahrscheinlich Ursprung vieler unserer schlimmsten Verblendungen ist. Wir müssen begreifen, dass die Angst die Wurzel allen Unglücks, allen Leidens in der Welt ist, und wir müssen versuchen, die Illusionen zu erkennen. Dazu müssen wir die Fähigkeit der Intuition benutzen.

Das ist schwierig, weil man Intuition erst haben muss, bevor man sie benutzen kann. Aber wir alle haben sie als Potenzial bereits in uns: Intuition ist eine Fähigkeit des Verstandes, und sie wird die heute so hochgeschätzte Fähigkeit des Menschen zu denken und zu rationalisieren, ersetzen. Das logische Denken lässt uns „Wunder" vollbringen. Wir können Bomben herstellen und damit Hunderttausende von Menschen töten. Wir können Raketen herstellen, die zum Mond und wieder zurück fliegen.

Wir sind recht gut im Pläneschmieden, doch nicht immer fehlerfrei, weil viele verschiedene Illusionen und Verblendungen den Prozess behindern. In einigen Dingen sind die Amerikaner besser, in anderen die Russen

– weil die Illusionen des jeweiligen Landes dessen Handlungsweise beeinflussen. Ihre Illusionen beeinflussen die Art und Weise, wie sie eine Aufgabe ausführen – weil das davon abhängig ist, wie viel Bedeutung man ihr beimisst oder wie viel oder wie wenig Geld dafür auszugeben man bereit ist.

Was unseren Planeten betrifft, haben die Russen beispielsweise eine gewisse Überlegenheit im Weltraum erlangt, wobei sie relativ wenig Geld ausgegeben haben. Die Amerikaner haben sensationellere Dinge geschafft. Sie haben einen Mann auf den Mond geschickt. Die Amerikaner haben in gewisser Hinsicht technisch hoch entwickeltere Instrumente, die jedoch so sensibel, so hoch entwickelt sind, dass sie nicht richtig funktionieren. Bei dem Versuch, Menschen in den Weltraum zu schicken, gab es aus verschiedenen Gründen einige sehr tragische Unfälle. Zwei davon ereigneten sich vor nicht allzu langer Zeit. Einige wurden von Mitarbeitern der NASA erwartet, sogar vorausgesagt, aber da sie in einer untergeordneteren Position als die Entscheidungsträger waren, wurde davon keine Notiz genommen. Diese Männer warnten beispielsweise davor, dass ein Kolbenoder Dichtungsring nicht richtig funktioniere und undicht werden könnte, und genau das verursachte einen der tragischsten Unfälle. Die Warnung wurde deutlich ausgesprochen, aber es wurde nichts unternommen, weil sie von einem Mann stammte, der keine leitende Funktion innehatte. Er war ein Mitarbeiter im Projekt, aber die Verblendung eines Mannes an einflussreicherer Stelle, der von seiner hohen Stellung verblendet war und es vermeintlich besser wusste als ein einfacher Mitarbeiter, setzte sich durch, und so verpufften dessen Warnungen.

Ebenso wurde nichts unternommen, als die Meister drei Monate vor dem 11. September 2001 das amerikanische Militär vor der Möglichkeit eines Terrorangriffs im September warnten. Die Warnung betraf das Pentagon und das Weiße Haus. Sie sagten nichts über die Zwillingstürme, aber sie warnten davor, dass ein Ereignis von großer Tragweite für das Pentagon und wahrscheinlich auch für das Weiße Haus stattfinden würde. Man sollte meinen, dass daraufhin irgendwelche Maßnahmen in die Wege geleitet worden seien. Aber die Illusion der Unbezwingbarkeit Amerikas ist so groß und die Gedankenform der Leute, die vom Pentagon aus das Land regieren, ist so gewaltig, dass nichts dergleichen geschah. Amerika wird mehr vom Pentagon als vom Weißen Haus aus regiert, obwohl sie verschiedene Funktionen haben. Das Pentagon hat das letzte Wort bei allem, was getan oder nicht getan werden soll. Sie ignorierten die Warnung, und die Folge davon war die tragische Katastrophe vom 11. September.

Das ist das Resultat sowohl von Verblendung als auch von Illusion. Die Verblendung besteht darin, zu glauben: „Wir können alles tun, was wir wollen. Wir sind stark, reich und mächtig", auch wenn das nicht der Fall ist. Japan „gehören" 31 Prozent der amerikanischen Staatsschulden. Wenn Japan und ein oder zwei andere Länder – oder auch nur Japan allein – beschließen sollten, ihr Geld zurückzuziehen, also die US-amerikanischen Anleihen zu versilbern, in die sie investiert haben und die die US-amerikanischen Staatsschulden finanzieren, würde Amerika zusammenbrechen. Der Börsenmarkt würde immer weiter absacken. Das wäre eine Katastrophe für Amerika. Mehr ist nicht nötig.

Mit all diesen Illusionen und Verblendungen behaftet, hatten sie also nicht damit gerechnet, dass Amerika etwas Derartiges zustoßen könnte. Aber es geschah und wird wieder geschehen, wenn die Sicherheitskräfte in diesem Land zukünftige Warnungen nicht ernst nehmen. Vielleicht haben sie Glück. Vielleicht können sie es verhindern. Vielleicht haben sie Ereignisse dieser Art auch schon verhindert. Es ist entscheidend, dass die Menschen die Welt sehen, wie sie ist und nicht, wie sie sie gern hätten.

Nach dem 11. September hatte Amerika die Sympathie der ganzen Welt. Jeder liebte Amerika, jeder fühlte mit Amerika mit. Jeder sagte: „Das hätte überall passieren können, in jedem Industrieland der Welt." Nun ist das Gegenteil der Fall. Amerika wird geschmäht und gehasst, weil man es fürchtet. Es wird gefürchtet, weil man ihm misstraut. Alle glaubten, dass die gegenwärtige US-Regierung das Gleichgewicht der Welt durcheinanderbringt, und genau das versucht sie zu tun. Es ist eine große Illusion, aber diese Illusion könnte wahr werden. Illusionen mögen zwar falsch sein, aber sie können reale Situationen schaffen. Die Illusion einer mächtigen und zu allem bereiten USA, könnte genau der Faktor sein, der letztlich zum Auslöser für einen 11. September wird.

Es tut niemandem gut, in Illusionen zu leben. Es mag sich angenehm anfühlen, aber grundsätzlich schneidet es einen von der Wirklichkeit ab. Entwickeln Sie Ihre Intuition. Der Weg zur Intuition ist Meditation; praktizieren Sie Transmissionsmeditation – die beste Meditation, um Seelenentwicklung und Intuition zu fördern. Göttlichkeit ist jener gesegnete Zustand, in dem man die Wirklichkeit absolut klar sieht. Das lässt sich nicht mit den Fähigkeiten des niederen Denkens erreichen. Die Wirklichkeit lässt sich mit dem physischen, astralen und mentalen Körper allein nicht erkennen.

Wir können bestenfalls Chef einer Regierung, einer Bank oder einer Institution werden, mehr nicht. Wir können in unserem Beruf eine Spitzenposition erreichen, aber hinsichtlich des Evolutionsstandes bedeutet das nicht viel. Menschen mit relativ gut entwickeltem und geübtem Verstand haben schon Außerordentliches geleistet, und doch haben sie möglicherweise noch nicht die erste Einweihung erreicht. Vermutlich hätten sie es eher geschafft, wenn sie nicht der Chef einer Bank oder der Rektor einer Universität gewesen wären.

Evolution betrifft den Seinszustand, das jeweilige Maß des Seeleneinflusses. Die Seele ist erst dann entwickelt, wenn sie von ihrem Träger aus die Wirklichkeit tatsächlich sehen kann. Aber wenn sie nur die Möglichkeit hat, die Denkfähigkeit des Gehirns zu benutzen, greift sie damit auf die Fähigkeiten des niederen Denkens zurück. Daraus kann niemals auf den Evolutionsstand geschlossen werden. Eine der großen Verblendungen und Illusionen der Menschen in sogenannten esoterischen Gruppen besteht darin, dass sie glauben, sie seien schon deshalb ziemlich weit entwickelt, weil sie einer esoterischen Gruppe angehören. Sehr häufig sind sie jedoch weniger weit entwickelt als Menschen, die nie noch von Esoterik oder Meister D.K. oder Ähnlichem gehört haben. Man muss sehr ehrlich gegenüber sich selbst sein, wenn man ein Jünger sein will.

[Anmerkung: Die Zitate von Alice A. Bailey sind dem Abschnitt über „Illusion" in dem Band *Denke darüber nach* entnommen, einer Zusammenstellung von Aart Jurriaanse im Lucis Verlag. (Nicht autorisierte redaktionelle Bearbeitung durch Edition Tetraeder e.V.)]

Illusion

Fragen und Antworten

Der folgende Text ist die überarbeitete Version der Fragen und Antworten im Anschluss an den Vortrag von Benjamin Creme auf den Transmissionstagungen 2003 in San Francisco (USA) und in Kerkrade (Niederlande).

Seele, Persönlichkeit, Intuition

Wir waren sehr überrascht über Ihre Aussage, dass die Seele die Wahrheit nicht immer erkennen kann, weil sie von der Persönlichkeit beeinträchtigt wird. Viele aus unserer Gruppe hatten in dieser Hinsicht wohl eine falsche Vorstellung und glaubten, dass die Seele allwissend sei.

Hier liegt ein Missverständnis vor. Die Seele ist allwissend. Sie wird nicht von der Persönlichkeit „beeinträchtigt". Die Seele wird durch ihr Unvermögen, sich in den Trägern der Persönlichkeit zu manifestieren – in diesem Fall dem Mentalkörper –, nicht im Mindesten in ihrem Sein eingeschränkt. Die Persönlichkeitsträger missdeuten, was die Seele sieht, und präsentieren diese Interpretation der Seele. Aufgrund der Illusionen sieht der Mentalkörper nicht, was wirklich geschieht; er sieht die Wahrheit nicht. Er bietet der Seele ein falsches Bild an; die Seele aber kann sich nur mithilfe des Mentalkörpers äußern. Der Mentalkörper präsentiert die Illusionen, als seien sie wirklich und wahr.

Wenn die Seele noch nicht so weit gekommen ist, dass sie ihr Licht ungehindert, also unbeeinflusst von den Illusionen der Persönlichkeit durch den Mentalkörper manifestieren kann, können Fehleinschätzungen zustande kommen, weil ihr falsche Daten angeboten werden. Die Seele kann die Wahrheit nicht sehen, weil der Mentalkörper sie ihr nicht zeigt.

Ständig werden der Seele Interpretationen, Ideen, Ideologien und Gedankenformen präsentiert, die sie in dem Moment aus der Sicht des Mentalkörpers als Tatsachen wahrnimmt. Auch wenn dieses Bild falsch ist, beeinträchtigt es die Seele nicht auf ihrer eigenen Ebene. Sie bleibt vollkommen, unantastbar. Sie kann jedoch auf dieser Ebene nicht tätig werden, wenn es der Träger nicht erlaubt, das heißt, wenn die Persönlichkeitsträger ihre verzerrten Gedankenformen der Wirklichkeit präsentieren.

Die Seele ist von ihren Vehikeln abhängig. Sie stattet sich mit Trägern aus, um die Wirklichkeit auf dieser Ebene wahrzunehmen. Wenn die Vehikel unzulänglich sind, ist die Sicht der Seele verzerrt. Das ist das Wesen der Illusion.

Nach meinem Verständnis wirkt die Seele auf den oberen vier Unterebenen der Mentalebenen und die Persönlichkeit auf den unteren drei Ebenen der Mentalebenen.

Die Seele wirkt auf der höchsten, der vierten Unterebene der Mentalebenen. Die Illusionen im menschlichen Denken konditionieren die Seele in ihrer Fähigkeit, die Realität zu erkennen. Wenn das Denken selbst nicht klar ist, wenn es ein nur undeutliches Bild der Wirklichkeit liefert, kann auch die Seele nicht klar sehen. Genau das ist Illusion, und das Problem dabei ist, dass es sich um eine Problematik der Seele handelt.

Wenn das Denken in der Illusion gefangen ist, erschwert das den Ausdruck des Seelenlichts. Durch die Intuition, die eine Seelenqualität ist, lässt sich die Illusion auflösen. Das scheint ein Paradox zu sein. Wie können wir, wenn wir in der Illusion gefangen sind, eine Seelenqualität anwenden, um die Ausdrucksfähigkeit der Seele zu verstärken? Könnten Sie dies bitte näher erläutern?

Sie müssen eine Seelenqualität einsetzen, um die Illusion loszuwerden, die den Ausdruck des Seelenlichts verhindert. Das ist ein Paradox. Es gibt solche Dinge wie Paradoxe. Sie müssen lernen, das Paradox zu mögen.

Ich habe beobachtet, dass die meisten Menschen Paradoxe hassen. Sie denken, wenn das eine wahr ist, dann kann das andere nicht wahr sein. Wenn Amerika das beste aller Länder ist, wenn die Marktwirtschaft die beste aller möglichen Wirtschaftsformen auf der Welt ist, dann kann es nicht wahr sein, dass irgendetwas Gutes am Kommunismus dran ist. Ich persönlich meine, dass es Gutes im Kommunismus gibt. Vergleichen Sie einmal die russische mit der amerikanischen Verfassung – sie sind sich in ihren Idealen sehr ähnlich.

Das Schwierige am Kommunismus war, dass er von oben verordnet wurde. Er wurde 250 Millionen Menschen von nur zehn Millionen Menschen aufgezwungen. Sie hatten keine andere Wahl, als ihn zu akzeptieren, ob sie es wollten oder nicht. Der Kommunismus ist nicht aus dem Volk heraus entstanden, sondern wurde von oben, von der Partei diktiert. Dabei war es recht schwierig, Parteimitglied zu werden. Nur rund zehn Millionen gehörten tatsächlich der Partei an. Sie lenkten dieses riesige Land Sowjetunion, das ein Sechstel der Erdoberfläche ausmachte. Das Bedürfnis nach Freiheit wurde jedoch außer Acht gelassen. Die Freiheit des Individuums ist unabdingbar, aber Gerechtigkeit ebenso. In den USA herrscht ein gewisses Maß an individueller Freiheit, aber nur wenig Gerechtigkeit. Es ist jedoch beides notwendig. Das klingt zwar paradox, ist aber wahr. Die beste Gerechtigkeit in der Welt ist Freiheit; die beste Freiheit in der Welt ist Gerechtigkeit.

Wenn die Intuition entwickelt ist, wird die Illusion überwunden. Wenn Sie Intuition anwenden, tritt die Illusion nicht auf. Sie sind dann nicht weiter in der Illusion gefangen, sondern setzen die Intuition ein, um sich davon zu befreien, obwohl die Illusion noch da ist. Sie benutzen die Intuition, die Fähigkeit der Seele, um den Blick auf das Leben zu klären, was die Illusion nicht tut. Die Illusion erzeugt einen Nebel zwischen dem Betrachter und der Welt, und das Resultat davon ist Fantasie, Illusion. Wenn aber das Seelenlicht, die Intuition, leuchten kann, wenn diese Fähigkeit zum Tragen kommt, tritt die Illusion erst gar nicht auf.

Es ist nicht so, dass die Illusion einfach existiert und nicht abgeschafft werden könnte. Sie wird ersetzt: Sie tauschen die Illusion gegen die Intuition aus. Wenn man die Intuition einsetzt, klärt sich alles. Sie ist wie ein Besen, mit dem man die Spinnweben entfernt. Alles, was die Erfahrung der Realität verhindert, wird geklärt und weggefegt – und plötzlich wissen Sie. Wenn Sie intuitiv wissen, dann gibt es keinen Platz für Illusion. Sie entsteht erst gar nicht.

Es ist manchmal schwierig, zwischen Intuition und Wunschdenken zu unterscheiden. Könnten Sie uns einige Hinweise geben, wie man sie auseinanderhalten kann?

Viele Menschen geben sich dem Wunschdenken hin. Die Menschen ersinnen fortwährend Gedankenformen. Diese „frommen Wünsche" folgen sehr oft einem Drehbuch, in dem der Wunsch erfüllt wird. Es ist wie Träumen. Sie gehen zu Bett und sagen sich: „Heute Nacht werde ich etwas Schönes träumen. Ich werde träumen, dass ich im Urlaub bin, das wird herrlich sein. Ich bin in Hawaii, und die Kokosnüsse fallen von den Bäumen." Sie malen sich das aus, gehen dann zu Bett und träumen. Das ist Wunschdenken.

Wie unterscheidet man zwischen Wunschdenken und unmittelbarer Intuition? Der Unterschied erweist sich an der Fähigkeit, etwas zu offenbaren. Wunschdenken erfüllt einen Traum, eine Gedankenform, eine Sehnsucht, ein Verlangen. Die Intuition dagegen – wenn es wahre Intuition ist – ist immer aufschlussreich; sie ist erhellend. Wenn nichts offenbart wird, handelt es sich nicht um Intuition.

Intuition ist auf keinen Fall Wunschdenken. Sich etwas stark zu wünschen, mit inbrünstiger Liebe zur Welt, ist keine Intuition. Intuition ist die Arbeitsweise der Seele, die in die Welt schaut und ihr etwas offenbart, also ihre Fähigkeit, sich der äußeren Welt mitzuteilen. Sie kann das nur tun, wenn keine restriktiven Verblendungen – oder wie in diesem Fall Illusionen – dazwischen stehen und diese Fähigkeit einschränken.

Die Seele kann sich auf ihrer eigenen Ebene ungehindert ausdrücken. Sie kennt die Bedeutung von Liebe und Offenbarung, ohne erst darüber nachdenken zu müssen. Das ist das Wesen der Intuition. Die Seele muss nicht denken. Sie weiß bereits. Auf der Ebene, wo sie im Leben tätig werden kann, zeigt sie sich als Offenbarung. Dann beginnt der Mensch etwas zu wissen, ohne denken oder rationalisieren zu müssen. Der logisch denkende Verstand kann das niedere konkrete Leben und Denken der Persönlichkeit recht gut bewältigen. Doch sobald die Seele ungehindert wirkt, nimmt die Intuition den Platz des Rationalisierens ein.

Schließlich wird die Fähigkeit der Menschheit, logisch zu folgern – zu rationalisieren, sich die Dinge zu erarbeiten und zu einem Ergebnis zu kommen – unter die Bewusstseinsschwelle sinken und der Intuition weichen. Das ist der nächste Schritt für die Menschheit insgesamt. Aber dies tritt nur ein, wenn ein Mensch immer mehr seine Seelenqualität lebt und, damit das geschehen kann, an der Persönlichkeit arbeitet, um die Vehikel der Seele zu läutern.

Das Problem wird durch die Vehikel verursacht. Der Mentalkörper bringt diese Illusionen, diese Gedankenformen, Ideen, Glaubensvorstellungen und das falsche Denken hervor, sodass die Seele nicht imstande ist, auf ihrem Niveau zu wirken und mithilfe der Intuition das zu offenbaren, was die Person wissen will.

Menschen mit einer mentalen Ausrüstung der Strahlenreihe 2–4–6 können ihre Intuition eher entwickeln oder zumindest früher oder leichter als jene auf der Linie 1–3–5–7. Aber unabhängig von der Strahlenstruktur wird der Jünger erst dann als solcher angenommen, wenn die intuitive Fähigkeit einigermaßen entwickelt und offenkundig ist.

Wir sprechen hier von Menschen, die im Vergleich zur Menschheit insgesamt einigermaßen entwickelt sind. Je weiter ein Mensch entwickelt ist, desto besser funktioniert die intuitive Fähigkeit und desto weniger muss er rationalisieren. Das trifft auf alle Jünger zu, ungeachtet ihrer Strahlenstruktur.

Es kommt eine Zeit, wo sich die Seele in zwei Richtungen entwickelt. Sie wendet sich der Monade zu und nimmt deren Energie auf, gleichzeitig wendet sie sich ihrem Spiegelbild zu, dem Mann oder der Frau in Inkarnation. Sie bewirkt eine tiefe Vereinigung, eine tief greifende Einheit von Monade und Persönlichkeit. Das hat mit dem Seeleneinstrom in die Vehikel zu tun. Wenn die physischen, astralen und mentalen Träger der Person mehr und mehr auf demselben Niveau schwingen, laufen sie am Ende synchron. Auf diese Weise führt die Seele schließlich eine Synthese herbei.

Wenn die Synthese zwischen dem physischen und dem astralen Träger in ausreichendem Maß zustande kommt und der Mentalkörper zumindest anfängt, sich der Synthese anzunähern, zeigt sich die Intuition von selbst. Wenn die Seele die Energie der Monade einbringt, wird die Intuition zu einer selbstverständlichen Fähigkeit der Person. Allerdings kann sie auch dann noch bis zu einem gewissen Grad von Illusionen gefärbt sein.

Einige hoch entwickelte Menschen waren so illusionär, dass sie dachten, sie seien der Christus. Ich spreche von Menschen wie Bahá'u'lláh und Meher Baba. Bahá'u'lláh führte die Bahai-Lehren ein, die von Maitreya stammten. Maitreya überschattete ihn und diktierte ihm die Lehren. Bahá'u'lláh hingegen, ein Eingeweihter dritten Grades, dachte, sie kämen direkt von Gott. Er hatte die Illusion, diese Gedankenform, dass Gott oben im Himmel sei und ihm diese Lehren diktiert habe. Er erhielt sie von Christus, dachte aber, *er* sei der Christus. Das ist eine Illusion – eine gewaltige Gedankenform, eine falsche Deutung der Wirklichkeit auf einem sehr hohen Niveau. Es ist also kein einfacher und automatischer Prozess; Menschen entwickeln sich unterschiedlich.

Meher Baba, beispielsweise, war ein religiöses Genie. Er hatte den Einweihungsgrad 2.4, hatte aber trotzdem gewisse Fantasien und Illusionen über sein eigenes Leben. Auch er glaubte der Christus zu sein. Er wurde „muni" (sprach nicht mehr) und schrieb, nachdem er etwa zwanzig Jahre geschwiegen hatte: „Wenn ich wieder zu sprechen anfange, werde ich der Christus sein." Er starb, bevor er der Christus sein konnte! Mit 2.4 kann man kein Christus sein. Das ist einfach nicht möglich. Es ist eine große Verblendung, das heißt, in diesem Fall eine Illusion.

Worin besteht der Unterschied zwischen Verblendung und Illusion?
Es ist die gleiche Illusion, das heißt, es fehlt an Klarheit, Licht, Erkenntnis und Bedeutung. Wenn Ihr Denken unempfänglich ist oder keinen Zugang zur Wahrheit findet, dann leben Sie in Illusion. Erleben Sie diese Illusion

emotional, ist es eine Verblendung; erleben Sie sie als eine mentale Vorstellung oder Idee, ist es eine Illusion. Verblendungen sind Illusionen auf der astral-emotionalen Ebene. Illusionen beziehen sich auf die mentale Ebene. Davon ist die Seele betroffen, weil sie die Mentalebene benutzt, die rein und ungetrübt sein muss. Ist diese nicht klar, dann hat auch die Seele keinen freien, eindeutigen Blick auf die Welt. Sie sieht die Welt durch eine Wolke von Illusionen, die die Person nicht bewusst wahrnimmt. Der Mensch bildet sich ein, ein toller Kerl zu sein, der brillante Ideen hat und die Gemeinschaft in eine große Zukunft führt. Er steht an der Spitze eines Staates, entwickelt die Waffen, die sein Land zum besten und stärksten der Welt machen; er wird ein wichtiger Mann.

In allen Gruppen sind die Leute voller Illusionen, auch wenn sie es wahrscheinlich nicht wissen: Illusionen über sich selbst, über ihre Ehrlichkeit, ihre Hingabe an die Sache. Sie haben ihr Leben ganz dem Dienst geweiht. Sie sollten vielleicht genauer hinsehen. Wenn irgendein Bereich ihres Lebens, ihr Wohlbefinden, ihr „Wohlfühlpegel" bedroht ist, kann man sehen, wie weit es mit ihrer Hingabe und Aufopferung bestellt ist. Denn bei genauerem Hinsehen zeigt sich häufig, dass das, was sie zu tun glauben, nicht das ist, was sie tatsächlich tun.

Jeder hat Illusionen. Sie lassen sich im Leben nicht vermeiden. Wir haben sie, und wir müssen sie loswerden, mit ihnen fertig werden. Das ist nur möglich, wenn wir unsere Intuition entwickeln. Wie macht man das? Indem wir unser Denken beherrschen lernen, denn nur ein kontrolliertes Denken kann Illusionen vermeiden. Es gibt viele Techniken, um das Denken zu kontrollieren und weiterzuentwickeln.

Als Erstes würde ich, um mit der Gedankenkontrolle anzufangen, die Verstandeskraft einsetzen und herausfinden, wo das Denken angesiedelt ist. Inwieweit steht uns unsere Denkkraft zur Verfügung, welche Anteile liegen im Unterbewussten und füttern all die Gedankenformen, welche die Verblendungen und Illusionen erzeugen?

Es gibt eine Technik der Selbsthypnose, die Sie erarbeiten können. Das Buch des Kanadiers Rolf Alexander mit dem Titel *The Healing Power of the Mind* (vergriffene deutsche Ausgabe: *Gesundheit durch Seelenkraft*) beschreibt eine Technik der Selbsthypnose, der schrittweisen Befreiung des Denkens von seiner Fragmentierung im Unterbewusstsein. Die unbewussten Denkvorgänge sollten unbewusst bleiben. Sie laufen deshalb unbewusst ab, um die Verdauung zu regulieren, um das Blut und die Zellen in den verschiedenen Körperteilen zu versorgen – rein automatische Prozesse unterhalb der Schwelle des Bewusstseins.

Die Emotionen der Menschen entstehen durch den falschen Gebrauch der Energie des Astralkörpers. Der Astralkörper sollte ein stiller, ruhiger See sein, in dem sich die Energie, die wir Buddhi nennen – der zweite der drei Seelenaspekte –, spiegeln kann. Wenn sie reflektiert wird, verfügen wir über Intuition. Einsichten der Seele, als Folge der Spiegelung von Buddhi, ergibt Intuition. Wo aber der übliche Tumult des Astralkörpers vorherrscht, dem die meisten Menschen unterworfen sind, findet sich kein ruhiger See, in dem die Seele ihr buddhisches Bewusstsein spiegeln kann.

The Healing Power of the Mind ist sehr interessant, weil das Buch einen einfachen Prozess der Selbsthypnose schildert, mit dem man seinen Verstand von den unbewussten Fragmenten befreien kann. Jedes Mal, wenn Sie sich schlafen legen, träumen Sie. Sie träumen, auch wenn Sie sich nicht daran erinnern. Doch Träume sind lediglich das Resultat der Fähigkeit des menschlichen Verstandes zur Gedankenbildung. Der Vorgang beruht darauf, dass der Verstand, der im Schlaf unzugänglich ist, in Form von Träumen zugänglich wird. Der gedankenbildende Prozess geht weiter und beschert Ihnen die schönsten, schöpferischsten Träume.

Träume sind wie Filme. Sie können darin alles erschaffen. Sie brauchen nur an etwas zu denken, und schon ist es in Ihrem Traum da. Auf der Mentalebene spielt sich dasselbe ab, nur auf einer höheren Windung der Spirale, wobei es hier um Ideen und Konzepte und nicht um Wünsche geht. Das hindert die Seele daran, die Wirklichkeit zu sehen.

Den Beschreibungen im Buch zufolge schickt man sich zunächst in den Schlaf. Man gibt sich bestimmte Affirmationen und setzt die Zeit fest, wann man wieder aufwachen will. Nach dem Aufwachen entwickelt man dann allmählich das, was man in den Affirmationen vorgegeben hat. Auf diese Weise werden die unterbewussten Bruchstücke Ihres Verstandes nach und nach an die Oberfläche geholt. Während Ihr Körper schläft, erhebt sich der Verstand über diesen schlafenden Körper, der blockiert ist und den Sie nicht bewegen können. Jeder kann das tun, es ist sehr einfach. Ihr Verstand steigt höher und höher und hinaus, und dann erleben Sie mentale Klarheit. Es ist eine völlig andere als die vom Unterbewusstsein absorbierte Denkerfahrung, die der Normalzustand ist.

In dem Maße, wie Ihr Denken noch im Unterbewusstsein versunken ist, sind Sie in Ihrer Denkfähigkeit eingeschränkt. Wenn das Denken auch nur teilweise versunken ist, besitzen Sie nicht die volle Energie der Mentalebene. Je mehr das Denken noch absorbiert und zersplittert ist, desto weniger ist es verfügbar. Wenn Sie sich allmählich von diesem fragmentierten Zustand befreien, setzen Sie die Energie des Denkens frei, und dementsprechend kann es sich erweitern. Frei zu sein, bedeutet, von Illusionen befreit sein, und an dieser Stelle kommt die Intuition ins Spiel.

Spielt auf unserem Niveau (Entwicklungsstand)* die Unterscheidung zwischen Illusion und Verblendung tatsächlich eine Rolle?
Sie tut es, sonst würde ich diesen Vortrag über die Illusion nicht halten. Für Jünger auf dem Probepfad und Anwärter auf die Jüngerschaft ist es wichtig, sich über den Charakter der Verblendung und das Wesen der Illusion klar zu werden und darüber, inwieweit sie die Möglichkeiten der Seele in ihrem Entfaltungsprozess einschränken. Es ist sehr nützlich für die Gruppen, sich damit zu befassen. [*Dies bezieht sich auf Personen, die in ihrem Bewusstsein zumeist astral polarisiert sind und einen Entwicklungsstand zwischen 0.8 und 1.5 haben.]

Welche Techniken der Gedankenkontrolle können uns helfen, die Intuition schneller zu entwickeln und weniger den rationalen Verstand zu benutzen?
Sie brauchen den rationalen Verstand deshalb nicht weniger zu benutzen. Was geschehen wird, ist, dass die Fähigkeit zu rationalem Denken unter die Bewusstseinsgrenze fällt. Das bedeutet nicht, dass wir dann nicht mehr rational denken. Sie setzen die Fähigkeiten ein, die Sie besitzen. Wenn Sie einen logischen Verstand haben, werden Sie ihn benutzen. Wenn er nicht funktioniert, werden Sie ihn nicht benutzen. Der logische Verstand arbeitet lediglich auf den niederen Mentalebenen, nicht aber auf den höheren Ebenen.

In ihrer Unkenntnis meinen die Wissenschaftler der Welt, rationales Denken könne alles leisten. Sie glauben, Sie könnten damit die Antwort auf jedes Problem finden, und dass sämtliches Wissen mit dem niederen, rationalen Verstand erfasst werden kann. Sie befinden sich im Irrtum, ihr Denken ist unempfänglich und verschlossen. Sie lesen nicht einmal Bücher wie die von Meister D.K., die sie mehr über die Fähigkeit des Denkens lehren würden als alles, was in ihren Fachbüchern darüber zu finden ist. Da es ihrem Denken an Aufgeschlossenheit fehlt, lässt sie das ignorant und ausgesprochen überheblich werden, so sehr, dass sie sogar behaupten, das „Milchwunder" sei durch Kapillarwirkung entstanden, dass die Milch irgendwie durch die winzigen Rillen der Bronze-, Kupfer- und Messingstatuen getropft sei und die Struktur sie absorbiert habe und verschwinden ließ. Sie können das natürlich behaupten, aber es ist unlogisch und unwissenschaftlich.

Ebenso weigern sie sich, ihren Verstand für die vielen Informationen über Ufos und Kornkreise zu öffnen. Sie lehnen es ab, sich mit dem Beweismaterial zu befassen, das sich überall in der Welt angesammelt hat, weil sie keine Antwort wissen, und fürchten sich davor, sagen zu müssen: „Ich weiß es nicht."

Das wiederholt sich mit jedem sogenannten Wunder. Ein Wunder ist nur dann ein Wunder, wenn Sie den wissenschaftlichen Vorgang nicht kennen. Dadurch dass das niedere Denken eingeschränkt ist, und weil die Wissenschaftler eine ignorante und anmaßende Haltung einnehmen, die sie dazu veranlasst hat, bestimmte Gesetze in der Welt aufzustellen (alles muss sich innerhalb dieser Gesetze bewegen, ob sie Gesetze der Erde sind oder nicht), können sie nicht wirklich sehen – weil sie sich weigern, es zu sehen –, dass wir uns auf unserem Planeten inmitten eines außergewöhnlichen Ereignisses befinden: die Manifestation der Beziehungen zwischen den Planeten.

Sie sperren sich absichtlich dagegen, weil sie Angst davor haben, ihre Unwissenheit zu zeigen. Sie werden dabei von all diesen Pseudowissenschaftlern unterstützt, die sich dieser Haltung zustimmend anschließen und dabei noch meinen, dass dies Wissenschaft sei. „Die Wissenschaft regiert" – aber sie weiß fast nichts! Die moderne Wissenschaft kennt nur einen winzigen Bruchteil der Zusammenhänge über die Beschaffenheit des Universums oder selbst unseres Planeten, der Erde, oder über die Gesetze, die die Manifestation eines Planeten oder eines Sonnensystems bestimmen. Je eher sie von ihrem Podest herunterkommen, auf das sie gestellt wurden, desto eher werden sie die Antworten auf einige ihrer Probleme finden, und die sind hauptsächlich psychologischer Art!

Wenn Meditation und Gedankenkontrolle zur Entwicklung der Intuition beitragen, würden Sie bitte näher erläutern, wie wir mit der Gedankenkontrolle beginnen können?

Ich habe bereits Mittel und Wege erwähnt: Meditation, Selbsthypnose. Es gibt viele Methoden. Die Meister lehren die Gedankenkontrolle in ihren Schulungszentren. Sie gehört zu einer Reihe von Themen, die insbesondere dann wichtig werden, wenn der Mensch sich der dritten Einweihung nähert. Sie lehren Gedankenkontrolle und wie man mit der Illusion verfährt. Gewöhnlich wird angenommen, dass zu dem Zeitpunkt, da ein Mensch sich der dritten Einweihung nähert, er oder sie die Verblendung in jeder Hinsicht gemeistert hat und dann nicht mehr nennenswert davon beeinträchtigt wird.

Nach meiner Erfahrung aber geht es mit der Verblendung noch weiter. Ich glaube, dass nur ein Meister vollkommen frei von Verblendung ist. Nur würde man es nicht als Verblendung in dem Sinne bezeichnen. Eher würde man es wahrscheinlich Illusion nennen. Da die Illusion auf der Mentalebene die Seele involviert, ist dies eine sehr spezielle Angelegenheit, die mit besonderer Sorgfalt behandelt werden muss.

Die Hierarchie lehrt und bildet die Menschen aus, aber niemand spricht heute darüber. Aufgrund der vielen Veränderungen des modernen Lebens und der Kommunikation, hat die Hierarchie ihre bisherige Unterrichtsmethode angepasst. Die Tür steht nun mehr oder weniger den ganzen Tag lang offen. Heute arbeiten mehr Menschen in der Nacht als jemals zuvor in der Geschichte der Erde. Und mehr Menschen, auch wenn sie nicht in ihrem Job arbeiten, sind des Nachts mit irgendwelchen Angelegenheiten beschäftigt oder unterhalten sich.

Künstliches Licht hat die Nachtarbeit möglich gemacht, und durch die Mechanisierung unserer modernen Gesellschaft wurde die 24-Stunden-Beschäftigung eingeführt. Dem hat sich die Hierarchie angepasst, und wenn Sie jetzt während der Nacht arbeiten, können Sie, wann immer sie schlafen, auch tagsüber, geschult werden.

Ist das Überschreiten des Denkens ein Mittel und ein Weg zur Gedankenkontrolle, und wird damit die Illusion beendet? Wenn ja, wird damit das Seelenlicht ins Denken gebracht und so die Intuition entwickelt?
Ja, den Denkprozess zu überschreiten, ist Meditation. Meditation ist eine der Möglichkeiten der „Gedankenkontrolle", aber nicht, indem sie die Gedanken beherrscht und dem Verstand die Möglichkeit, zu denken, verweigert, denn das würde nichts anderes bedeuten, als die Gedanken während des Denkprozesses zu verdrängen. Über das Denken hinauszugehen, heißt aber nicht, das Denken zu unterdrücken.

Über den Denkprozess hinauszugehen, bedeutet wörtlich, das Denken zu übersteigen – das ist der Vorgang der Meditation, der im Osten von Meistern und Avataren häufig angewendet wird und den sie den Prozess des „Eintauchens" nennen. Sie suchen die Quelle des Selbst, den „Ich"-Gedanken, den Sie im Herzzentrum finden, dem Sitz der Seele im ätherisch-physischen Körper; und im Gewahrsein des „Ich"-Gedankens gehen Sie darüber hinaus, das heißt, Sie tauchen in den „Ich"-Gedanken ein.

Wenn Sie in diesem Prozess denken: „Wer bin Ich? Wer bin Ich?", werden Sie die Quelle des „Ich" im Herzen finden. Um das „Ich" zu finden, müssen Sie den „Ich"-Gedanken lokalisieren. Sie werden entdecken, dass der „Ich"-Gedanke und der Atem aus ein und derselben Quelle stammen. Indem Sie die Atmung verlangsamen, verlangsamen Sie auch den Denkprozess. Wenn er dann so langsam geworden ist, dass er kaum noch aufrechterhalten werden kann, können Sie in das Herzzentrum und in die Seele „eintauchen". Auf diese Weise gelangen Sie in einen Bereich jenseits des Denkens und erleben damit einen Zustand der Meditation. In diesem Meditationszustand kommen keine Illusionen auf. Wenn Sie in dieser Weise meditieren, befreien Sie sich größtenteils davon, künftig weitere Illusionen zu entwickeln. Während der Meditation denken Sie nicht, weil Sie bereits über das Denken hinausgegangen sind. Deshalb ist es auch ein Prozess der Meditation und nicht etwa ein Prozess des Denkens. Richtig zu denken bedeutet, ohne Illusionen zu denken, was nicht dasselbe ist wie Meditation. Richtig zu meditieren heißt, das Denken von Illusionen zu befreien, weil sich das Denken durch Meditation klärt.

Ist die Transmissionsmeditation geeigneter zur Zerstreuung der persönlichen Verblendung und auch der Weltverblendung als die Techniken, die früher von Meister D.K. in dem Band **Verblendung: Ein Weltproblem** *empfohlen wurden?*
Sie ist nützlicher, weil sie effektiver ist. Sie ist für Menschen gedacht, die dienen wollen und dienen können. Dennoch wird wohl ebenso von Ihnen erwartet, dass Sie darüber hinaus auch die von D.K. in *Verblendung: Ein Weltproblem* gegebenen Techniken in die Praxis umsetzen. Verblendung ist Verblendung, gleichgültig was Sie tun. Wenn Sie Transmissionsmeditation praktizieren, wird die Verblendung allmählich nachlassen. Es ist kein Entweder-Oder, sondern ein Sowohl-als-auch.

Was bedeutet die Feststellung: „Wir müssen die Verblendungen ohne Illusion betrachten"?
Die meisten Menschen haben sowohl Verblendungen als auch Illusionen. Bei den Illusionen handelt es sich um Ideen, mentale Gedankenformen. Jeder von uns hat sie. Der Mentalkörper der Welt, die Mentalebene, ist mit Milliarden von Gedankenformen angefüllt – riesigen und kleinen und solchen, die ständig wachsen und sich dauernd verändern. Das alles sind mentale Gedankenformen.

Daneben gibt es aber auch astral/emotionale Gedankenformen, bei denen die Emotionen im Vordergrund stehen. Die emotionalen Gedankenformen erleben wir als ein Gefühl, eine Empfindung, mit der wir eine Bedeutung verknüpfen. Beruht diese Bedeutung nicht auf Wahrheit, ist sie Verblendung. Sie können nur durch die Funktion des Mentalkörpers wissen, dass es Verblendung ist. Verblendungen werden durch das Licht der Seele überwunden, indem sie auf dem Weg über den Mentalkörper diese Verblendungen beleuchtet. Zu deren Überwindung muss die Erkenntnisfähigkeit des Mentalkörpers eingesetzt werden. Und das Licht der Seele, das heißt die Intuition, muss zur Überwindung illusionärer Gedankenformen auf der Mentalebene eingesetzt werden. Gedankenformen können illusionär oder wahr sein. Die Wahrheit ist immer präsent, sie müssen Sie nicht neu entdecken. Wenn Sie keine Verblendungen haben, dann haben Sie auch nicht verblendete, sondern wahre Gefühle, die von Herzen kommen, nicht vom Solarplexus und daher nicht auf einem Missbrauch astraler Energie beruhen. Wenn Ideen wahr sind, kommen sie von der Seele und sind kreativ und erhellend. Beruhen sie auf Illusionen, sind sie falsch. Nur die Intuition, das Licht der Seele, kann Ihnen zeigen, wann sie falsch sind.

Wie kann man erkennen, dass die Intuition rein und nicht etwa von Illusion und Verblendung beeinträchtigt wird?
Indem man feststellt, ob sie funktioniert. Wenn die Intuition funktioniert, wissen Sie das, weil Sie wissen, dass Sie wissen. Sie haben nicht darüber nachgedacht – Sie wissen es einfach, das ist es. Wie können Sie wissen, dass es Intuition ist und nicht Illusion? Durch Erfahrung – weil sie funktioniert und Klarheit bringt, weil sie keine Fantasie ist und weil sie mit den Lehren übereinstimmt, die seit Tausenden von Jahren gegeben werden.

Die nächste Phase in der menschlichen Entwicklung ist in der Tat die Entwicklung der Intuition. Insbesondere die Bevölkerung in Europa und in Amerika gehört zur fünften Unterrasse der fünften Wurzelrasse und verwendet den 5. Strahl [des konkreten Denkens] als ihr Ausdrucksmittel. Da diese Strahlenenergie in gewaltiger Potenz freigesetzt wurde, hat das in den vergangenen 120 bis 130 Jahren in der ganzen Welt zu der enormen Verbreitung der Wissenschaft geführt. Das hat gute und weniger gute Ergebnisse hervorgebracht. Es hat den menschlichen Verstand für die Realitäten unserer physischen Welt geöffnet. Man ist so manchen Aberglauben losgeworden, hat dadurch aber auch wieder eine ganz eigene Art von Aberglauben geschaffen. Es hat Millionen von Menschen (besonders den „klugen" Wissenschaftlern) den gedanklichen Zugang zu der tieferen Realität versperrt, andererseits hat es zur Entwicklung von Radio, Fernsehen, Telefon, Fax und der E-Mail geführt.

Auf diese Weise hat der Stimulus des 5. Strahls unsere Fähigkeit zu erfinden aktiviert, die zumindest ansatzweise Entdeckung und Bedeutung der Elektrizität, die Verbreitung elektronischer Nachrichten und so weiter. Doch gleichzeitig ist eine gewaltige Illusion damit verbunden, weil ein weites Erfahrungsgebiet ausgeklammert wurde, das nichts mit der konkreten physischen Welt gemein hat: die Erfahrung der Menschheit wird damit auf die feste physische Ebene reduziert. Aus diesem Grund ist es heute so schwierig, bestimmte Ideen zu vermitteln. Es hat Jahre und Jahre gebraucht, um die Welt über die Wiederkehr des Christus zu informieren. Man sollte das in ein paar Jahren tun können. Weil wir die Realität auf die bloße physische Ebene begrenzen, hängt ein gewaltiger Skeptizismus über uns, der vom 5. Strahl des niederen Denkens geschaffen wurde. Auf seiner eigenen Ebene ist das gut und richtig. Der Fehler beziehungsweise die Illusion ist, dass die Wissenschaftler die Ebene, die sie erkennen können, fälschlicherweise für die ganze Realität halten. Aber genau das ist sie nicht, sie ist nur eine Ebene von vielen.

Sie betrachten einen Wald und sehen ihn nicht als Wald, sondern als lauter einzelne Bäume, sie zählen die Bäume. Sie wissen, dass es ein Wald ist, weil sie die Bäume gezählt haben, und darum akzeptieren sie, dass es ein Wald ist. Aber sie sehen nur die Bäume.

Die nächste Unterrasse der 5. Wurzelrasse wird die Entwicklung der Intuition in großem Umfang erleben. Wie erkennt man, dass es tatsächlich Intuition ist? Es ist eine Frage der Erfahrung, man erkennt es durch Gelassenheit und Erfahrung. Wenn wir diesen Kampf mit Verblendung und Illusion überwunden haben, werden wir immer gelassener. Die Gelassenheit gibt uns das nötige Rüstzeug, damit wir die Illusion betrachten können. Sie erkennen, dass es nur Illusion – ohne jegliche Bedeutung – ist, dass es also nicht Intuition, sondern Illusion ist.

In den ersten Jahren, als ich von meinem Meister ausgebildet wurde, las ich etwas und dachte, ich hätte es wirklich verstanden. Ich fragte ihn daraufhin: „Ist es eine Frage von so und so?" Und er sagte: „Genau! Genau!" Ich dachte: „ Ich bin ziemlich gut, ich lag genau richtig damit." Dann, etwas später mit etwas anderem, brachte ich erneut meine „Intuition" ins Spiel und wieder sagte er: Ganz genau!" Es dauerte Monate bis ich bemerkte, dass er nur sagte: „Genau." Er meinte nicht: „Du hast recht!", sondern: „Genau, du sagst es. Das ist es, was du sagtest". Sie müssen lernen, wie ein Meister denkt. Er kennt jede Illusion, jeden kleinen Trick, womit der Verstand oder der Astralkörper Illusionen und Verblendungen produziert. Er kennt sie, weil er sie schon Tausende Male zuvor gesehen hat. Er weiß, dass alle seine Jünger sie haben, der eine mehr, der andere weniger – Unmengen von Verblendungen und Illusionen.

Wenn wir etwas vom Herzen her tun, dann sind unsere Handlungen von der Seele durchdrungen. Wie kann man zwischen gefühlsbetontem Handeln

und solchem, das vom Herzen kommt, unterscheiden?
Hier kommt die Gelassenheit ins Spiel. Es liegt daran, wie gelassen Sie
sind – und das ist wiederum eine Frage Ihrer Erfahrenheit.

Wie lässt sich Intuition definieren? Wie können wir die Intuition verbessern?
Was ist sie nicht? Was ist das Charakteristische an der Intuition?
Die Intuition zeichnet sich durch ihre offenbarende Qualität, ihre Unmit-
telbarkeit in Zeit und Raum aus. Wo Intuition ist, gibt es keinen Gedanken,
keine Rationalisierung, keine Zeit. Es gibt nur die unmittelbare Einsicht
in das, was ist. Wenn die Intuition aufkommt, wissen Sie. Es ist nicht so,
als ob Sie wüssten und Sie mit Ihrer Annahme möglicherweise richtig
oder falsch liegen. Wenn es Intuition ist, wissen Sie, und Sie wissen, dass
es stimmt. Es ist eine ganz besondere Fähigkeit der Seele, das Wesen der
Realität zu enthüllen.
    Was ist sie nicht? Intuition hat nichts mit Gedankenbildung zu tun. Es
geht bei der Intuition nicht darum, großartige Pläne zu konstruieren oder
Liebe für die ganze Menschheit zu visualisieren. Es geht auch nicht darum,
wahrzunehmen, dass wir eine Einheit sind – wenngleich das bewusste
Erleben der Einheit zu einer Klarheit des Denkens führen kann, die der
Seele entsprechende Ausdrucksmöglichkeiten bietet. Es ist leichter zu sa-
gen, was die Intuition nicht ist, als zu sagen, was sie ist.

Könnten Sie näher ausführen, wie man die Intuition üben kann?
Sie setzen sich nicht hin und üben die Intuition. Es ist die Entfaltung einer
Fähigkeit. Sie macht sich von selbst bemerkbar, wenn der Mentalkörper
ausreichend von Illusion geklärt ist, sodass die Seele durch ihn arbeiten
kann.
    Kein Mann und keine Frau werden von einem Meister als Jünger auf
dem Probepfad angenommen, wenn sie nicht in einem gewissen Maß bereits die Fähigkeit der Intuition entwickelt haben. Sie werden kein ange-
nommener Jünger, solange diese Fähigkeit nicht vorhanden ist. Es ist eine
natürliche, menschliche Fähigkeit, die sich äußert, wenn die Seele die Körper zu durchdringen beginnt, insbesondere den Mentalkörper, wodurch
die Seele ihr Licht in die Welt ausstrahlen kann – auf die Ebene der mentalen
Aktivität, aber auch auf die astrale und die physische Ebene. Dann kann
die Seele die Welt sehen, wie sie ist. Aber wenn das Denken voller Illusion ist, kann die Seele die Welt nicht sehen, wie sie ist, und folglich erhält
sie eine völlig illusionäre Vorstellung von der Welt. Das ist das Problem
für jeden von uns.

Ist die Tatsache, dass man sich einer Sache sicher ist – einer Idee oder
sogar einer Erkenntnis, die vermeintlich durch Intuition gewonnen wurde
–, ein Zeichen von Illusion?
Gewöhnlich ja. Wenn es Intuition ist, wissen Sie es genau. Sie wissen,
weil Sie wissen, weil Sie wissen. Dann gibt es keinen Zweifel mehr. Wenn
Sie Illusionen haben, können Sie zwar genauso überzeugt sein, aber Sie
sind dann von etwas überzeugt, das offenkundig falsch ist. Es hat mit der
Realität nichts zu tun. Der Test ist, ob es einen Bezug zur Realität hat oder
nur eine Illusion, eine Gedankenform ist. Wenn es eine Illusion oder Gedankenform ist, werden Sie feststellen, dass sie mit der Realität nichts zu
tun hat und Ihnen kein Erkenntnisgewinn bringt.

Könnten Sie bitte etwas über den Mut sagen, den ein Jünger haben muss?
Er muss besonders viel Mut haben. Man braucht Mut, um seine Verblen-
dungen anzugehen; man braucht Mut, um sich zu ändern. Genau wie das
Licht, wie Weisheit und Liebe hat auch die Verblendung eine Ausstrahlung.

Es ist sehr leicht, die Verblendungen bei anderen Menschen zu sehen,
nur nicht bei sich selbst. Wenn andere Verblendungen haben, können Sie
davon ausgehen, dass Sie ebenfalls welche besitzen. Sie haben unweigerlich
welche. Und wenn Sie welche haben, brauchen Sie Mut, um sie zu erkennen, und Sie brauchen besonders viel Mut, um sie sich selbst gegenüber
einzugestehen.

Dann gibt es die Illusion der Mentalebene, die fast jeder intelligent
denkende Mensch automatisch hat. Die Menschen in diesen Gruppen sind
hauptsächlich, aber nicht ausschließlich, intelligent denkende Menschen,
deren Hauptproblem eher die Illusion als die Verblendung ist. Menschen,
die unter der Illusion leiden, haben sich normalerweise bis zu einem gewissen Grad (selbst wenn sie noch nicht die zweite Einweihung haben) so
weit von den Verblendungen des Astralkörpers befreit, dass sie damit umgehen können. Sie müssen deshalb nicht gleich zum Psychoanalytiker ren-
nen!

Mithilfe des Denkens können wir die Emotionen betrachten und die
Verblendungen des Astralkörpers beleuchten. Das verlangt Mut. Um sich
zu ändern und den Willen aufzubringen, diese Änderung und Transformation anzunehmen, die stattfindet, wenn ein Mensch die erste Einweihung,
die zweite oder dritte Einweihung erlangt, braucht es Mut. An diesen Punkt
zu kommen und das Hindernis zu überwinden, dazu ist Mut und auch
Verzicht erforderlich. Im Wesentlichen ist die Evolution ein Prozess des
Zurücklassens und der Befreiung von all dem, was nicht mehr benötigt

wird. Man braucht Mut, um sich zu ändern und mit neuen Dingen – wie der Transmissionsmeditation – zu beginnen. Manche Leute haben Angst vor der Transmissionsmeditation, weil sie gehört haben, dass sie sich dadurch verändern. Sie fürchten sich davor, sich zu ändern, und Transmissionsmeditation verändert Sie nun einmal.

Wäre es zur Auflösung von Verblendung und Illusion hilfreich, zusätzlich zu unserer persönlichen Meditation das Gebet für das neue Zeitalter [siehe Seite 172] zu sprechen? Wenn ja, wie trägt es zur Klärung des Denkens bei? Würde es auch helfen, wenn man sich etwa bildlich vorstellte, die „Spinnweben" aus dem Denken zu fegen?

Das Gebet für das neue Zeitalter wurde uns von Maitreya gegeben, um uns eine Vorstellung von der Realität zu vermitteln, wo wir uns im System der Dinge befinden und um unserem Verstand die Idee von unserer Göttlichkeit beizubringen. In dem Moment, in dem wir uns bewusst als göttlich wahrnehmen, haben wir keine Verblendungen. Das Gebet ist sicher sehr hilfreich, um das Denken von Verblendungen zu befreien. Aber Sie selbst müssen es tun. Sie müssen an der Resonanz festhalten, die jedes Mal in Ihnen erwacht, wenn Sie das Gebet sprechen. Wenn Sie es rezitieren, weckt es eine bestimmte Empfindung in Ihnen. Wenn Sie diese Empfindung während des Tages, so lange Sie können, wachhalten und das Gebet erneut sprechen und diese Empfindung wieder aufrufen und es in dieser Weise verwenden, wird es ganz gewiss die Illusion aus Ihrem Denken vertreiben. Wenn Sie es allerdings nur mechanisch aufsagen, glaube ich nicht, dass Sie viel erwarten können.

Es scheint, als rührten viele unserer Verblendungen und Illusionen von der großen Illusion her, dass wir voneinander getrennte Individuen sind. Reicht es aus, wenn wir „so tun als ob" oder intellektuell wissen, dass wir eine Seele und uns deshalb unserer wahren Verbindung zueinander bewusst sind, um über diese Art von Illusion hinauszugelangen?

Nein, zur Überwindung der Illusion ist das allein nicht ausreichend, aber es könnte ein Schritt in die richtige Richtung sein. Theoretisch zu wissen, dass wir eine Seele sind, bewahrt uns nicht vor Verblendungen und Illusionen. Genauso wenig befreit es einen von Illusion, wenn man theoretisch weiß, dass man als Teil dieser zusammenhängenden Einheit Menschheit nicht von einem einzigen Teilchen im ganzen Kosmos getrennt ist.

Es muss Gewahrsein vorhanden sein. Das einzige, was Sie von der Illusion befreit, ist das Gewahrsein – das entsteht, wenn Sie sich als Seele erleben. Sie müssen es tatsächlich erleben, eine Seele zu sein. Sobald Sie sich als Seele erleben, verhalten Sie sich auch wie eine Seele und bauen nicht allerlei Fantasien und illusionäre Trugbilder auf. Vielmehr erlangen Sie eine klare Sicht auf die Dinge und kommen auch nicht mehr in dieselben Schwierigkeiten.

Wenn Sie sagen „jemand zeigt Ihnen die ganze Zeit Ihre Verblendung", meinen Sie dann jemanden, der Ihnen sagt, was Ihre Verblendungen sind?

Nein, nicht jemand, der Ihnen sagt, was Ihre Verblendung ist, sondern der bei jeder Gelegenheit den Bezug zwischen Ihnen und Ihrer Verblendung aufzeigt, weil sich nichts wirklich verändern kann, solange Sie diese nicht erkennen. Sobald Sie aber Ihre Verblendungen sehen, denken Sie: „Bin ich wirklich so?" Ja, ich bin wirklich so. Genau so bin ich." Wenn Sie das erkennen, verliert die Verblendung ihre Macht. Durch die Transmissionsmeditation, die Dienst ist, und durch Ihr Engagement in anderen Bereichen der Arbeit für die Wiederkehr wird Ihre Faszination von sich selbst und Ihrer Verblendung allmählich verblassen. Mehr als alles andere lieben es die Menschen, über sich selbst zu reden und nachzudenken. Es ist das beliebteste Spielchen auf der Welt, einfach nur dazusitzen und über sich und sogar über seine Verblendungen zu sprechen.

Entweder wir weisen alles von uns und sagen: „Tja, ich bin wohl für diese Inkarnation verloren. Ich werde nie über diese Verblendung hinauskommen", oder wir tun etwas dagegen. Alles, was wir tun müssen, ist, diesen Mechanismus zu durchschauen. Beobachten Sie sich selbst und wie dieser Mechanismus abläuft. Auf diese Weise nehmen Sie ihm die Energie und lösen ihn auf. Manche Menschen brauchen jemanden, der Sie darauf hinweist, aber idealerweise sollten Sie es selbst erkennen können.

Inwieweit beeinflusst unsere Strahlenstruktur unsere Tendenz zu Verblendung und Illusion?

Jeder von uns, mit welcher Strahlenstruktur auch immer, wird mit seinen Verblendungen konfrontiert. Wir wären nicht menschlich, wenn das nicht so wäre. Bestimmte Strahlen neigen eher dazu, und manche Menschen – bei gleichem Evolutionsgrad – sind weniger für Verblendung, dafür aber mehr für Illusion anfällig.

Die Strahlen 2–4–6 tendieren gewöhnlich eher zu Verblendungen beziehungsweise zu astral-emotionalen Illusionen als die Strahlen 1–3–5–7. Das heißt jedoch nicht, dass diese nicht auch Verblendungen unterliegen, was sie tatsächlich auch tun.

Strahl 1 hat Verblendungen, ebenso Strahl 3. Strahl 5 wird die Verblendungen gewöhnlich schneller überwinden. Für Menschen mit einer Kombination von Mentalkörper und Gehirn auf dem 5. Strahl scheint das nicht das Hauptproblem zu sein. Das hängt zum Teil auch von den Unterstrahlen ab, aber wenn der Mentalkörper stark vom 5. Strahl beeinflusst wird, wird dieser Mensch normalerweise eher unter Illusion als unter Verblendung leiden. Umgekehrt kann dieselbe Person in früheren Leben unter Illusion statt unter Verblendung gelitten haben. Man erhält nur dann einen Mentalkörper auf dem 5. Strahl, wenn man ein gewisses Entwicklungsstadium erreicht hat – davor würde es wenig nützlich sein. In ähnlicher Weise tendiert die Person auf dem 3. Strahl zu regem Denken – was jedoch nicht bedeutet, dass Menschen auf dem 3. Strahl frei von Verblendung sind; sie werden jedoch höchstwahrscheinlich aus der Aktivität des 3. Strahls Gedankenformen im Mentalkörper bilden. Auch der 1. Strahl, wenn er auf der Persönlichkeit ist, hat Verblendungen. Es gibt nicht viele Astralkörper auf dem 1. Strahl. Der Astralkörper auf dem 1. Strahl ergibt einen ziemlich gefühlskalten, herrischen Menschen – insbesondere dann, wenn in der Ausrüstung zudem noch ein 6. Strahl ist. Der Mentalkörper auf dem 1. Strahl neigt eher zu Illusion als zu Verblendung. Allerdings kann diese Illusion manchmal recht ausgeprägt sein.

Die Verblendung – wenn sie sehr ausgeprägt ist – hält in der Regel bis zur zweiten Einweihung an. Zwar haben die meisten Menschen, wenn sie die zweite Einweihung erreichen, größtenteils die Probleme der Verblendung überwunden – ich gebrauche das Wort hier sehr frei –, jedoch noch nicht die Probleme, die mit der Illusion einhergehen. Mit der zweiten Einweihung ist das Problem der Verblendung gewöhnlich überwunden oder zumindest verblasst. Je nach Strahlenstruktur wird es jetzt nicht mehr so stark als „Störung" empfunden. Gewisse Strahlen wie beispielsweise der 2., 4. und 6. Strahl sind stärker für Verblendungen anfällig und zeigen sie meiner Meinung nach auch noch mit der zweiten Einweihung oder sogar darüber hinaus. Mir sind Beispiele von Eingeweihten zweiten Grades aus der Geschichte bekannt, die, wie ich meine, ganz offensichtliche Verblendungen hatten.

Das Hauptproblem von Menschen, die die zweite Einweihung erlangt haben, ist die Illusion. Die „intellektuelleren" Strahlen wie der 3. oder der 5. auf dem Mentalkörper neigen zu Illusion. Eine Person, die den 5. Strahl in der Ausrüstung hat, kann exakt und wahrheitsliebend sein und, wegen der fehlenden Verblendung, klar denken. Dafür aber stellt die Illusion ein großes Problem für den 5. Strahl dar. Der Wissenschaftler auf dem 5. Strahl, der glaubt, es gäbe jenseits dessen, was er mit seinen Instrumenten messen oder unter dem Mikroskop sehen kann, nichts mehr, hat einen klaren Verstand und begreift den funktionalen Aspekt. Er betrachtet die Welt und versteht, wie sie funktioniert; er kann Modelle von DNA-Strukturen bauen und DNA-Muster testen und das passende Individuum dazu aufspüren. Alles das ist das Ergebnis eines Verstandes auf dem 5. Strahl der Wissenschaft. Diese Menschen leiden eher unter Gedankenformen des Wissens; sie denken, sie wüssten Bescheid, weil sie bereits alles analysiert und studiert haben. Sie haben den Himmel erforscht, die Natur studiert, die Qualität der Luft; sie kennen den Umfang des Sonnensystems und wie lange es dauern würde, von einem Ende zum anderen zu gelangen, und so weiter. Alles das kann auf einer bestimmten Ebene wahr und richtig sein, aber es ist nicht die Wahrheit über das Wesen der Realität. Ihre Illusionen sind gewaltig.

Darum bezeichne ich solche Wissenschaftler, die meinen, dass die kunstvollsten und schönsten Kornkreise weltweit von „Doug und Dave" oder eigenartigen Windböen gemacht wurden, als unwissend und überheblich. Sie können sich nicht dazu überwinden, zu sagen: „Wir wissen es nicht." Diejenigen, die miterlebt haben, wie Ufos mit tausend Meilen in der Stunde von einem Ende des Himmels zum anderen fliegen, wie es seit Jahren Hunderttausende von Menschen beobachtet haben, werden von Wissenschaftlern (mit einem Mentalkörper auf dem 5. oder 3. Strahl) nicht ernst genommen. Sie bilden sich ein, sie wüssten es besser und geben vor, es seien Vögel im Flug oder im Licht glänzende Wetterballons, die in Dutzende von kleinen Lichtern auseinanderbersten, um sich dann wieder zusammenzufügen – Ballons tun das!

Eingeweihte und Illusion

Ich meine mich zu erinnern, dass Sie einmal sagten, dass die Persönlichkeit und nicht die Seele von H. P. Blavatsky durch die Theosophische Gesellschaft arbeitete. Wie kann es sein, dass sich im Dienst eines Eingeweihten vierten Grades nicht die Absicht der Seele spiegelt? Ist das Illusion oder Verblendung?

Es ist weder Illusion noch Verblendung, sondern die einfache Tatsache, dass nicht die Seele von H. P. Blavatsky an ihrer Arbeit in der Theosophischen Gesellschaft beteiligt war, sondern ihre seelendurchdrungene Persönlichkeit. H. P. Blavatsky leistete ihre gesamte Arbeit als seelendurchdrungene Persönlichkeit. Die Seele eines Eingeweihten vierten Grades ist wieder in die Monade integriert, deshalb existiert sie nicht mehr als einzelner Aspekt.

Die Persönlichkeit ist ein Vehikel der Seele, aber vom Standpunkt der Monade ist die seelendurchdrungene Persönlichkeit nicht dasselbe wie die Seele. Die Seele geht bei der vierten Einweihung wieder in die Monade ein, es gibt dann nur noch die Monade – mit der wieder absorbierten Seele – und die seelendurchdrungene Persönlichkeit. Energie, Kraft und Qualität der Seele drücken sich durch die Persönlichkeit aus. Ziel der Monade ist es, am Ende durch die Persönlichkeit auf der physischen Ebene zu arbeiten. Das wird bei der fünften Einweihung erreicht. Die Seele bereitet den Weg dorthin, indem sie die Träger immer weiter verfeinert, sodass sie auf immer höherer Stufe schwingen, bis sie der Vereinigung mit den sehr hohen Energien der Monade und dem physischen Körper standhalten.

Durch die allmähliche Durchdringung mit immer mehr monadischen Partikeln werden die Körper subtil verändert. Zum Zeitpunkt der vierten Einweihung sind das drei Viertel subatomare und ein Viertel atomare Energie. Der Mensch ist dann also zu drei Vierteln Licht und zu einem Viertel atomare Materie. Mit der fünften Einweihung ist dieser Prozess vollendet: Der Körper eines Meisters besteht zu 100 Prozent aus subatomarer Materie oder Licht. Er ist zwar physisch, aber das Physische ist jetzt Licht geworden. Wir leben, um die Materie des Planeten zu vergeistigen, und wir tun dies, indem wir den Materieaspekt unserer Körper vergeistigen. In einem Raum mit Eingeweihten eines gewissen Ranges ist die Lichtintensität stärker, weil mehr Licht von den Körpern ausgeht und den Raum erleuchtet. Wären wir alle Meister, würde es nur einen großen Lichtstrahl geben.

Ein Eingeweihter zweiten Grades sollte frei von Verblendung sein. Hitler war ein Eingeweihter zweiten Grades, aber war er frei von Verblendung? Ich denke nicht, dass Eingeweihte zweiten Grades automatisch frei von Verblendung sind. Sie sind imstande, die zweite Einweihung zu erlangen, weil sie eine relative Kontrolle über die astrale Ebene erreicht haben, aber das bedeutet nicht, dass sie keine Verblendungen mehr haben. Das Problem Hitlers war allerdings die Illusion. Hitler war von zwei Mitgliedern der Schwarzen Loge besessen. Er war ein Medium, durch das sie arbeiteten. Deshalb konnte er kleinen Kindern über den Kopf streicheln, und seine Freunde ihn nett finden. Wenn er aber besessen war und in diesem Zustand zu den Leuten sprach, war er ein rasender Irrer. Sie benutzten ihn, indem sie seinen Körper übernahmen und ihm auftrugen, was er zu sagen hatte.

Es war Illusion, durch und durch Illusion. Wäre er jedoch kein Medium gewesen, dann wäre es nie soweit gekommen. Er hätte zwar dieselben Illusionen gehabt, doch wäre er nicht imstande gewesen, sie zu realisieren. Er war ein Eingeweihter zweiten Grades, aber er war durch und durch böse – nur ein derart schlechter Mensch würde die ganze Welt beherrschen wollen, und das war sein Ziel: die Welt tausend Jahre lang zu regieren und zu beherrschen. Das „Dritte Reich" währte zwölf Jahre.

Wie ist es möglich, dass ein so schlechter Mensch wie Hitler die zweite Einweihung erlangen konnte?
Der Eingeweihte zweiten Grades hat eine gewisse Macht. Jede Einweihung verleiht dem Eingeweihten Macht, die man im guten oder schlechten Sinne nutzen kann. Aber es ist dieselbe Macht. Hitler war neurotisch und böse und ein Medium obendrein, und so konnte er ein Besessener werden, der von der Schwarzen Loge benutzt wurde, wie es tatsächlich auch der Fall war. Er arbeitete mit einer Siebenergruppe in Deutschland, zusammen mit Militaristen in Japan und einer Gruppe um Mussolini in Italien. Sie wurden die Achsenmächte: die Berlin-Rom-Tokio-Achse gegen die Alliierten, hinter denen die Meister unserer Hierarchie standen. Solange er lebte, hätte Hitler die Welt beherrscht – das heißt nicht nur Hitler, sondern die dunklen Kräfte, die durch ihn arbeiteten. Er war nur ihr Mittelsmann, Exponent des Bösen, und sie brauchten eine böse Person oder Gruppe, durch die sie agieren konnten.

Vergleichbares ist heute im Gange mit der Gruppe im Pentagon in den Vereinigten Staaten, den Zionisten in Israel und einer Gruppe in Osteuropa, die dieselbe Energie benutzen – glücklicherweise in geringerer Potenz. Der Krieg im Irak, der allgemeine Druck, den die ehrgeizige US-republikanische Regierung erzeugt, sowie die Unterdrückung des palästinensischen Volkes durch die israelische Regierung sind das Resultat derselben Energie. Darum ist die Situation so gefährlich. Mein Meister sagte, dass es die vereinte Kraft der Hierarchie und der Menschheit brauche, um die Welt endgültig von dieser bösartigen Energie zu befreien.

Ich kann das Dreieck des Bösen in den USA und Israel nachvollziehen, aber Osteuropa?
Nehmen Sie beispielsweise Milosevic. Es gibt eine Gruppe von Ländern des früheren Ostblocks, die zusammen den dritten Punkt dieses Dreiecks bilden.

[Anmerkung des Herausgebers: Siehe dazu auch die Ausführungen über „Verblendung" in: Benjamin Creme, *Die Kunst der Zusammenarbeit*, erschienen bei Edition Tetraeder, München.]

Illusion und das Engagement für die Wiederkehr

Wir haben überlegt, ob wir mit unserer Information mehr Menschen erreichen könnten, wenn wir die esoterischen Aspekte weniger betonen, haben aber Bedenken, dass damit auch die Zugkraft der Geschichte abgeschwächt werden könnte. Manche in unserer Gruppe haben die Sorge, dass dieser Ansatz möglicherweise illusionär ist. Würden Sie sich bitte dazu äußern?

Bis zu einem gewissen Grad stimme ich mit dieser Aussage überein. Ich habe kürzlich gehört, dass es in dieser Gruppe eine Tendenz, ja fast eine Bewegung gibt, die Öffentlichkeitsarbeit so zu gestalten, dass man dabei alle esoterischen, schwierigen – oder vermeintlich schwierigen – Aspekte ausklammert. Diese Vorstellung, dass es solche „schwierigen Aspekte" gibt, könnte sich als absolute Illusion erweisen. Darin zeigt sich eine eher herablassende Haltung mancher Leute gegenüber den Menschen „da draußen". Sie müssen sich klarmachen, wen Sie ansprechen wollen. Im Großen und Ganzen sind es alle. Soll man an jeden von ihnen auf dieselbe Weise herantreten? Generell gesehen würde ich sagen, ja.

Wie in dem Fernsehinterview, das ich Merv Griffin 1982 gab [es wurde auf der Tagung gezeigt]. Das war sehr direkt und auf den Punkt gebracht und kam bei ihm als eine Botschaft der Hoffnung an. Eine sachliche Information über ein hoch entwickeltes Wesen, das zusammen mit anderen großen Wesen in die Welt kommt – etwas, was ihm vielleicht nicht vertraut und das auch mit esoterischen oder philosophischen Worten durchsetzt war, aber insgesamt nicht so skurril war, dass er damit Mühe gehabt hätte. Ich meinte, dass es sehr gut ankam, und dieser Ansicht waren wohl auch fünfzehn Millionen andere Menschen, denn einige erinnern sich bis heute daran und erzählen davon, als sei es erst vor ein paar Jahren gewesen. Dabei ist es tatsächlich schon etwa zwanzig Jahre her.

Wenn Sie bei dieser Information die ganze sogenannte esoterische Sprache weglassen, laufen Sie Gefahr, dass auch die eigentliche Botschaft wegfällt. Man kann die Botschaft so weit abschwächen, bis sie sich nicht mehr von einer netten Bibelgeschichte unterscheidet, die man Kindern in der Sonntagsschule erzählt. Das ist zwar nicht falsch, erweitert aber kaum das Bewusstsein. Es verschafft den Menschen vielleicht ein gutes und wohliges

Gefühl. Sollten Sie das mit der Verbreitung der Botschaft erreichen wollen, dann haben Sie meine Absicht völlig missverstanden, denn das will ich ganz sicher nicht, wenn ich diese außergewöhnliche Geschichte erzähle. Ich bezweifle nicht, dass man sie auf unterschiedlichen Niveaus vorstellen kann. Zum einen gibt es die breite Masse von Millionen Menschen, 270 Millionen allein in diesem Land [USA]. Darunter gibt es einige, die der sogenannten gebildeten Mittelschicht angehören. Das sind in diesem Land sehr viele. In Europa sind es im Vergleich zur gesamten Bevölkerung wahrscheinlich noch mehr. Und dann die Intellektuellen, die in Europa, hier und in Japan beispielsweise sehr zahlreich vertreten sind, in anderen Ländern sind es möglicherweise etwas weniger.

Es gibt also drei große Kategorien: die Massen, die gebildeten Menschen der Mittelschicht, die den Großteil der westlichen Industrieländer ausmacht, und die Intellektuellen, die daraus hervorgegangen sind.

Ich denke, dass wir uns vor allem an diese Mittelschicht wenden sollten, die gegenüber Veränderungen aufgeschlossen ist. Zwar gibt es darunter auch viele, die ihre festen Vorstellungen haben und gar keine Veränderungen suchen oder sich sogar dagegen wehren, aber sie sind gebildet und im Allgemeinen sehr kommunikativ. Viele von ihnen sind aufgeschlossen und daher auch in jedem Land die größte Gruppe, die imstande ist, die Botschaft zu verstehen.

Man sollte sie so gezielt wie möglich informieren, unbelastet von esoterischen Aussagen wie: „Das wird Sie zur dritten Einweihung führen, und dann stehen Sie vor dem Herrn der Welt." Diese Aspekte können auf meinen Konferenzen angesprochen werden, bei denen eine ausgewählte Zuhörerschaft anwesend ist, aber für das allgemeine Publikum können solche Hinweise eher missverständlich sein.

Das bedeutet jedoch nicht, dass Sie jeden Aspekt ausklammern sollten, den Sie vielleicht für esoterisch halten. Der Christus ist esoterisch. Es ist ein esoterisches Geschehen. Was heute esoterisch ist, wird morgen exoterisch sein. Es bleibt also nicht für immer esoterisch. Es gibt keine Ausdrucksweise, die nur Eingeweihten vorbehalten bliebe. (Allerdings gibt es eine Sprache, die nur Eingeweihte benutzen, aber darum geht es hier nicht.)

Sobald der Christus eingeführt ist und die Welt in relativem Frieden lebt und Sicherheit und Gerechtigkeit eingekehrt sind, wird er damit beginnen, die Mysterien wiederaufleben zu lassen und in neuer Weise zu präsentieren. Damit sind die Einweihungsmysterien gemeint, die die Grundlage der neuen Weltreligion bilden werden. Wie wollen Sie, wenn

Sie das ausklammern, intelligenten Menschen auf eine intelligente Weise vermitteln, dass Sie etwas Interessantes und Neues zu bieten haben? Es macht keinen Sinn, etwas anzubieten, was andere bereits tun.

Ich habe unter unserem Informationsmaterial einiges gefunden, das zwar durchaus richtig ist und nichts Falsches vermittelt, aber sich kaum davon unterscheidet, was andere Gruppen auch sagen. Es enthält ähnlich populäre, gefällige und nicht gerade zündende Aussagen. Es wird in die Hand genommen, gelesen und beiseite gelegt. Wenn Sie die Informationen verbreiten, wollen Sie anderen etwas offenbaren. Sie dürfen sie nicht bevormunden. Sie können die heutige Mittelschicht, die mindestens so gebildet ist wie Sie, nicht so gönnerhaft behandeln. Sie selbst sind Teil der gebildeten Mittelschicht Amerikas.

Sie sind nichts Besseres. Sie machen zwar eine spezielle Arbeit, aber Sie unterscheiden sich in Ihrem Bewusstsein, Ihrer Bildung und Verständnisfähigkeit nicht von den anderen. Sie sind nicht – oder bestenfalls etwas – aufgeschlossener als Tausende andere Gruppen.

Wenn Sie das begreifen, dürfen Sie auch die breite Masse der Menschen nicht bevormunden, die vielleicht nicht so gebildet sind, aber deren Herzen offen und bereit für die Transformation sind, nach der sie sich sehnen – nach Gerechtigkeit in der Welt und vor allem auch danach, dass sich endlich jemand darum kümmern wird. Der Christus ist hier, um uns zu zeigen, wie wir leben könnten. Diejenigen, die zuerst auf ihn reagieren werden, sind nicht die Intellektuellen oder die bekannten und renommierten Journalisten. Millionen normaler Menschen in der ganzen Welt werden mit dem Herzen auf seine Botschaft reagieren. Vermitteln Sie ihnen die Botschaft und verwässern Sie sie nicht, um sie „schmackhaft" zu machen.

Präsentieren Sie die Informationen „mit Biss" und machen Sie sie erlebbar. Geben Sie Ihre Illusionen darüber auf, wer oder was Sie sind, und wer oder was die breite Masse ist. Lassen Sie die Leute selbst entscheiden. Gehen Sie davon aus, dass sie mindestens genauso bereit sind, sich diese Geschichte anzuhören und darauf zu reagieren, wie Sie es waren. Warum eigentlich nicht? Natürlich werden einige nicht darauf reagieren, andere wiederum schon.

Sie können nicht im Voraus sagen, wer, wie und wann auf diese Botschaft reagieren wird und wer nicht. Wenn Sie einen Vortrag halten, kommt vielleicht am Ende jemand nach vorn, von dem Sie es am wenigsten erwartet haben, und sagt: „Wo kann ich mehr erfahren?" Die Menschen sind auf eine Weise bereit, von der Sie nichts wissen können. Deshalb kann der Christus auch hier sein. Wäre das nicht so, könnte er gar nicht hier sein.

Maitreya ist in der Welt, er ist bereit, in das öffentliche Leben zurückzukehren und mit seiner Mission zu beginnen. Das könnte er nicht, wenn die Menschen nicht bereit dafür wären.

Maitreya hofft, dass wir uns seinen Ideen anschließen werden. Sie sind nicht leicht. Der Grundgedanke aber ist einfach: „Teilt die Weltressourcen miteinander und verändert die Welt." Aber das zu erzählen allein genügt nicht. Alle Menschen machen einen Bewusstseinswandel durch. Das kommt unter anderem durch die Anwesenheit des Christus in der Welt. Die Energien der neuen Epoche, des Wassermann-Zeitalters, deren Kraft nun tagtäglich zunimmt, haben eine enorme Auswirkung auf das Bewusstsein jedes Einzelnen.

Ich glaube, dass Sie möglicherweise den Fehler machen, so vorgehen zu wollen, wie man es vielleicht vor zwanzig oder dreißig Jahren getan hätte. Die Vorstellung, man müsse die Lehre weniger esoterisch, allgemeinverständlicher und leichter zugänglich präsentieren, wäre ein Rückschritt. Verstehen Sie mich nicht falsch. Es gibt natürlich immer auch einen Mittelweg, aber gehen Sie nicht so weit, dass Sie die Lehre ihrer ganzen Bedeutung berauben, denn genau darin liegt ihre eigentliche Kraft.

Außerdem laufen Sie bei derartigen Bemühungen Gefahr, sie mit Ihren eigenen Illusionen anzureichern, vor allem wenn Sie sich Ihrer Illusionen nicht bewusst sind. Der Versuch, auf eine unauffällige Weise mehr Menschen zu erreichen, ist meiner Ansicht nach auf die Furcht zurückzuführen, dass man sich unter den heutigen Umständen zurückhalten, die Schutzmauern verstärken und sich eher absichern müsse, als nach außen zu gehen, weil es derzeit Kräfte gibt, welche die Rechte der normalen Amerikaner auf Bewegungsfreiheit beschneiden. Natürlich stimmt das alles. Es stimmt aber auch, dass Sie das Recht haben, diese Information zu verbreiten. Ich gebe Ihnen den Rat, die Geschichte nicht zu komprimiert, nicht zu restriktiv zu präsentieren, sie aber auch nicht zu verharmlosen oder zu verwässern, wie es anscheinend einige Leute im Sinn haben.

Wo sehen Sie die größten Illusionen dieser Gruppe, und wie wirken sich diese auf die Ausführung unserer Aufgabe als Gruppe aus? Sehen Sie bestimmte Vorgehens- und Denkweisen, die diesbezüglich besonders ins Gewicht fallen?

Es herrscht eine Art Alarmzustand: „Wir können das nicht machen. Es wird die Aufmerksamkeit auf uns lenken, darum müssen wir es etwas abschwächen. Wir dürfen nicht zu kühn sein." Der Meister sagt das Gegenteil. „Seid mutig", sagt er. „Seid frei, seid stark, habt keine Angst." Nun können

Sie sich aussuchen, auf wen Sie hören wollen. Ich würde lieber auf den Meister hören.

Etwas anderes ist es, wenn Sie spezifische Aussagen des Meisters oder von mir oder jemand anderem an Medien verschicken, von denen Sie wissen, dass sie ganz und gar gegen diese Idee eingestellt sind, oder an Einzelpersonen, Gruppen oder Autoren, von denen Sie wissen, dass sie kein Interesse daran haben und das nur als eine lästige Störung ihres allgemeinen Wohlbefindens betrachten. Das wäre töricht.

Meines Erachtens sollte man das Hauptgewicht auf die Kraft der Botschaft an sich legen und nicht darauf, sie herunterzuspielen, um sie der Allgemeinheit in „ihrer Sprache" anzubieten, wenn ich das so sagen darf. Was hieße, sie der Mittelschicht in ihrem ganzen Umfang und den Intellektuellen auf ihrem intellektuellen Niveau anzubieten. Intellektuelle sind von ihrem Gefühl der Überlegenheit geblendet, einer mentalen Überlegenheit, die völlig unberechtigt ist. Das ist ihre Illusion.

In jedem Land gibt es unter den Intellektuellen auch einige Leute wie mich. Ich bin ein Intellektueller. Ich komme aus Intellektuellenkreisen. Bevor ich mit dieser Arbeit anfing, bestand mein Freundeskreis aus Malern, Schriftstellern, Dichtern, Doktoren, Filmemachern und Musikern. Wir waren damals die typischen Intellektuellen unserer Zeit und unserer Gegend. Aber ich glaube, ich bin der einzige, der sich in dieser Art Arbeit engagiert hat. Über Nacht verlor ich die meisten meiner Freunde. Sie verschwanden in die Dämmerung ihrer Illusionen. Setzen Sie also keine zu hohen Erwartungen auf die Intellektuellen, Sie werden damit nicht weit kommen. Die größte Resonanz werden Sie von der großen Mehrheit, vor allem von der Mittelschicht erhalten.

In unserem Engagement für die Wiederkehr sind wir mit den Illusionen der Menschen konfrontiert, denen wir unsere Information präsentieren. Wäre es daher angebracht, die Information auf einen gewissen „Wohlfühlpegel" abzustimmen, damit sie für diese Menschen leichter verdaulich werden? Oder würde das die Wahrheit verdecken?

Das würde in der Tat die Wahrheit verdecken – „die Information auf einen gewissen Wohlfühlpegel abzustimmen"! Nur einem Amerikaner kann eine solche Formulierung einfallen! Nirgendwo sonst auf der Welt als in Amerika würde man es so bezeichnen – der Wohlfühlpegel ihres Verstandes. Das trifft es haargenau. Der Wohlfühlpegel darf nie überschritten werden! Überschreiten Sie meinen Wohlfühlpegel nicht! Sie haben eine kleine Notiz mit einem Fähnchen auf Ihrer Stirn, die sagt: „ Hier endet der Wohlfühlpegel." Damit stellen Sie sicher, dass Sie nicht mehr bekommen als Sie vertragen, was ein gutes Gefühl in Ihnen weckt. „Es fühlt sich richtig gut an. Gewöhnlich mag ich diese ganze Esoterik nicht, aber das hier fühlt sich gut an. Hier wird mir gesagt, was ich schon weiß, deshalb ist es auch so angenehm."

Wenn Sie die Informationen auf den „Wohlfühlpegel" der meisten Leute, die Sie erreichen möchten, reduzieren, wird das zu nichts führen. Sie werden beliebt sein, wenn es das ist, was Sie möchten, aber Sie bringen nicht die eigentliche Botschaft rüber.

Sie sprachen von der Pflicht eines Jüngers, für eine Sache einzutreten, sich da zu widersetzen, wo es nötig ist, und die Illusion nach Möglichkeit aufzulösen. In gleicher Weise hat uns der Meister in seinen Botschaften ermutigt, für den Frieden zu demonstrieren oder bestimmte andere Aktionen zu unterstützen. Es herrscht jedoch Unklarheit darüber, inwieweit diese Bemühungen auf Kosten des Engagements für die Wiederkehr ausgedehnt werden sollten. Für viele in der Gruppe scheint das ein Problem zu sein. Könnten Sie Näheres über die scheinbare Unvereinbarkeit dieser verschiedenen Tätigkeiten sagen?

Meiner Meinung nach sind diese Tätigkeiten nicht unvereinbar. Sie tun beides. Es ist nicht so, dass Sie das eine auf Kosten des anderen tun. Sie hinterfragen mehr und nehmen Dinge nicht einfach hin, und bemühen sich, Illusionen aufzudecken. Sie demonstrieren für den Frieden, wenn nötig, und unterstützen bestimmte Projekte – gleichzeitig verwenden Sie Ihre Zeit und Energie darauf, die Informationen über die Wiederkehr zu verbreiten. Ich sehe nicht, warum das nicht vereinbar wäre, aber einige Leute tun das offenbar.

Es hängt ganz davon ab, wie Sie Ihr Leben organisieren. Wenn Ihr Leben organisiert werden muss und Sie die Zeit einteilen in so viele Stunden dafür und so viele Stunden dafür, dann ist dies eine Art, damit umzugehen. Ich selbst arbeite nicht so, aber für manche mag das durchaus eine Möglichkeit sein. Es ist eine Frage der Ausgewogenheit und des gesunden Menschenverstandes. Es gibt keine andere Gruppe in der Welt, die Maitreya und den Meistern den Weg bereitet. Diese Arbeit steht an erster Stelle und sie muss Priorität haben.

Sie erwähnten, dass der Jünger den Mut haben muss, die Wahrheit zu sagen. Sollte man auch dann die Wahrheit sagen, wenn dies zu absehbaren Konflikten führt?

Ja und nein. Wenn Sie die Wahrheit kennen oder glauben, sie zu kennen, ist es erforderlich, dass Sie sie aussprechen und nicht so tun, als wüssten Sie es nicht. Andererseits müssen Sie Ihren gesunden Menschenverstand einsetzen. Eine der Eigenschaften, die dem durchschnittlichen idealistischen Jünger am meisten fehlt, ist der gesunde Menschenverstand. Denn dann würde man nicht diese pauschalen Fragen stellen, die als Antwort auf ein Ja oder Nein abzielen. Es ist keine Frage von ja oder nein, es ist ja und nein. Ja, wenn Sie meinen, die Wahrheit zu kennen, müssen Sie sie äußern; soweit sie die Wahrheit kennen, ist es erforderlich, dass Sie sie aussprechen. Anders verhält es sich jedoch, wenn Sie auch dann mit Ihrer Wahrheit hausieren gehen, wenn niemand Ihnen zuhört oder zuhören möchte. Vergeuden Sie Ihre Zeit und Energie nicht damit, christliche Pfarrer zu torpedieren: „Warum glauben Sie es nicht? Der Christus ist in der Welt. Wie oft muss ich Ihnen das noch sagen? Warum glauben Sie es nicht als Christ?" Ich kenne Leute, die das machen, die all den Kirchen schreiben und mir dann die Antworten zusenden. Es ist ermüdend und führt zu nichts. Die organisierten Christen und andere religiöse Gruppen werden die Letzten sein, die Maitreya anerkennen werden. Die Pfarrer wollen Ihre Wahrheit nicht. Vielmehr möchten sie hören, was in dem „kleinen Buch" steht, und natürlich wollen sie selbst das Wort führen. Christliche Pfarrer halten jeden Sonntag eine Predigt, die von der Kirchengemeinde, die nur „Amen" sagen und sich hinsetzen und zuhören darf, gewöhnlich nicht infrage gestellt wird. Das sind die letzten Leute, die Sie überzeugen können. Vergeuden Sie nicht Ihre Zeit und Energie damit, Leuten die Tür einzurennen, die nicht offen dafür sind. Benutzen Sie Ihren gesunden Menschenverstand!

Was ist Ihrer Meinung nach die Hauptillusion der Gruppen, die für die Wiederkehr arbeiten?
Eine der Hauptillusionen ist die Vorstellung, die Arbeit sei etwas Besonderes. Es gibt nur eine relativ kleine Gruppe von 3000 bis 4000 Personen, die inkarniert sind, um die Arbeit für die Wiederkehr zu tun. Wegen der außergewöhnlichen Qualität dieser Tätigkeit – es ist schließlich nichts Alltägliches, die Welt auf einen Christus vorzubereiten, das geschieht nur einmal in zweitausend Jahren – haben die Gruppen insgesamt, wenn sie Illusionen haben, die Illusion der Größe, der außerordentlichen Wichtigkeit, der Effektivität und der Qualität ihrer Arbeit.

Ich will diese Arbeit keineswegs herabsetzen. Sie ist wirksam und wertvoll und sie ist von Nutzen. Ich wäre der Letzte, der sagte, dass das nicht so ist. Aber wenn es in den Gruppen eine Neigung zu Illusion gibt, dann ist es die Überbetonung von Exklusivität, der besonderen Schwierigkeit und Bedeutung dieser Arbeit. Im Hinblick auf die Bedeutung in der Welt steht die Arbeit für die Wiederkehr lediglich an dritter Stelle. Die wichtigsten Gruppen auf der Welt, die mit der schwierigsten Aufgabe, sind die politischen Gruppen. Danach kommen die religiösen Gruppen und an dritter Stelle die Gruppen, die den Weg für die Wiederkehr vorbereiten. Wir müssen das Ganze in Relation sehen und einen Sinn für Verhältnismäßigkeiten bekommen.

Eine andere bemerkenswerte Verblendung, die ich gefunden habe, ist, dass die Leute sich zwar vorstellen, für die Wiederkehr zu arbeiten, aber es in Wirklichkeit nicht tun. Sie sind an der Wiederkehr interessiert. Sie stimmen darin überein, dass er hier ist. Sie stimmen allen Inhalten zu und bilden sich ein, für ihn zu arbeiten. Doch genau das tun sie häufig nicht. Wenn sie aufrichtig wären und sich anschauten, was sie Tag für Tag, Monat für Monat für ihn tun, und aufschreiben würden, wie viele Stunden in der Woche, im Monat, wie viele Monate im Jahr sie tatsächlich für die Wiederkehr arbeiten, dann würden sie feststellen, dass es weitaus weniger ist, als sie sich einbilden. Sie sind an der Wiederkehr interessiert, aber sie arbeiten nicht für die Wiederkehr. Es besteht ein großer Unterschied zwischen diesen beiden Feststellungen. Die meisten Leute in den Gruppen sind interessiert, aber sie überlassen die eigentliche Arbeit den anderen. Nur relativ wenige in jeder Gruppe tun die Arbeit und sorgen für die Verbreitung der Information über die Wiederkehr des Christus. Dieser Gedanke mag überraschen, ist aber wahr.

Einige Leute betätigen sich lediglich, wenn ich einen Vortrag halte. Wenn ich in Amerika bin, sehe ich Jahr für Jahr dieselben Gesichter. Ich sage: „Oh, da ist Herr oder Frau Soundso", und es wird mir gesagt: „Ja, sie sind seit dem letzten Mal nicht mehr hier gewesen. Wir sehen sie ein oder zweimal im Jahr, kurz bevor Sie hierher kommen. Sie legen ein paar Flyer aus." Sie werden plötzlich inspiriert. Das gibt ihnen das Recht, an der Konferenz oder an den Aktivitäten der Gruppe teilzunehmen.

Wenn Sie aufrichtig sind – und Sie sollten bei dieser Arbeit aufrichtig sein –, dann werden Sie feststellen, dass meine Worte zutreffen. Viele Menschen sind nicht engagiert, meinen aber, sie seien es, weil sie interessiert sind. Sie verwechseln ihr Engagement mit Interesse, was eine große Verblendung ist. Engagement bedeutet Tun, Aktivität, das Opfern von Zeit und Energie. Das ist Dienst.

Die Erfahrung zeigt, dass es schwierig ist, mit Leuten in Kontakt zu kommen und in einer Gruppe mitzumachen, wenn man nicht, zumindest teilweise, die gleichen Verblendungen und Illusionen hat. Illusionen sind sozusagen der Klebstoff, der eine Gruppe zusammenhält. Und diese Illusionen anzugehen, hieße, den Zusammenhalt der Gruppe zu gefährden. Kann es eine funktionierende Gruppe geben, die dieses Problem nicht hat?

Ich verstehe, was hier angesprochen wird. Aber wer sagt denn, dass „Illusionen der Klebstoff" seien, der „eine Gruppe zusammenhält"? Und dass „diese Illusionen anzugehen, hieße, den Zusammenhalt der Gruppe zu gefährden"? Solche Gruppen haben, wie ich meine, wirklich ein Problem. Also, ich stimme Ihrer Aussage ganz und gar nicht zu. Natürlich geschieht das immer wieder, ich sage nicht, dass es das nicht gibt. Aber wir sprechen über wirkliche Gruppen. Was Sie schildern, mag vielleicht auf die meisten Gruppen zutreffen. Es bedeutet, es sich „bequem" zu machen und die Zusammenarbeit auf einen akzeptablen „Wohlfühlpegel" zu reduzieren und alles, was darüber hinausgeht, nicht anzusprechen.

Es gibt Gruppen, die niemals über Politik reden, wenn sie sich treffen. Weil es bei diesem Thema jedes Mal zu Unstimmigkeiten kommt und weil man sich nicht streiten will, wird Politik erst gar nicht erwähnt. Dann gibt es Gruppen, die sich regelmäßig treffen und gut miteinander auskommen, aber nie über Religion sprechen. Die Teilnehmer gehören alle unterschiedlichen Konfessionen an und fangen jedes Mal, wenn sie über Religion sprechen, zu streiten an. Es ist daher bequemer, die Verblendungen und Illusionen der jeweiligen Gruppe zu akzeptieren. Aber über solche Gruppen spreche ich nicht.

In einer Gruppe wie dieser können Sie über Politik sprechen – rechte, linke oder liberale – und genauso über Religion. Es kümmert niemanden, welcher Religion Sie angehören. Das hier ist also eine andere Gruppe. Ich möchte Ihnen verständlich machen, dass eine esoterische Gruppe etwas völlig Anderes sein sollte.

Worin unterscheiden sich Illusionen auf der Gruppenebene von dem, was Meister D.K. als individuelle Illusionen beschreibt?

Auf der Gruppenebene verstärken sich die individuellen Illusionen noch, weil mehr Menschen daran beteiligt sind, sodass sie zu einer Gruppenillusion werden. Es gibt auch Illusionen, die von der stärksten oder aufgeblasensten oder redseligsten Persönlichkeit in der Gruppe kreiert werden, die zwar nicht unbedingt die stärkste ist, aber am meisten redet und so die Denkweise der Gruppe stark beeinflusst, die meint, sie sei am weitesten entwickelt und daher dafür verantwortlich, die Gruppe zu erziehen. Sie werden feststellen, dass ihre Verblendungen die Verblendungen der ganzen Gruppe werden und ihre Illusionen die Illusionen der ganzen Gruppe.

Das kann auch sehr subtil geschehen und ganz allmählich wie nebenher passieren, aber dennoch genauso wirksam sein. Es kann auch vorkommen, dass eine sehr selbstsichere Person, die aber voller Illusionen ist, einen starken mentalen Einfluss auf andere Leute mit anderen Illusionen ausübt, die sich davon beeindrucken lassen. Das ist jedenfalls eine von vielen Möglichkeiten, wie sich Gruppenillusionen herausbilden können.

Was sind die Merkmale eines Organismus im Unterschied zur Organisation? Woran zeigt sich, dass eine Gruppe eher als Organisation statt als Organismus arbeitet? Bewegt sich diese Gruppe insgesamt gesehen in die richtige Richtung, im Sinne eines Organismus, oder steht die Illusion der Organisation noch immer im Vordergrund?
Die Qualitäten eines Organismus sind daran erkennbar, dass er ohne Führung auskommt. Ein Organismus arbeitet aus sich heraus; seine Tätigkeit ergibt sich ganz natürlich aus seiner Beschaffenheit, dem Leben in der Form, das sich in seiner Vielfalt manifestiert, also auch in den verschiedenen Vorgehensweisen, was die Arbeit dieser Gruppe, die Veröffentlichung und generelle Bekanntmachung der Informationen betrifft. Eine Gruppe funktioniert als Organismus, wenn die einzelnen Gruppenmitglieder unter der Führung ihrer eigenen Seele arbeiten – ohne Aufsichtsperson. Sie arbeiten nicht wie Vorarbeiter unter jemandes Aufsicht, sondern aus eigenem Antrieb, indem sie ihre Fähigkeiten einsetzen und sich, wenn nötig, Rat holen – aber ansonsten in eigener Verantwortung.

Wenn eine Gruppe wirklich als Organismus arbeitet, kann sie die Aufgaben, die sie übernommen hat, auch bewältigen. In jeder Gruppe gibt es Leute, die Arbeit annehmen, sie aber nie vollenden. Sie fangen etwas an, lassen es unfertig liegen und andere müssen es dann zu Ende bringen. Das schwächt die Leistungsfähigkeit und die Energie der Gruppe.

Das Hauptmerkmal einer Gruppe, die als Organismus arbeitet, besteht darin, dass es keine Führungspositionen gibt. Sie ist auch nicht auf einen starken Führer angewiesen. Sie ist nicht von der Macht eines Sprechers abhängig, der eine lautere Stimme und mehr Ideen hat als andere Leute. Sie ist nicht auf Leute angewiesen, die Geld und deshalb die Möglichkeit haben, ihr Vermögen, ihr Haus, ihr Auto zum Wohl der Gruppe einzusetzen. Es gibt Leute, die für sich einen Sonderstatus beanspruchen; die sich das Recht anmaßen, in der Gruppe zu sein, bloß weil sie Geld haben. Sie stellen den Raum und die Einrichtung für Gruppentreffen zur Verfügung, weil sie dazu in der Lage sind. Das ist auch in Ordnung, aber damit sind keine Rechte verbunden. Wenn eine Gruppe als Organismus arbeitet, ist das nicht möglich.

Wenn eine Gruppe jedoch als Organisation arbeitet, ist das möglich und geschieht auch häufig. Eine Organisation erkennt man daran, dass einige die Leitung haben, Leute, die darüber bestimmen, welche Ideen wie bearbeitet werden. Das entspricht der Arbeitsweise einer Organisation in der Geschäftswelt. Dann ähnelt die Gruppe mehr und mehr einem Unternehmen, da die daran Beteiligten aus dem Geschäftsmilieu kommen, große Routine darin haben und sie auch auf Gruppen wie diese anwenden.

Diese Gruppe ist aber eine völlig neue Art von Gruppe und funktioniert nicht, wenn sie in dieser Weise organisiert wird. Ein gewisser Grad von Organisation ist in jeder Gruppe, die aus mehr als zwei oder drei Leuten besteht, natürlich notwendig. Aber dieser Organisationsanteil sollte auf ein Minimum beschränkt bleiben und lediglich den Anfragen von außen entsprechen. Wenn die Nachfrage groß ist, weiten Sie den organisatorischen Aspekt entsprechend aus – wenn nicht, tun Sie es nicht.

Eine Organisation geht anders vor: sie baut eine Struktur auf, die darauf ausgerichtet ist, möglichst viel Informationsmaterial bereitzuhalten, ob die Nachfrage danach groß ist oder nicht. Wenn sie größer wird, kann sie sofort liefern. Wenn sie zurückgeht, sitzt sie auf dieser Organisationsstruktur fest, die weitgehend nicht genutzt wird. Es gibt sicher noch weitere Unterscheidungsmerkmale. Sie kennen wahrscheinlich noch einige, die mir jetzt nicht einfallen. Aber das generelle Ziel aller Organisationen ist es, größer, mächtiger und einflussreicher zu sein und als wichtige Stimme in der Welt anerkannt zu werden.

Unser Ziel ist es, die Rückkehr Maitreyas und der Meister in die Welt nach besten Kräften bekannt zu machen, was größtmögliche Verbreitung bedeutet. Ein gutes Beispiel wäre mein Fernsehinterview mit Merv Griffin, weil damit schätzungsweise 15 Millionen Menschen erreicht wurden. Das Interview an sich war nichts Besonderes. Es war weder besser noch schlechter als Hunderte andere, die davor und danach stattfanden. Aber es war die Merv-Griffin-Show, bei der 15 Millionen Leute zusahen. Die Zahlen zählen. Das Beste für jede Gruppe wäre, wenn sie die Menschen über das Fernsehen erreichen könnte. Mit einem 20-minütigen oder halbstündigen Interview können Sie Millionen Menschen ansprechen. Wenn Sie die Geschichte einfach und vernünftig präsentieren, kann das eine große Wirkung haben. Das Fernsehen ist das wirksamste Kommunikationsinstrument, das uns zur Verfügung steht, weshalb alle Mächtigen der Welt es auch bei jeder Gelegenheit nutzen.

[Anmerkung des Herausgebers: Zum Thema „Organismus – Organisation" im Hinblick auf die Funktionsweise dieser Gruppe siehe: Benjamin Creme, *Die Kunst der Zusammenarbeit*, Teil zwei: „Das Problem der Verblendung".]

Geistige Spannung

Ist geistige Anspannung notwendig, wenn man sich von seinen Verblendungen und Illusionen befreien will?
Ohne geistige Anspannung gäbe es keine geistigen Erkenntnisse. Wir meinen vielleicht, dass wir unsere bisherigen geistigen Erkenntnisse aus Büchern oder Vorträgen gewonnen hätten, und nennen das unsere geistigen Ideen und Ideale. Danach richten wir uns auch im täglichen Leben, lassen dabei aber die Idee der eigenen geistigen Anspannung außer Acht. Woher wissen wir, dass diese geistigen Ideen und Ideale nicht auch bloß Illusionen sind? Was Illusion ist, kann man nur mithilfe einer geistigen Erkenntnisfähigkeit herausfinden, die erst durch den Aufbau eines geistigen Spannungszustands möglich wird.

Eine geistige Konzentrationsfähigkeit ist im Leben der meisten Menschen nichts Kontinuierliches. Sie ist keine Gabe, die wir erhalten und ab da für immer behalten. Das ist wie bei einer Uhr, die man immer wieder aufziehen muss. Mit der Zeit läuft sie ab, bis sie ganz stehen bleibt und man sie wieder aufziehen muss. Ähnlich müssen auch die spirituellen Batterien wieder aufgeladen werden. Darin besteht der Wert der Meditation, vor allem der Transmissionsmeditation.

Spirituelle Spannung ist die Folge von spiritueller Aspiration und Dienst an der Welt – von Meditation und dem Engagement für die Wiederkehr Maitreyas und der Meister –, von Tätigkeiten also, die ein spirituelles Ideal als „Energielieferanten" für die Arbeit haben. Die geistige Spannung erreicht schließlich eine Phase, die sich in Form von Kreativität äußern kann, wenn Sie diese Spannung so weit aufgebaut haben, dass der Druck Sie zu einer geistigen Aktivität zwingt. Das ist wirklich etwas Aktives – etwas ganz anderes, als das wohlige Gefühl, ein „spiritueller Mensch" zu sein; das ist meist Verblendung. Dieses Gefühl, ein spiritueller Mensch zu sein, wenn man mit immer leicht nach oben gerichtetem Blick herumläuft, die

Augen verdreht, immer hübsch leise spricht, niemals laut herauslacht, sich immer vornehm verhält, niemals etwas Derbes oder Unhöfliches äußert oder sich mit anderen Leuten streitet, das ist Verblendung. Schon die Vorstellung, spirituell zu sein, ist eine Verblendung. Wenn Sie tatsächlich spirituell sind, denken Sie darüber nicht nach.

Die geistigen Batterien werden durch geistige Gedanken aufgeladen, und geistige Gedanken bedeuten Kreativität – nicht sich nette Gedanken zu machen. Es bedeutet, kreativ zu sein, was dann bei jedem anders aussehen kann. Dadurch baut sich eine geistige Spannung auf. Meditation baut diese geistige Spannung auf, insbesondere die Transmissionsmeditation.

Es ist ein spiritueller Akt, und damit meine ich nicht, was normalerweise als „gute Tat" bezeichnet wird – natürlich ist sie auch gut, wenn sie spirituell orientiert ist. Aber es muss nicht bewusst gut oder „spirituell" sein. Es ist eine Tat, die das Gute in der Welt fördert. Alles, was dazu beiträgt, dass sich der Zustand der Welt verbessert, ist spirituell, ganz gleich, ob das auf der physischen, der emotionalen, der mentalen oder der Seelenebene geschieht. Was immer einen Menschen oder die Menschheit insgesamt auf eine höhere Ebene bringt, ist im Wesentlichen spirituell, ein geistiger Akt.

Transmissionsmeditation

Eine kurze Einführung

Eine Gruppenmeditation als dynamischer Dienst an der Welt und zur persönlichen spirituellen Entwicklung. Transmissionsmeditation ist eine Gruppenmeditation. Sie wurde eingeführt, um die geistigen Energien von den Meistern der Weisheit unserer planetaren geistigen Hierarchie besser zu verteilen, die die Hüter dieser Energien sind. Mit dieser Meditation werden die Energien „heruntergeschaltet", das heißt transformiert, damit sie der Allgemeinheit zugänglich gemacht und von ihr genutzt werden können. Transmissionsmeditation erzeugt – in Zusammenarbeit mit der Hierarchie der Meister – einen „Wirbel" oder ein Reservoir höherer Energie zum Wohl der Menschheit.

Im März 1974 gründete Benjamin Creme unter der Leitung seines Meisters die erste Transmissionsmeditationsgruppe in London. Inzwischen gibt es weltweit Hunderte solcher Gruppen, und ständig entstehen neue.

Mithilfe dieser Gruppen als Bindeglied kann die Hierarchie auf die Bedürfnisse der Welt reagieren. Das Grundmotiv dieser Arbeit ist der Dienst an der Welt, aber sie fördert ebenso die persönliche Entwicklung. Viele Menschen suchen nach Wegen, um einen Beitrag zur Verbesserung der Welt zu leisten. Dieser Wunsch kann sehr ausgeprägt sein, dennoch ist er in unserem geschäftigen Leben oft nur schwer zu verwirklichen. Unsere Seele sucht nach einer sinnvollen Aufgabe, aber wir reagieren nicht immer auf ihren Ruf – und dadurch kommt es in uns zu Ungleichgewicht und Konflikten. Transmissionsmeditation gibt uns die Gelegenheit der Welt effizient zu dienen, da sie eine völlig wissenschaftliche Methode ist, die nur ein Minimum an Zeit und Energie von uns verlangt.

Benjamin Creme gibt auf der ganzen Welt Einführungen in die Transmissionsmeditation. Während der Meditation wird er von Maitreya, dem Weltlehrer, überschattet, der den Teilnehmern auf diesem Wege geistige Stärkung zukommen lässt. Viele Menschen werden durch dieses Erlebnis inspiriert, selbst mit der Transmissionsmeditation zu beginnen, und viele bestätigen auch, dass sie während der Meditation Heilung erfahren haben.

[Weitere Informationen siehe: *Transmission – eine Meditation für das neue Zeitalter* von Benjamin Creme, herausgegeben von Edition Tetraeder, München.]

Gebet für das neue Zeitalter

Ich bin der Schöpfer des Universums.

Ich bin Vater und Mutter des Universums.

Alles kam von mir.

Alles kehrt zurück zu mir.

Verstand, Herz und Körper sind meine Tempel,

worin das Selbst verwirklicht

mein höchstes Sein und Werden.

Das Gebet für das neue Zeitalter wurde von Maitreya eingeführt. Es ist ein bedeutsames Mantram, eine sogenannte Affirmation und hat invokative Wirkung. Mit der Anwendung dieses Gebets wird einem bewusst, dass Mensch und Gott eins und unteilbar sind. Das „Ich" ist das göttliche Prinzip, das hinter der ganzen Schöpfung steht. Das Selbst ist eine Emanation des göttlichen Prinzips und mit ihm identisch.

Dieses Gebet erweist sich als besonders wirksam, wenn man es mit konzentriertem Willen spricht oder „denkt" und dabei die Aufmerksamkeit im Ajnazentrum zwischen den Augenbrauen hält. Wenn sein Sinn erkannt und gleichzeitig der Wille eingesetzt wird, dann werden die formulierten Ideen aktiviert und das Mantram entfaltet seine Wirkung. Wenn man es jeden Tag ernsthaft spricht, wächst in einem allmählich das Bewusstsein für das eigentliche, wahre Selbst.

Die Große Invokation

Aus dem Quell des Lichts im Denken Gottes

ströme Licht herab ins Menschendenken.

Es werde Licht auf Erden.

Aus dem Quell der Liebe im Herzen Gottes

ströme Liebe aus in alle Menschenherzen.

Möge Christus wiederkommen auf Erden.

Aus dem Zentrum, das den Willen Gottes kennt,

lenke planbeseelte Kraft den kleinen Menschenwillen

zu dem Ziele, dem die Meister wissend dienen.

Durch das Zentrum, das wir Menschheit nennen,

entfalte sich der Plan der Liebe und des Lichts

und siegle zu die Tür zum Übel.

Lass Licht und Liebe und Kraft

den Plan auf Erden wiederherstellen.

Die Große Invokation wurde von Christus zum ersten Mal im Juni 1945 angewandt. Er gab sie der Menschheit, damit wir die Energien anrufen können, die die Welt verändern und die Rückkehr des Christus und der Hierarchie ermöglichen. Dieses ist nicht die Version, die der Christus selbst benutzt. Er spricht eine alte Formel in einer sehr alten Priestersprache, die sieben mystische Verse umfasst. Sie wurde (von der Hierarchie) in Worte

173

übersetzt, die wir verstehen und anwenden können und die heute in vielen verschiedenen Sprachen in jedem Land der Welt gesprochen wird.

Mithilfe von Dreiecken wie die der sogenannten Dreiecke-Bewegung (von Lucis Trust) kann die Wirkung dieser Invokation noch verstärkt werden. Wenn Sie daran teilnehmen möchten, vereinbaren Sie mit zwei Freunden, die Invokation täglich laut zu sprechen. Sie müssen nicht in derselben Stadt oder in gleichem Land wohnen oder die Invokation zur selben Tageszeit sprechen. Sprechen Sie die Invokation, wann immer es für jeden von Ihnen passt und verbinden Sie sich mental mit den beiden anderen Teilnehmern. Visualisieren Sie ein Dreieck aus weißem Licht, das über ihren Köpfen kreist, und mit einem Netzwerk von ebensolchen Dreiecken, die die ganze Welt umspannen, verbunden ist.

Eine andere Art und Weise, die in Verbindung mit den Dreiecken benutzt werden kann, ist folgende:

Wenn Sie die erste Zeile sprechen: „Aus dem Quell des Lichts ...", visualisieren Sie (oder denken Sie an ihn, wenn Sie ihn nicht visualisieren können) den Buddha, die Verkörperung von Licht beziehungsweise Weisheit auf dem Planeten. Stellen Sie ihn sich bildlich vor, wie er in der Lotushaltung sitzt mit einem safrangelben Gewand über der Schulter, die Hand zum Segen erhoben, und sehen Sie, wie aus dem Herzzentrum, dem Ajnazentrum (zwischen den Augenbrauen) und der erhobenen Hand des Buddhas ein strahlendes goldenes Licht hervortritt. Sehen Sie, wie dieses Licht in das Denken aller Menschen einströmt.

Wenn Sie die Zeile: „Es werde Licht auf Erden" sprechen, visualisieren Sie die Sonne, die physische Sonne, und sehen Sie von ihr Strahlen weißen Lichts ausgehen. Sehen Sie, wie dieses Licht auf die Erde strömt und sie durchstrahlt.

Wenn Sie sprechen: „Aus dem Quell der Liebe", visualisieren Sie den Christus (die Verkörperung der Liebe) wie Sie ihn sich vorstellen. Eine gute Möglichkeit ist, ihn stehend am Kopfende eines Tisches in der Form eines umgekehrten Y zu sehen, dessen beide Arme gleich lang sind. (Dieser Tisch existiert in der Welt und der Christus führt an ihm den Vorsitz.) Sehen Sie ihn dort stehen, wie er die Arme zum Segen erhoben hat, und sehen Sie aus seinem Herzzentrum und aus den erhobenen Händen des Christus ein strahlendes rosafarbiges Licht strömen (nicht rot). Visualisieren Sie, wie dieses rosafarbene Licht in die Herzen der Menschen auf der ganzen Welt einströmt.

Wenn Sie die Zeile sprechen: „Möge Christus wiederkommen auf Erden", denken Sie daran, dass dies sich auf die gesamte Hierarchie bezieht und nicht nur auf den Christus. Er ist das Herzzentrum der Hierarchie, und obgleich er bereits jetzt unter uns ist, muss der restliche Teil der Hierarchie, der sich allmählich über die Jahre externalisieren wird, dennoch angerufen werden – der magnetische Kanal für ihren Abstieg muss immer noch aufrechterhalten werden.

Wenn Sie die Strophe sprechen: „Aus dem Zentrum, das den Willen Gottes kennt", das Shamballa ist, stellen Sie sich einen großen weißen Lichtball vor. (Sie können es mental in die Wüste Gobi platzieren, wo es auf den beiden höchsten der vier ätherischen Ebenen angesiedelt ist. Eines Tages, wenn die Menschheit ätherisches Sehvermögen erlangt, was in diesem bevorstehenden Zeitalter geschehen wird, wird dieses Zentrum sichtbar und bekannt sein, ebenso wie viele andere dieser ätherischen Zentren sichtbar und bekannt sein werden.) Visualisieren Sie nun, wie aus dieser Sphäre Licht herabstrahlt und in die Welt einströmt und die Menschheit veranlasst, spirituell aktiv zu werden.

Tun Sie das mit fokussiertem Denken und fokussierter Absicht und richten Sie Ihre Aufmerksamkeit auf das Ajnazentrum zwischen den Augenbrauen. Auf diese Weise bilden Sie einen telepathischen Kanal zwischen sich und der Hierarchie, durch den die angerufenen Energien fließen können. Genau so wird die Große Invokation zu Beginn jeder Transmissionsmeditation gesprochen. Es gibt nichts Besseres, was Sie für die Welt und für sich selbst tun können, als diese großen geistigen Energien zu übermitteln.

Bücher von Benjamin Creme

Maitreya – Christus und die Meister der Weisheit
Benjamin Cremes erstes Werk liefert die Grundinformationen über die Wiederkehr des Christus und deren Auswirkung auf die bestehenden Institutionen; über den Antichrist und die Kräfte des Bösen, die Seele und Reinkarnation, Meditation, Telepathie, Kernenergie, Ufos, alte Zivilisationen und die Notwendigkeit einer neuen Wirtschaftsordnung.
ISBN 978-3-932400-00-1, 273 Seiten, EUR 13,- / Fr. 22,70

Maitreyas Mission, Band Eins
Der Weltlehrer Maitreya; seine Arbeit und seine Lehren, das Leben im neuen Zeitalter, Evolution und Einweihung, Meditation und Dienst, Heilen und gesellschaftliche Veränderungen, die Meister der Weisheit und ihr Schritt in die Öffentlichkeit, die Sieben Strahlen sowie Strahlenstrukturen von über 600 bedeutenden historischen Persönlichkeiten.
ISBN 978-3-932400-02-5, 396 Seiten, EUR 16,- / Fr. 27,50

Maitreyas Mission, Band Zwei
Maitreyas geistige Lehren und seine Voraussagen; weltweite Zeichen und Wunder; Interviews mit einem Meister der Weisheit zum Zeitgeschehen und Vorträge von Benjamin Creme zu Themen wie Meditation, Bewusstseinswachstum, Psychologie, Dienst an der Welt, Gesundheit, Umwelt, Wissenschaft und Technik im neuen Zeitalter, sowie weitere Strahlenstrukturen.
ISBN 978-3-932400-03-2, 710 Seiten, 8 Farbabb., EUR 20,- / Fr. 33,80

Maitreyas Mission, Band Drei
Maitreyas Prioritäten für die Zukunft, Interviews mit einem Meister der Weisheit über die Herausforderungen des 21. Jahrhunderts; Karma und Wiedergeburt, der Ursprung der Menschheit, neue Erziehung und Architektur, Meditation und Dienst, der Evolutionsplan und andere grundlegende Konzepte der zeitlosen Weisheit.
ISBN 978-3-932400-08-7, 643 Seiten, EUR 20,- / Fr. 33,80

Transmission – eine Meditation für das neue Zeitalter
Dieses Buch bietet eine Übersicht über die Wissenschaft der Energieübermittlung, wie sie auf diesem Planeten seit über 18 Millionen Jahren besteht. Es gibt Anleitungen zur Bildung von Transmissionsgruppen und detaillierte Antworten auf viele diesbezügliche Fragen.
ISBN 978-3-932400-07-0, 188 Seiten, EUR 9,- / Fr. 16,-

Botschaften von Maitreya – dem Christus
In den Jahren der Vorbereitung seiner Wiederkehr übermittelte Maitreya Benjamin Creme 140 Botschaften. Sie wollen den Leser dazu inspirieren, die Nachricht seiner Wiederkehr zu verbreiten und sich für die Millionen Menschen einzusetzen, die in einer Welt des Überflusses hungern müssen.
ISBN 978-3-932400-06-3, 287 Seiten, EUR 12,- / Fr. 21,10

Lehren der zeitlosen Weisheit
Dieses Buch will Verständnis wecken für das geistige Vermächtnis der Menschheit und bietet eine sorgfältige und leicht verständliche Einführung in die zeitlosen Weisheiten, die allen geistigen Lehren jeder Richtung zugrunde liegen.
ISBN 978-3-932400-05-6, 74 Seiten, EUR 5,- / Fr. 9,-

Die große Annäherung
Dieses Buch beschreibt die Probleme unserer chaotischen Welt und ihre allmähliche Transformation unter dem Einfluss einer Gruppe vollkommener Menschen, der Meister der Weisheit, die jetzt erstmals seit 98.000 Jahren in das Alltagsleben zurückkehren. In einer außergewöhnlichen Synthese von Erkenntnissen malt es zukünftige Entwicklungen aus; mit visionärem Weitblick werden geistige Errungenschaften beschrieben, die einmal zu den erstaunlichsten wissenschaftlichen Entdeckungen führen werden. Es zeigt eine Welt, in der Kriege der Vergangenheit angehören – eine Welt, die die Bedürfnisse aller Menschen erfüllt.
ISBN 978-3-932400-09-4, 300 Seiten, 12 Farbabb., EUR 14,- / Fr. 24,40

Die Kunst der Zusammenarbeit
Das zehnte Buch von Benjamin Creme zeigt, wie die Menschheit am uralten Konkurrenzkampf festhält und ihre Probleme mit alten, überholten Methoden zu bewältigen versucht, während die Lösung – Zusammenarbeit – viel einfacher ist. Dieser Band weist den Weg in eine bessere Welt – eine Welt, in der Gerechtigkeit, Freiheit und Frieden herrschen können, wenn wir uns der Einheit, die allem Leben innewohnt, bewusst werden. Die Anwesenheit des Weltlehrers Maitreya und seine Gruppe der Meister der Weisheit wird uns zu dieser wachsenden Erkenntnis inspirieren.
ISBN 978-3-932400-10-0, 240 Seiten, 8 Farbabb., EUR 14,- / Fr. 24,40

Worte eines Meisters
Der britische Künstler Benjamin Creme, Chefredakteur der Zeitschrift *Share International*, ist Jünger eines Meisters der Weisheit und steht mit ihm in engem telepathischem Kontakt. Seit der ersten Ausgabe hat dieser Meister regelmäßig anregende und lehrreiche Artikel zu einer großen Bandbreite von gesellschaftlich

relevanten und aktuellen Themen verfasst: eine neue Zivilisation, Vernunft und Intuition, Gesundheit und Heilung, Synthese ist eine Notwendigkeit, die Kunst zu leben, Gerechtigkeit ist göttlich, der Menschensohn, Menschenrechte, das Gesetz der Wiedergeburt, das Ende des Hungers, Teilen für den Frieden, Zusammenarbeit, die Stimme des Volkes, die Zukunft ist gesichert – und viele weitere. Dieses Buch enthält alle 222 Meister-Artikel aus den ersten 22 Jahrgängen von *Share International*.

ISBN 978-3-932400-04-9, 464 Seiten, EUR 17,- / Fr. 30,90

Erschienen bei Edition Tetraeder. Alle Bücher sind im Buchhandel erhältlich. Sie wurden von Gruppen, die die Verbreitung dieser Information unterstützen, in vielen verschiedenen Sprachen veröffentlicht, unter anderem auf Arabisch, Chinesisch, Französisch, Hebräisch, Italienisch, Japanisch, Niederländisch, Rumänisch, Russisch, Schwedisch und Spanisch. Weitere Übersetzungen sind geplant.

Share International

Ein Aufruf zum Teilen

Die Zeitschrift *Share International* bringt regelmäßig neue Informationen über den Weltlehrer Maitreya, einen Beitrag von einem Meister der Weisheit, weiterführende Erläuterungen der esoterischen Lehren, Beiträge und Interviews von Fachleuten zu verschiedenen Themen wie: Beseitigung von Hunger und Armut, gesellschaftliche und wirtschaftliche Veränderungen, Politik, Frieden und Menschenrechte, Naturwissenschaften und Medizin, Psychologie und Bildung, Nachrichten über UN-Aktivitäten und über positive Entwicklungen bei der Transformation unserer Welt, sowie eine Rubrik, in der Benjamin Creme regelmäßig auf Leserzuschriften zu diesen Themen eingeht.

Share International vereint die beiden vorwiegenden Denkrichtungen des neuen Zeitalters – die politische und die spirituelle, das heißt die geistige Denkweise. Die Zeitschrift weist auf die Synthese hin, die den heute weltweit zu beobachtenden politischen, sozialen, ökonomischen und geistigen Veränderungen zugrunde liegt; und sie sucht zu praktischem Handeln und Mitarbeit bei der Umgestaltung der Welt anzuregen – im Sinne von mehr Gerechtigkeit und Mitgefühl.

Share International befasst sich mit Nachrichten, Ereignissen und Kommentaren, die einen Bezug zu Maitreyas Prioritäten haben: ausreichende, gute Ernährung und angemessene Wohnverhältnisse für alle sowie Gesundheitsfürsorge und Bildung als universelles Recht und die Erhaltung des ökologischen Gleichgewichts in der Welt.

Share International erscheint zehnmal im Jahr im DIN-A5-Format mit jeweils 30 bis 40 Seiten. Jahresabonnement EUR 30,- / Fr. 62,-

Info und Bestellung:
Edition Tetraeder, Postfach 20 07 01, D-80007 München
Share Schweiz, Abodienst, Postfach, CH-8050 Zürich

www.shareinternational-de.org

Index

hat eine destruktive Welt geschaffen, 26
jeder Mensch kann einen Beitrag leisten, 20
lange Geschichte des Konflikts, 73
Schnittpunkt von Geist und Materie, 106
Mittelweg, 90, 99
Muße
    Bedeutung, 59ff.
    mehr Freizeit durch Teilen der Weltressourcen, 61ff.
    ist eine Notwendigkeit, 26
    und Welthandel, 62f.
    Zeit, um der zu sein, der man ist, 60f.
Mut, von Jüngern benötigt, 124, 151f.

NASA, 134

Opfer *siehe* Verzicht

Pax Americana, 122
Palästina/Israel, Konflikt, 43ff.
Persönlichkeit, verbirgt die Wahrheit vor der Seele, 128
Personifizierung
    von Erfahrung, 151
Pflanzenreich
    Strahlung/Radioaktivität, 110f.
Physische Ebene, nicht real für die Seele, 97f.
Physischer Körper des Menschen
    aus dem Tierreich, 110
Picasso, 22
Planeten, höhere, 84
Plan Gottes
    im Einklang damit leben, 109
    wird von der Seele ausgeführt, 98
Power of the Mind, The
    (Alexander, Rolf), 142f.

Reinkarnation
    wachsende Akzeptanz im Westen, 25
Religion, als ein Weg zu Gott, 113

189

Über den Autor

Der britische Künstler und Esoteriker Benjamin Creme hat in den letzten 35 Jahren die Welt auf das bedeutendste Ereignis in der Geschichte der Menschheit vorbereitet – auf die Rückkehr unserer geistigen Mentoren in unsere Alltagswelt.

Benjamin Creme ist vielfach zu Gast in internationalen Fernsehen- und Rundfunksendungen, und auch in Dokumentarfilmen ist über ihn berichtet worden. Er hält regelmäßig Vorträge in Europa, in den USA, in Japan, Australien, Neuseeland, Kanada und Mexiko.

1974 begann er mit seiner öffentlichen Arbeit, für die er über viele Jahre hinweg von seinem Meister geschult wurde. 1982 gab Benjamin Creme bekannt, dass der lang erwartete Weltlehrer Maitreya in London lebt und bereit ist, sich öffentlich vorzustellen, wenn die Medien ihn dazu einladen. Dieses Ereignis steht jetzt unmittelbar bevor.

Benjamin Creme setzt seine Aufgabe als Botschafter dieser hoffnungsvollen Nachricht auch weiterhin fort. Seine Bücher – bisher sind es elf – wurden in zahlreiche Sprachen übersetzt. Er ist zudem Herausgeber der Zeitschrift *Share International*, die in über 70 Ländern gelesen wird. Für all diese Arbeit beansprucht er kein Honorar.

Benjamin Creme, der verheiratet ist und drei Kinder hat, lebt mit seiner Familie in London.